一発合格！
Japanese Language Proficiency Test
日本語能力試験【完全攻略】N1
テキスト&実践問題集

Comes with CD, Pass the test at once! Japanese Language Proficiency Test,
Thorough Guidebook for N1, Lessons and Practice Tests
附CD光盘　一次性通过！日语能力考试N1　全面攻克 讲义＆实践考题集
CD포함 한번에 합격! 일본어능력시험 N1 완전공략 교재&실천문제집

著者◉インターカルト日本語学校
Author:Intercultural Institute of Japan
著者：草苑日本語学校
저자：인터컬트일본어학교

Comes with Red Sheet
附红膜
빨간시트 포함

はじめに

　本書は、「日本語能力試験Ｎ１」対策のためのテキスト＆問題集です。この本１冊で、Ｎ１の「文字語彙・文法・読解・聴解」の試験対策ができます。構成は以下のとおりです。

●第１章～第４章

　学習者が十分基礎力を養えることと、各分野の出題意図を知ることを目的としています。内容は次の２種類です。

Ⅰ．重要表現や重要漢字・語彙のリスト
Ⅱ．出題形式にそって問題を解いていく練習

【第１章　文字・語彙】日本語の漢字や語彙にはどんな特徴があり、どんな点にポイントをおいて勉強したらいいか、ということに主眼をおいて内容が構成されています。Ｎ１では日本人とほとんど同様の、漢字数2,000字（「読み」だけ）、語彙数10,000語程度が必要ですが、ポイントを押さえて学習することで効率を上げることが可能です。

【第２章　文法】出題されやすい項目を挙げています。例文を参考に、意味と形式を覚えてください。また、各セクションの最後のトレーニングテストで、学習内容を再確認してください。これらの項目は、文法分野の問題では直接問われるもので、読解や聴解では文章や会話の中で使われます。また文字・語彙分野の問題でも、文の意味を読み取るときに使われますので、全分野に関わるものです。

【第３章　読解】日本語は、例えば"主語を省く"などの特徴があり、それは文章を読み取る際に重要なカギとなります。このようないくつかのポイントを理解しながら練習するようになっています。

【第４章　聴解】日本語能力試験の出題形式ごとに、手順を踏みながら練習していきます。各問題の出題意図を明確に理解しながら、問題を解くトレーニングをします。

●模擬試験

　本試験の形式と同様になっています。Ｎ１に合格するためには、この模擬試験で70％以上をとる必要があります。

　学習者のみなさんが本書を利用し、日本語能力試験で好成績を収められることを期待しております。

インターカルト日本語学校

筒井 由美子　大村 礼子　川村 直子　二宮 貴子

日本語能力試験・試験概要

Japanese Language Proficiency Test – Overview of the test　　日语能力考试・考试概要　　일본어능력시험・시험 개요

●対象と目的

「日本語能力試験」は、原則として日本語を母語としない人を対象とし、日本語を学んだり使用したりしている幅広い層の人の日本語能力を測定し、認定することを目的とした試験です（レベルはN1、N2、N3、N4、N5の5段階に分かれる）。

● Target and Purpose
  "Japanese Language Proficiency Test" is basically targeted to those whose native tongue is not the Japanese language and its purpose is to measure the Japanese language skills of those who are studying and/or using the Japanese language. (The test is divided into five levels: N1, N2, N3, N4, and N5.)

● 对象及目的
  "日语能力考试"的对象原则上是日语为非母语者。其目的是针对大范围多层次的日语学习者以及日语运用者进行日语能力测验及认定。（考试水平分为5级：N1，N2，N3，N4，N5）。

● 대상과 목적
  「일본어능력시험」은, 원칙으로써 일본어를 모국어로 하지 않는 사람을 대상으로 하고, 일본어를 배우거나 사용하고 있는 폭넓은 층의 사람들의 일본어 능력을 측정하여, 인정하는 것을 목적으로 하는 시험이다 (레벨은 N1, N2, N3, N4, N5 의 다섯 단계로 나뉜다).

●課題遂行のための言語コミュニケーション能力を測る

本試験は、日本語に関する知識とともに実際に運用できる日本語能力を重視します。そのため、文字・語彙・文法といった言語知識と、その言語知識を利用してコミュニケーション上の課題を遂行する能力を測ります。

● Measure the language communication skills in performing tasks that arise in communication
  This test focuses on knowledge about the Japanese language as well as the Japanese language skills that one can use in reality. Therefore, the test measures the language knowledge including characters, vocabulary, and grammar, and skills in performing tasks that arise in communication using the language knowledge.

● 测验以完成课题为目的的语言交流能力
  本测验重视相关的日语知识以及实际的应用能力。因此测试文字，词汇，语法等语言知识以及运用语言知识完成课题的交流能力。

● 과제수행을 위한 언어 커뮤니케이션 능력을 측정
  본 시험은, 일본어와 관한 지식과 더불어 실제로 사용할 수 있는 일본어능력을 중시한다. 때문에, 문자・어휘・문법과 같은 언어 지식과, 이것을 이용해서 커뮤니케이션 상의 과제를 수행하는 능력을 측정한다.

・言語知識：課題遂行に必要な、日本語の文字・語彙や文法に関する知識

・Language Knowledge: knowledge of characters used in the Japanese language, vocabulary, and grammar required to perform tasks

・语言知识：完成课题时需要的日语文字，词汇，语法等有关知识

・언어지식：과제 수행에 필요한, 일본어의 문자・어휘와 문법에 관한 지식

・読解：言語知識を利用しながら、文字テキストを理解して、課題を遂行する能力

・Reading Comprehension: ability to understand written messages and to perform tasks using the language knowledge

・读解：利用语言知识理解书面文章，完成课题的能力

・독해：언어지식을 이용하면서, 문자 텍스트를 이해하고, 과제를 수행하는 능력

・聴解：言語知識を利用しながら、音声テキストを理解して、課題を遂行する能力
・Listening Comprehension: ability to understand spoken messages and to perform tasks using the language knowledge
・听解：利用语言知识理解口头文章，完成课题的能力
・청해：언어지식을 이용하면서, 음성 텍스트를 이해하고, 과제를 수행하는 능력

「日本語能力試験 N1」認定の目安

"Japanese Language Proficiency Test N1" standard for passing　　"日语能力考试 N1"的认定标准　　「일본어능력시험 N1」 인정의 기준

幅広い場面で使われる日本語を理解することができる。

Able to understand the Japanese language that is used in a variety of situations.

要求能够理解在各种场景中广泛应用的日语。

다양한 상황에서 사용할 수 있는 일본어를 이해할 수 있다.

<読む>　Read　读解　읽기

・幅広い話題について書かれた新聞の論説、評論など、多少複雑な文章や抽象度の高い文章などを読んで、文章の構成や内容を理解することができる。

・さまざまな話題の内容に深みのある読み物を読んで、話の流れや詳細な表現・意図を理解することができる。

・Able to understand the structure and contents of writing when he/she reads a little complex or rather abstract writings including editorials of a newspaper, and critical essays.

・Able to understand the flow of the writing, the detailed expressions, and the intention when reading a variety of writings of complex contents.

・要求能够阅读报纸或杂志中话题内容广泛的论说文、评论文等略微复杂的文章或抽象性较高的文章，能够理解这些文章的结构和内容。

・要求能够阅读涉及各种话题、有一定深度的读物，能够理解文理结构、细节以及要表达的意思。

・폭넓은 화제에 대해서 쓰여진 신문의 논설, 평론 등, 다소 복잡한 문장이나 추상적인 내용의 문장을 읽고, 문장의 구성이나 내용을 이해할 수 있다.

・다양한 화제의 내용의 심도 있는 글을 읽고, 이야기의 중심이나 상세한 표현・의도를 이해할 수 있다.

<聞く>　Listen　听解　듣기

・幅広い場面において自然な速さで、まとまりのある会話やニュース、講義を聞いて、話の流れや内容、登場人物の関係や内容の論理構成などを詳細に理解したり、要旨を把握したりすることができる。

・Able to understand the flow and the contents of speech, the relationship of persons involved, and the logical structures of the contents in detail and also able to grasp the gist, when listening to rather long conversations, news and lectures that are spoken at the natural speed in a variety of situations.

・要求能够听懂在广泛的场景中速度自然的连贯性会话、新闻以及讲座，要求能够详细理解会话的内容，情节的进展，登场人物关系以及理论结构等，掌握要领。

・다양한 상황에서 보통의 스피드로, 내용이 정리된 회화나, 뉴스, 강의를 듣고, 이야기의 흐름이나 내용, 등장인물의 관계나 내용의 논리구성 등을 상세하게 이해하거나, 요지를 파악할 수 있다.

※「N」は「Nihongo（日本語）」、「New（新しい）」を表します。

※ "N" stands for "Nihongo (the Japanese language)" and "New."　　※ "N" 表示 "Nihongo"（日本语），"New"（新）的意思。

※「N」은「Nihongo (일본어)」,「New (새롭다)」를 나타낸다.

試験概要　5

一発合格！
日本語能力試験 N1
完全攻略テキスト&実践問題集

目　次

はじめに……………………………………………………………………………… 3
Preface　　前言　　처음으로

日本語能力試験・試験概要……………………………………………………… 4
Japanese Language Proficiency Test — Overview of the test　　日语能力考试・考试概要　　일본어 능력시험・시험 개요

第1章　文字・語彙　Characters and Vocabulary　文字・词汇　문자・어휘

1-1　漢字……………………………………………………………………… 10
Japanese kanji character　　汉字　　한자

1-2　語彙……………………………………………………………………… 32
Vocabulary　　词汇　　어휘

第2章　文法　Grammar　语法　문법

形式名詞　Formal Nouns　形式名词　형식명사

2-1　「わけ」「こと」「もの」「ところ」を使った表現……………… 62
Expressions using "wake," "koto," "mono," and "tokoro"
「わけ」「こと」「もの」「ところ」的用法
「わけ」「こと」「もの」「ところ」를 사용한 표현

副助詞　Auxiliary particles　副助词　부조사

2-2　「さえ」「こそ」「くらい」「ばかり」「まで」「どころ」を使った表現…… 74
Expressions using "sae," "koso," "kurai," "bakari" "made," or "dokoro"
「さえ」「こそ」「くらい」「ばかり」「まで」「どころ」的用法
「さえ」「こそ」「くらい」「ばかり」「まで」「どころ」를 사용한 표현

2-3　「とき」に関する表現……………………………………………… 82
Expressions regarding "toki"　　关于「时」的用法　　"때"에 관한 표현

6　目次

助動詞 Auxiliary Verb　助动词　조동사

2-4　「よう（様：方法の意味）」「〜う・よう」「まい」「べき」「ごとく」を使った表現 ······ 86
Expressions using "you (様：meaning "method/way"), " " 〜 u/you," "mai," and "beki," "gotoku"
「よう（様："方法"的意思）」「〜う・よう」「まい」「べき」「ごとく」的用法
「よう（様："방법"의 뜻）」「〜う・よう」「まい」「べき」「ごとく」를 사용한 표현

接続語など Conjunctive　接续语等　접속어 등

2-5　接続の表現 ······ 92
Expressions of conjunction　接续的用法　접속 표현

2-6　文末の表現 ······ 102
Expressions at the end of a phrase　文末的用法　문장끝 표현

複合語 Compound word　复合语　복합어

2-7　名詞または動詞マス形といっしょに使われる表現 ······ 106
Expressions used with nouns or the masu form verbs　与名词或动词マス形连用的形式
명사 또는 동사 マス형과 함께 사용되는 표현

2-8　「〜において」「〜に応じて」「〜に即して」「〜にわたって」などの表現 ······ 110
Expressions such as " 〜 nioite," " 〜 nioujite," " 〜 sokushite," " 〜 niwatatte"
「〜において」「〜に応じて」「〜即して」「〜にわたって」等用法
「〜において」「〜에 응じて」「〜即して」「〜にわたって」 등의 표현

その他の試験に出やすい項目 ······ 118
Other points that frequently appears in the test　其他考试中容易出现的考题项目
기타 시험에 출제되기 쉬운 항목

◆練習問題 ······ 120
Practice Exercise　练习题　연습문제

第3章　読解　Reading Comprehension　读解　독해

内容理解① Understanding the contents ①　理解内容①　내용 이해①

3-1　「だれが」「だれの」……を理解する ······ 128
Understanding "dare ga (Who)" and "dare no (Whose)"　正确理解"谁……","谁的……"
" 누가"" 누구의"……를 이해한다

内容理解② Understanding the contents ②　理解内容②　내용 이해②

3-2　「これ」「それ」が指す内容を理解する ······ 134
Understanding what "kore" or "sore" is referring to　理解"这个""那个"所指的内容
" 이것"" 그것" 이 가리키는 내용을 이해한다

内容理解③ Understanding the contents ③　理解内容③　내용 이해③

3-3　「何かに例える」文を理解する ······ 140
Understanding sentences of "nanika ni tatoeru"　理解"比喻文"　" 무언가에 비유하다" 문장을 이해한다

内容理解④ Understanding the contents ④　理解内容④　내용 이해④

3-4　「どうしてか」を理解する ······ 144
Understanding "doushiteka"　理解"为什么"　" 어째서일까" 를 이해한다

主張理解 Understanding the ideas　理解作者的主张　주장 이해

3-5 「筆者の言いたいこと」を理解する ……………………… 148
Understanding "Hissha no iitai koto (what the author wants to say)"　理解"作者想要说的话"
"필자가 말하고 싶은 것"을 이해한다

統合理解 Overall Comprehension　综合理解　통합 이해

3-6 二つの文を読む ……………………………………………… 154
Reading two passages　阅读两篇文章　두 문장을 읽는다

情報検索 Searching for information　信息检索　정보 검색

3-7 すばやく情報を読み取る …………………………………… 160
Reading information quickly　迅速了解信息　재빠르게 정보를 읽어낸다

第4章　聴解　Listening Comprehension　听解　청해

4-1 課題理解 ─二つの形式の問題がある ……………………… 168
Understanding Topics—There are two types of questions　课题理解─两种试题形式
과제 이해—두가지 형식 문제가 있다

4-2 ポイント理解 ─選択肢からいかに予測できるかがカギ … 176
Understanding Points—How much you can infer from the alternatives is the key to success
要点理解─如何看选项预测题意是决定成败的关键
포인트 이해—보기에서 얼마나 예측 할 수 있는지가 열쇠

4-3 概要理解 ─全体としての内容をつかむ …………………… 180
Understanding the Outline—Grasping the overall content　概要理解─掌握总体内容
개요 이해—전체로서의 내용을 파악한다

4-4 即時応答 ─会話力が試される問題 ………………………… 184
Quick Response—Questions to test your conversation ability　即时解答─测试会话能力的问题
즉시 응답—회화력을 테스트하는 문제

4-5 統合理解 ─だれの会話かを、正確につかむ ……………… 188
Integrated Understanding—Grasp correctly who are talking　综合理解─正确理解"什么人在会话"
통합 이해—누구의 대화인가를, 정확히 파악하다

模擬試験　言語知識・読解・聴解
Knowledge of the Language・Reading Comprehension・Listening Comprehension
语言知识・读解・听解　언어지식・독해・청해

言語知識・読解 ………………………………………………………… 194
Knowledge of the Language・Reading Comprehension　语言知识・读解　언어지식・독해

聴解 ……………………………………………………………………… 211
Listening Comprehension　听解　청해

解答・解説 ……………………………………………………………… 218
Answer・Comments　答案・解说　정답・해설

●別冊　試験直前チェック　重要語彙集
Separate Volume　Points to check before the exam　List of Important Words
分册　临考前确认　重要词汇集　별책부록 시험직전 체크　중요어휘집

第1章

文字・語彙
もじ・ごい

　日本語能力試験では、漢字の読み・書き、複合語などの知識が、「文字・語彙」の問題の中で問われます。日本語は、語彙の数がとても多く、普通の文章を読むためには、10,000語程度は必要と言われています。N1では、その10,000語が必要と考えられます。また、漢字は、2,000字程度は覚えなければなりません。ただし、問題に出るのは「読み」だけです。
　そのような数の勉強をするのは大変ですが、形の似た漢字をまとめて覚え、試験に出題されやすい語彙の使い方に慣れることで、効果的な学習をすることができます。1章では、そうした漢字と言葉の学習をします。

The Japanese Proficiency Test requires reading and writing of kanji, and knowledge about compounds in the questions in the "moji, goi (Words and Vocabulary)" section. Japanese language has a large vocabulary. It is said that about 10,000 words are required to read ordinary sentences. It is assumed that N1 requires knowledge of those 10,000 words. You also need to memorize about 2,000 kanji characters. However, only their reading will appear on the test.
It is difficult to remember such a great number of words, but you can learn efficiently by memorizing kanji characters of similar shapes in a lump. It is also helpful to get used to the usage of vocabulary that is likely to appear on the test. Chapter 1 covers such kanji characters and other words.

　在日语能力考试中，有"文字·词汇"的考试项目，测试的是日语汉字的读写和复合词等方面的知识。日语词汇数量很多，一般来说阅读普通的文章需要掌握10,000左右的单词。要通过N1考试，就需要记住这些10,000左右的词汇，还必须记住2,000左右的汉字。不过，考题中只出现"读"的形式。
　学习如此大量的词汇并非轻而易举。为了提高学习效果，我们先汇总一下形状相似的汉字，熟悉考试中经常出现的一些单词的用法。在第一章里，我们就先学习这些汉字和单词。

　일본어능력시험에서는, 한자 읽기·쓰기, 복합어 등의 지식이 「문자·어휘」문제에서 출제됩니다. 일본어는, 어휘수가 매우 많고, 보통의 문장을 읽기 위해서는, 10,000 어 정도가 필요하다고 합니다. N1 에서는 그 10,000 어가 필요합니다. 또한, 한자는 2,000 자 정도 외우지 않으면 안됩니다. 단, 시험에서는 「읽기」형태로만 제출됩니다.
　이런 많은 어휘를 공부하는 것은 힘들지만, 형태가 닮은 한자를 한꺼번에 정리해서 외우고, 시험에 출제되기 쉬운 어휘의 사용법에 익숙해짐으로써, 효과적인 학습이 가능하게 됩니다. 1 장에서는, 그런 한자와 단어를 공부합니다.

Chapter 1

漢字
かんじ

Japanese kanji character　　汉字　　한자

　漢字を使わない国の学習者にとって、「午」「牛」「千」「干」「年」などの違いを認識するのは一苦労です。ここでは、このような「形の似ている漢字」の違いを取り上げます。

It is really hard for non-kanji users to recognize the difference among "午 (go or horse used as a sign in Chinese zodiac)," "牛 (ushi or bull)," "千 (sen or thousand)," "干 (kan or dry)," and "年 (nen or year)." This section deals with the difference of kanji characters that are similar in shape like these mentioned above.

　对来自不使用汉字的国家的学习者来说，认识"午""牛""千""干""年"等汉字，找出它们的差异是要花费些气力的。在这里，我们来了解一下这种"形状相似的汉字"有哪些不同。

　한자를 사용하지 않는 나라의 학습자에게는, 「午」「牛」「千」「干」「年」 등의 차이를 인식하는 것은 상당히 어려운 일입니다. 여기에서는, 이와 같은 「형태가 닮은 한자」의 차이점을 다루겠습니다.

1 形の似ている漢字の読み

Reading of kanji's that are similar　　形状相似的汉字读音　　형태가 닮은 한자 읽기

　Ｎ１は、「漢字の書き方」を問う問題はありません。「読み方」だけです。ですから、形の似ている漢字に関しては、形の違いと同時に読み方を正しく覚えてください。ここでは、読み方が難しいものを挙げてあります。

In N1, there are no questions asking for "how to write kanji," you should only know "how to read." Therefore, please remember the difference in shape and how they should be pronounced. Kanji that are difficult to read are introduced here.

　N1，考试中没有「汉字写法」的考题。只有「读法」的考题。因此，有关形状相似的汉字，除了记忆形状差异以外，同时还要记住它们正确有读法。在这里例举的是读音较难的汉字。

　N1은, 「한자 쓰기」 문제는 없고, 「읽기」 문제만 있습니다. 그러므로, 형태가 닮은 한자에 관해서는, 형태와 동시에 읽는 방법을 바르게 외워 주세요. 여기에서는, 읽는 방법이 어려운 한자를 예로 들고 있습니다.

	訓読み kun-yomi 训读 훈독	音読み on-yomi 音读 음독	よく使われる言葉（＊は特別な読み方） Common words using the kanji (Words with* pronounced irregularly) 常用词汇（＊是特殊读法） 자주 사용되는 단어（＊읽는 방법이 특별함）
土	つち	ド／ト	国土／土曜日／土地 national land / Saturday / land　　国土／星期六／土地 국토／토요일／토지
工		コウ／ク	工場／細工／工夫 factory / workmanship / device　　工厂／工艺／办法 공장／세공／궁리

漢字	訓読み	音読み	例
失	うしな・う	シツ	チャンスを失う／失敗／失望 lose the chance / failure / disappointment　失去机会／失败／失望 기회를 놓치다／실패／실망
矢	や		弓矢 arrow　弓箭　화살
夫	おっと	フ	夫と妻／夫妻　＊夫婦／工夫 husband and wife / Mr. and Mrs.　＊a married couple / device 丈夫和妻子／夫妻　＊夫妇／办法 남편과 아내／부처　＊부부／궁리
文	ふみ	ブン／モン	作文／文章／文句／文部科学省　＊文字 composition / writing / complaint / Ministry of Education, Culture, Sports, Science and Technology　＊letter / character 作文／文章／怨言／文部科学省　＊文字 작문／문장／불평／문부과학성　＊문자
交	まじわ・る	コウ	交通／外交 traffic / diplomacy　交通／外交　교통／외교
伺	うかが・う	シ	お伺いする visit　拜访　묻다／찾아뵙다
何	なに	カ	幾何学 geometry　几何学　기하학
苦	くる・しい／くる・しむ／にが・い	ク	苦々しい／苦労／苦心 bitter / hardship / effort　不愉快／辛苦／苦心 불쾌하다／수고／고심
若	わか・い	ジャク	若々しい／若年層／若干 youthful / the young people / some　年轻轻的／青年层／若干 아주 젊다／젊은층／약간
幻	まぼろし	ゲン	幻滅 disillusionment　幻灭　환멸
幼	おさな・い	ヨウ	幼なじみ／幼稚／幼児 childhood friend / childish / infant　青梅竹马／幼稚／幼儿 소꿉친구／유치／유아
化	ば・ける	カ／ケ	化け物／変化／文化／化粧 monster / change / culture / makeup　鬼怪／变化／文化／化妆 귀신／변화／문화／화장
北	きた	ホク	北風／敗北／北海道 north wind / defeat / Hokkaido　北风／败北／北海道 북풍／패배／홋카이도

漢字	訓読み	音読み	例
遠	とお・い	エン	遠出／永遠／遠慮 outing / eternity / reserve　远行 / 永远 / 客气　멀리 나감 / 영원 / 사양
違	ちが・う	イ	違反／相違 violation / difference　违反 / 差异　위반 / 서로 다름
遺		イ	遺産／遺失物 legacy / lost article　遗产 / 遗失物　유산 / 유실물
還		カン	返還 return　返还　반환
遣	つか・う	ケン	金遣い／派遣 how one uses money / dispatch　花钱 / 派遣　돈의 씀씀이 / 파견
欧		オウ	西欧／欧米 Western Europe / the West　西欧 / 欧洲　서유럽 / 유럽과 미국
殴	なぐ・る	オウ	殴打 blow　殴打　구타
起	お・きる	キ	早起き／起源 getting up early / origin　早起床 / 起源　일찍 일어남 / 기원
超	こ・える	チョウ	1万円を超える／超過 exceed ten thousand yen / exess　1万多日元 / 超过　만엔을 넘다 / 초과
越	こ・える	エツ	山を越える／超越／優越感 go over the mountain / transcendence / sense of superiority　翻山越岭 / 超越 / 优越感　산을 넘다 / 초월 / 우월감
渇	かわ・く	カツ	のどが渇く／渇望 feel thirsty / thirst　口渴 / 渴望　목이 마르다 / 갈망
濁	にご・る	ダク	水が濁る／濁流／清濁 water gets muddy / muddy stream / clear and muddy　水浑浊 / 浊流 / 清浊　물이 흐려지다 / 탁류 / 맑음과 흐림
穏	おだ・やか	オン	平穏／穏便 peacefulness / euphony　平稳 / 温和　평온 / 원만함
隠	かく・れる	イン	隠居 retirement　隐居　은거
悔	くや・しい／く・やむ	カイ	失敗を悔やむ／後悔 regret the failure / regret　比赛失败了感到很遗憾和懊悔 / 后悔　실패를 후회하다 / 후회

Chapter 1　文字・語彙

漢字	訓読み	音読み	例
侮	あなど・る	ブ	敵を侮るな／侮辱 don't make light of the enemy / insult　不可轻视敌人／侮辱 적을 깔보지마라／모욕
該		ガイ	該当 pertinence, apply (verb)　符合　해당
核		カク	核となる人物／核家族／核心／核兵器 one who acts as the core / nuclear family / core, heart / nuclear weapons 核心人物／小家庭／核心／核武器 핵심이 되는 인물／핵가족／핵심／핵무기
隔	へだ・てる	カク	海を隔てた隣国／間隔 a neighboring country on the other side of the ocean / interval 一衣带水的邻国／间隔　바다를 사이에 둔 이웃나라／간격
融		ユウ	金融／融合 finance / fusion　金融／融合　금융／융합
護		ゴ	保護／援護 protection / support　保护／援护　보호／원호
獲	え・る	カク	獲物／獲得 game, prey / acquisition　猎获物／获得　사냥감／획득
穫		カク	収穫 crop　收获　수확
掘	ほ・る	クツ	穴を掘る／発掘 dig a hole / excavation　挖洞／挖掘　구멍을 파다／발굴
握	にぎ・る	アク	手を握る／握手／把握 hold hands / shake hands / grasp (verb), understand (verb) 把手攥起来／握手／把握　손을 잡다／악수／파악
巻	ま・く	カン	マフラーを首に巻く／巻頭／第一巻／圧巻 wear a muffler around one's neck / the opening page of a book / volume one / exceeding others, the best part 把围巾围在脖子上／卷首／第一卷／精华部分 목도리를 목에 두르다／권두／제 1 권／압권
券		ケン	入場券／乗車券 admission ticket / ticket　入场券／乘车券　입장권／승차권
操	あやつ・る	ソウ	人形を操る／操縦／操作 operate a puppet / operating, maneuver / operating, handling 耍木偶／操纵／操作　인형을 다루다／조종／조작 (인형극 등에서)
繰	く・る		繰り返し repeat　反复　반복하다

漢字	訓読み	音読み	例
輸		ユ	ゆしゅつにゅう／ゆそう 輸出入／輸送 import and export / transport　进出口／运输　수출입／수송
輪	わ	リン	くびわ／しゃりん 首輪／車輪 collar / wheel　項圈／车轮　개목걸이／차륜
覧		ラン	てんらんかい／いちらんひょう 展覧会／一覧表 exhibition / list　展览会／一览表　전람회／일람표
賢	かしこ・い	ケン	わるがしこ／けんめい 悪賢い／賢明 sly / wise　狡猾／贤明　교활하다／현명
顕		ケン	けんちょ／けんびきょう 顕著／顕微鏡 remarkable / microscope　显著／显微镜　현저／현미경
顧	かえり・みる	コ	かこ　　かいこ 過去を顧みる／回顧 look back the past / retrospect　回顾往昔／回顾 과거를 되돌아보다／회상
援		エン	おうえん／えんじょ／きゅうえん 応援／援助／救援 help, support, cheer / help, assistance, support / relief, aid, help, rescue 声援／援助／救援　응원／원조／구원
緩	ゆる・い	カン	きせいかんわ／かんきゅう 規制緩和／緩急 deregulation / fast and slow, variation in speed　缓和限制／缓急 규제완화／느림과 빠름
懐	なつ・かしい	カイ	かいこ 懐古 looking back, recollecting　怀古　회고
壊	こわ・れる	カイ	はかい／かいめつ 破壊／壊滅 destruction / destruction, annihilation　破坏／毁灭　파괴／괴멸
堅	かた・い	ケン	けんじつ 堅実 steadiness　堅实　견실
監		カン	かんとく 監督 manager, director, supervision, administration　監督　감독
雇	やと・う	コ	こよう／かいこ 雇用／解雇 employment / dismissal　雇用／解雇　고용／해고
肩	かた	ケン	そうけん 双肩 shoulders　双肩　양쪽 어깨
原	はら	ゲン	のはら／げんいん／げんり 野原／原因／原理 field / cause / principle　原野／原因／原理　들판／원인／원리
厚	あつ・い	コウ	こうせいろうどうしょう／こうじょう 厚生労働省／厚情 Health, Labour and Welfare Ministry / grace, kindness 厚生劳动省／深情　후생노동성／후의

漢字	訓読み	音読み	例
鋼	はがね	コウ	鋼鉄 (こうてつ) steel　钢铁　강철
網	あみ	モウ	網目／通信網 (あみめ／つうしんもう) mesh / communication network　网眼／通信网络　그물코／통신망
刈	か・る		刈り入れ (かり入れ) harvest　收割　추수
刊		カン	週刊誌／刊行 (しゅうかんし／かんこう) weekly magazine / publication　周刊／刊行　주간지／간행
列		レツ	行列／陳列 (ぎょうれつ／ちんれつ) line / exhibition　行列／陈列　행렬／진열
刑		ケイ	刑罰 (けいばつ) punishment　刑罚　형벌
勘		カン	勘が鋭い／勘弁 (かんがするどい／かんべん) be good at guessing / break, pardon (verb)　感觉敏锐／饶恕　눈치가 빠르다／용서함
勤	つと・める	キン	勤務／通勤 (きんむ／つうきん) work / commuting　工作／通勤　근무／통근
勧	すす・める	カン	勧誘／勧告 (かんゆう／かんこく) invitation / advice　劝诱／劝告　권유／권고
辛	つら・い／から・い	シン	辛苦／香辛料 (しんく／こうしんりょう) hardship / spices　辛苦／香味料　고생／향신료
幸	しあわ・せ／さいわ・い	コウ	幸福／不幸 (こうふく／ふこう) happiness / unhappiness, death　幸福／不幸　행복／불행
主	ぬし／おも	シュ	地主／主に／主人 (じぬし／おもに／しゅじん) landowner / mainly / master　地主／主要／主人　지주／주로／주인
王		オウ	王国／王様 (おうこく／おうさま) kingdom / king　王国／国王　왕국／임금님
玉	たま	ギョク	目玉／玉石 (めだま／ぎょくせき) eyeball, feature / good and bad　眼球／玉石　눈알／옥석
了		リョウ	了解／完了 (りょうかい／かんりょう) understanding, agreement / completion　了解／完了　양해／완료
予		ヨ	予定／予備／予測 (よてい／よび／よそく) plan / spare, reserve / forecast　预定／预备／预测　예정／예비／예측
為		イ	行為 (こうい) action, conduct　行为　행위

偽	いつわ・る/にせ	ギ	年齢を偽る／偽物／偽名／真偽 lie about one's age / fake / false name / truth and falsehood 谎报年龄 / 假货 / 假名 / 真伪 나이를 속이다 / 가짜 물건 / 가짜 이름 / 진위
氷	こおり	ヒョウ	氷水／氷山 iced water / iceberg　冰水 / 冰山　얼음물 / 빙산
永	なが・い	エイ	永久／永遠 eternity / eternity　永久 / 永远　영구 / 영원
偉	えら・い	イ	偉大／偉人 great / great person　伟大 / 伟人　위대 / 위인
衛		エイ	衛生 hygiene　卫生　위생

2 読み方が同じ漢字

Reading of kanji character that are similar　形状相似的汉字读音　읽는 방법이 같은 한자

「化学」の「化」は「カ」と読み、意味は「化ける」です。「花」「貨」「靴」はどれも「化」が含まれているので「カ」と読みます。「草が化ける」＝「花」、「貝（財産）が化ける」＝「貨」、「革が化ける」＝「靴」というわけです。

「化」in「化学」is pronounced as "ka" and means "to alchemize." All of「花」,「貨」and「靴」include「化」; therefore, they are pronounced as "ka." It works as follows: "plant is alchemized"＝"flower," "shell (wealth) is alchemized"＝"treasure," and "leather is alchemized"＝"shoes."

"化学"的"化"读作"カ",意思是"变"。"花""货""靴"哪个都包含着"化",所以都读作"カ"。"草变"＝"花","贝（财产）变"＝"货","革变"＝"靴"（鞋）。

「かがく」의「化」는「か」라고 읽고, 의미는「ばける 변하다」입니다.「花」「貨」「靴」는 어느것도「化」가 포함되어 있기 때문에「か」라고 읽습니다.「草が化ける 풀이 변하다」＝「花 꽃」,「貝（財産）が化ける 재산이 변하다」＝「貨 재물」,「革が化ける 가죽이 변하다」＝「靴 구두」라는 이유입니다.

	訓読み kun-yomi 训读 훈독	音読み on-yomi 音读 음독	よく使われる言葉 Common words using the kanji 常用词汇 자주 사용되는 단어
安	やす・い	アン	安全／安心 safety relief / security　安全 / 安心　안전 / 안심
案		アン	案を考える／名案 think up plans, think up ideas / good idea　考虑方案 / 好办法 안을 생각하다 / 명안
園		エン	公園 park　公园　공원
遠	とお・い	エン	遠近 near and far　远近　원근

16　Chapter 1　文字・語彙

漢字	訓	音	例
猿	さる	エン	猿人 (えんじん) / ape man / 猿人 / 원인 (가장 오래되고 원시적인 화석 인류)
精		セイ	精神 (せいしん) / spirit / 精神 / 정신
静	しず・か	セイ	静寂 (せいじゃく) / quietness, tranquility / 静寂 / 정적
清	きよ・い	セイ	清涼飲料水／清潔 (せいりょういんりょうすい／せいけつ) / soft drinks / cleanliness / 冷饮 / 清洁 / 청량음료수 / 청결
晴	は・れ／はれ・る	セイ	晴天／快晴 (せいてん／かいせい) / fine weather / fine weather / 晴天 / 晴朗 / 맑은 하늘 / 쾌청
化	ば・ける	カ	変化／化学 (へんか／かがく) / change / chemistry / 変化 / 化学 / 변화 / 화학
花	はな	カ	花束／造花 (はなたば／ぞうか) / bouquet / artificial flower / 花束 / 人造花 / 꽃다발 / 조화
貨		カ	貨物 (かもつ) / freight / 货物 / 화물
靴	くつ	カ	長靴 (ながぐつ) / boots / 长靴 / 장화
可		カ	可能 (かのう) / possible / 可能 / 가능
歌	うた	カ	歌手 (かしゅ) / singer / 歌手 / 가수
荷	に	カ	荷物 (にもつ) / baggage / 行李 / 짐
何	なに／なん	カ	何事 (なにごと) / what, what matter / 何事 / 무슨 일
河	かわ	カ	運河 (うんが) / canal / 运河 / 운하
加	くわ・える	カ	増加 (ぞうか) / increase / 増加 / 증가
架		カ	架空 (かくう) / fiction / 虚构 / 가공
永		エイ	永久 (えいきゅう) / eternity / 永久 / 영구
泳	およ・ぐ	エイ	水泳 (すいえい) / swimming / 游泳 / 수영

第1章 文字・語彙 〈漢字〉

漢字	訓読み	音読み	例
募	つの・る	ボ	募集／応募 recruitment / application　募集／応募　모집／응모
墓	はか	ボ	墓地 graveyard　墓地　묘지
暮	く・れる	ボ	暮らし／お歳暮 life / year-end gift　生活／年终礼品　생활／연말 선물
慕	した・う	ボ	敬慕 adoring　敬慕　경모

3 読み方を間違えやすい漢字

kanji characters that are frequently pronounced incorrectly　容易读错的汉字　읽는 방법을 틀리기 쉬운 한자

❶ リキリョクタイプ（音読みの言葉）

The riki / ryoku type (Words pronounced in the "on" reading)　リキリョク「力力」類型的音读单词　リキリョクタイプ（음독의 단어）

たとえば「力」は「リキ」「リョク」の二つの読み方があります。「力量」「能力」など、単語といっしょに覚えておきましょう。これらは音読みですが、下のリストには、訓読みの言葉の読み方が難しいものも挙げてあります。

For example, "力" is pronounced in two ways, "riki" or "ryoku." Best to remember the reading with words such as "力量" and "能力." They are pronounced in on-reading but the list below also show words with difficult reading pronounced in kun-reading.

例如：「力」有「リキ」「リョク」两种读法。「力量」「能力」等，记单词时要一起记住读音。这些读法都是「音读」，在下面的单词表里也例举了一些「训读」读法中较难的单词。

예를 들어「力」은「リキ」「リョク」의 두 가지의 읽는 방법이 있습니다.「力量」「能力」등, 단어도 함께 외워두세요. 이것들은 음독이지만, 아래의 리스트에는, 훈독 단어의 읽는 방법이 어려운 것을 예로 들고 있습니다.

		よく使われる言葉 Common words using the kanji 常用词汇 자주 사용되는 단어	使い分けのポイント Points for use 区别用法的要点 구분 포인트
力	リキ	力作／力量／怪力 painstaking work / ability / extreme strength 力作／力量／蛮力气 역작／역량／괴력	「力」が一番前にあるとき、「リョク」と読むことはない。いつも「リキ」。 When "力" comes first, it is not pronounced as "ryoku," but always pronounced as "riki." 「力」出现在最前边时,不读作「リョク」,总是读作「リキ」。 「力」이 가장 앞에 올 때는,「リョク」라고 읽는 경우는 없다. 언제나「リキ」.
	リョク	協力／体力／気力 cooperation / physical strength / vigor 协力／体力／气力 협력／체력／기력	
	ちから	底力 underlying strength　底力 저력	

Chapter 1　文字・語彙

第1章 文字・語彙〈漢字〉

漢字	読み	例	説明
作	サ	作用／操作／動作 action, effect, function / operation / movement 作用 / 操作 / 动作 작용 / 조작 / 동작	主に、「サ」は「働き」、「サク」は「作る」の場合。 Mainly, "sa" means "hataraki (action)", "saku" means "tsukuru (to create)." 「サ」主要表示「动作」，「サク」表示「制作」。 주로,「サ」는「일」,「サク」는「만들다」의 경우.
	サク	作品／著作 work / book　作品 / 著作 작품 / 저작	
行	コウ	旅行／進行／行楽地 travelling / progress / tourist spot 旅行 / 进行 / 游览地 여행 / 진행 / 행락지	「行く」「前に進む」という意味のときは「コウ」が多い。 When it means "iku (to go forward)," it is often pronounced as "kou." 做「行走」「前进」意思时，「行」字多发「コウ」音。 「가다」「앞으로 나아가다」라는 의미일 경우에는「コウ」가 많다.
	ギョウ	行政／1行目 government, administration / the first line 行政 / 第一行 여행 / (문서에서) 첫째줄	
下	カ	地下／落下／下降 underground / fall / fall, going down 地下 / 落下 / 下降 지하 / 낙하 / 하강	「カ」も「ゲ」もよく使われる。言葉ごとに覚えよう。 It is often pronounced as "ka" or "ge." Remember words with each reading. "カ"和"ゲ"都经常使用，要逐词逐句地记。 「か」라고도「げ」라고도 자주 사용된다. 각각의 단어로 외우자.
	ゲ	上下／下車 up and down / getting off, getting out (of a car) 上下 / 下车　상하 / 하차	
	した	下見 preview　预习　예비 검사	
	しも	川下 the lower part of a river　下游 강의 하류	
地	チ	土地／地下／現地 land / underground / the spot, the actual place 土地 / 地下 / 当地 토지 / 지하 / 현지	「地－」のように最初にある語は「ジ」と読むことが圧倒的に多い。例外：「意地（いじ）」。 「チ」は「地－」「－地」のどちらもよく使われる。 If it appears in the front like「地－」, it is almost always pronounced as "ji." An exception is「意地（iji）」. The "chi" reading is used in both the front and the end like「地－」and「－地」 像"地〜"这样出现在词头时大多读作"ジ"。例外："意地"读作"いじ"。 而"チ"的读音，在词头"地〜"或词尾"〜地"时都经常使用。 「地－」와 같이 처음에 있는 단어는「ジ」라고 읽는 경우가 압도적으로 많다. 예외：「意地（いじ）」의지. 「チ」는「地－」「－地」양쪽 다 자주 사용된다.
	ジ	地面／地震／地元 ground / earthquake / local, home 地面 / 地震 / 当地 지면 / 지진 / 그 지방	

19

漢字	読み	語例	解説
形	ケイ	図形（ずけい）／形態（けいたい） figure, diagram / form 图形／形态　도형／형태	「ギョウ」は、「人形」「形相」だけ覚える。 As for "gyou," just remember "ningyo (doll)" and "gyouso (look, expression)." 「ギョウ」读音中只记「人形」「形相」这两个词即可。 「ギョウ」는,「人形」「形相」만 기억해두자.
	ギョウ	人形（にんぎょう）／形相（ぎょうそう） doll / look (of a person), expression 人形／样子　인형／형상	
文	ブン	文章／文学／文化 sentence / literature / culture 文章／文学／文化 문장／문학／문화	「ブン」と読む言葉が多いが、Ｎ１試験に出題されやすいのは「モン」のほう。 In many words, it is pronounced as "bun," but the words with the "mon" pronunciation often appear in the N1 test. 「文」通常读作「ブン」，但是在Ｎ１考试中比较容易出现的是「モン」的读音。 「ブン」이라고 읽는 단어가 많지만, Ｎ１시험에 출제되기 쉬운 것은「モン」이다.
	モン	文部科学省（もんぶかがくしょう）／文句（もんく） Ministry of Education, Culture, Sports, Science and Technology / complaint 文部科学省／怨言 문부과학성／불평	
家	カ	家族（かぞく）／家庭（かてい）／作家（さっか） family, household / home, family / writer, author 家族／家庭／作家 가족／가정／작가	音読みでは「カ」と読む言葉が多い。訓読みの「や」もよく使われるので注意しよう。 "ka" is the most common on-reading. However, "ya," a kun-reading, is also used very often, so be careful with how to read it. 读作音读"カ"的单词很多。训读"や"也很常用，需加以注意。 음독으로는「カ」라고 읽는 단어가 많다. 훈독의「や」도 자주 사용되므로 주의하자.
	ケ	田中家（たなかけ）（田中さんの家族（かぞく）） Tanakas (the Tanaka family) 田中家（田中的一家人） 다나카 집안 (다나카씨의 가족)	
	や	家主（やぬし）／大家（おおや）／家賃（やちん） owner of a house, landlord, landlady / landlord, landlady / rent 家主／房东／房租 집 주인／셋집 주인／집세	
物	ブツ	人物（じんぶつ）／動物（どうぶつ）／物理（ぶつり） person, character / animal / physics 人物／动物／物理 인물／동물／물리	「ブツ」と読む言葉が多い。「モツ」はこの二つを覚える。 It is usually pronounced as "butsu." For "motsu," remember the two introduced here. 「物」通常读作「ブツ」,「モツ」读音要记住2个单词。 「ブツ」로 읽는 단어가 많다.「モツ」는 이 두 가지를 외워두자.
	モツ	荷物（にもつ）／食物（しょくもつ） luggage / food　行李／食物 짐／음식물	
	もの	物語（ものがたり） story　故事　이야기	

漢字	読み	例	解説
色	ショク	特色／物色 characteristics / search 特色／物色　　특색／물색	「シキ」も「ショク」もよく使われる。言葉ごとに覚えよう。 "shiki" and "shoku" are common readings. Remember the whole word. 两种读音"シキ"和"ショク"都经常使用，要逐词逐句地记。 「シキ」도「ショク」도 자주 사용된다. 단어로 외우자.
	シキ	色彩／色調 color / tone of color　色彩／色調 색채／색조	
重	ジュウ	重大／重量／二重／重要 gravity, seriousness / weight / double / importance 重大／重量／双重／重要 중대／중량／이중／중요	「ジュウ」と読む言葉が多いが、出題されやすいのは「チョウ」のほう。 In many words, it is pronounced as "juu," but the words pronounced as "chou" appear more often in the test. 「重」通常读作「ジュウ」，考试中比较容易出现的是「チョウ」读音。 「ジュウ」라고 읽는 단어가 많지만, 출제되기 쉬운 것은「チョウ」이다.
	チョウ	貴重／慎重／重用 preciousness / carefulness / appointing a person to a responsible position 贵重／慎重／重用 귀중／신중／중용	
気	キ	気候／空気／人気 climate / air / popularity 气候／空气／人气 기후／공기／인기	「キ」と読む言葉が多いが、「ケ」も出題されやすい。 In many words, it is pronounced as "ki," but the "ke" reading also often appears in the test. 「気」通常读作「キ」，考试中也常出现「ケ」的读音。 「キ」로 읽는 경우가 많지만,「ケ」도 출제되기 쉽다.
	ケ	気配／寒気／人気 sign, indication / chill / feeling that people are around 情形／寒冷／人烟气息 기척／한기／인기척	
合	ゴウ	合同／合計／統合 combination, union / total / integration 联合／合计／统合 합동／합계／통합	「ゴウ」と読む言葉が多いが、「ガッ」も出題されやすい。 In many words, it is pronounced as "gou," but the "ga (t)" reading also often appears in the test. 「合」通常读作「ゴウ」，考试中也常出现「ガッ」的读音。 「ゴウ」라고 읽는 단어가 많지만,「ガッ」도 출제되기 쉽다.
	ガッ	合併／合致 merger / agreement, harmony 合并／一致　合병／합치	
画	ガ	画家／絵画 painter / painting, drawing 画家／绘画　화가／회화	「絵画」は読みにくい言葉なので覚える。 Remember "絵画 (kaiga)," because it is difficult to read. 「绘画」的读音比较难，要熟记。 「絵画」는 읽는 방법이 어려운 단어이므로 외워두자.
	カク	計画／企画／画期的 plan / planning / epoch-making 计划／规划／划时代的 계획／기획／획기적	

第1章 文字・語彙〈漢字〉

図	ズ	図表／地図 chart, diagram / map　図表／地图 도표／지도	「意図」は読みにくい言葉なので覚える。 Remember "意図 (ito)," because it is difficult to read. 「意図」的读音比较难，要熟记。 「意図」는 읽는 방법이 어려운 단어이므로 외워두자.
	ト	図書館／意図 library / intention　图书馆／意图 도서관／의도	
直	チョク	直接／実直／直感 direct / steadiness / intuition 直接／耿直／直感 직접／정직하고 성실함／직감	「ジキ」という読み方は「正直」だけ覚える。「直ちに」は読みにくい言葉なので覚える。 Just remember "shoujiki (honesty)" for the "jiki" reading. Remember "tadachini, (immediately)" because it is difficult to remember. 「ジキ」的读音中只要求记住「正直」。「直ちに」的读音比较难，要熟记。 「ジキ」라고 읽는 것은「正直」만 외워두자.「直ちに」는 읽는 방법이 어려운 단어이므로 외워두자.
	ジキ	正直 honesty　正直　정직	
	ただ・ちに	直ちに immediately　立刻　즉시	
正	セイ	訂正／正確／正義 correction / accuracy / justice 订正／正确／正义 정정／정확／정의	「セイ」も「ショウ」もよく使われる。 Both "sei" and "shou" are often used. 「セイ」和「ショウ」的两种发音都很常用。 「セイ」도「ショウ」도 둘 다 자주 사용된다.
	ショウ	正月／正面／正直 new year / the front / honesty 正月／正面／正直 정월／정면／정직	
大	ダイ	大胆／拡大／盛大／莫大／大活躍 boldness / enlargement / magnificence / great number, great amount / an instance of playing an important role 大胆／扩大／盛大／莫大／很活跃 대담／확대／성대／막대／대활약	「ダイ」「タイ」はともによく使われる。発音も似ているので要注意。 Both "dai" and "tai" are commonly used. Be careful with them because the pronunciations are alike too. 「ダイ」和「タイ」两种发音都很常用。发音也很相似，应特别注意。 「ダイ」와「タイ」는 둘 다 자주 사용된다. 발음도 비슷하므로 요주의.
	タイ	大使／大衆／大半／大量 ambassador / public / mass / great amount 大使／大众／大部分／大量 대사／대중／대부분／대량	
	おお	大型／大通り large type / main street 大型／大街　대형／큰 길	

漢字	読み	例	説明
省	セイ	反省／帰省 reflection (on something you did) / homecoming 反省／归乡　반성／귀성	「セイ」は「顧みる」の意味で、「ショウ」は「省く」の意味で使われる。政府機関は、外務省、財務省など、「ショウ」が使われる。 "sei" is used to mean "kaerimiru (to reflect)," and "shou" is used to mean "habuku (to abbreviate)." For the government organization, such as "gaimu-shou (Ministry of Foreign Affairs of Japan)" and "zaimu-shou (Ministry of Finance Japan)," "shou" is used. 「セイ」带有「回顾」的意思，「ショウ」则有「省略」的意思。政府机关名称都用「ショウ」读音，如：外务省，财务省等。 「セイ」는「돌이켜보다」의 의미로써,「ショウ」는「생략하다」의 의미의 단어에 사용된다. 정부기관은 외무성, 재무성 등,「ショウ」가 사용된다.
	ショウ	省略／省エネ／外務省 abbreviation / energy saving / Ministry of Foreign Affairs of Japan 省略／节能／外务省 생략／에너지 절약／외무성	
路	ロ	道路／路上／路地 road / on the road / alley 道路／路上／胡同小巷 도로／노상／골목	音読みの「ロ」のほうが圧倒的に多い。訓読みの「じ」の言葉は、日常語ではなく、特別な用法。 It is often pronounced as "ro," an on-reading. "ji," a kun-reading, is used in a special way, not used in everyday expression. 大多读作音读的"ロ"。训读"じ"的单词不是生活用语，而是一种特殊的用法。 음독의「ロ」쪽이 압도적으로 많다. 훈독의「じ」단어는 일상어가 아니라 특별한 용법.
	じ	旅路／家路 journey / the way home 旅途／归路　여행길／귀가길	
易	エキ	貿易／交易 trade / trade　貿易／交易 무역／교역	「易しい」という意味では「イ」と読む。 It is pronounced as "i" when it means "yasashii (easy)." 表示「容易」的意思时，读音为「イ」。 「쉽다」라는 의미의 단어에서는「イ」로 읽는다.
	イ	安易／容易／難易度 easygoing / easiness / degree of difficulty 安易／容易／难易度 안이／용이／난이도	
率	ソツ	率先／引率／軽率 initiative / lead, escort / carelessness 领先／率领／轻率 솔선／인솔／경솔	「割合」などの意味では「リツ」と読む。 When it is used to mean "wariai (ratio)," it is pronounced as "ritsu." 表示「比例」的意思时，读音为「リツ」。 「비율」등의 의미에서는「リツ」라고 읽는다.
	リツ	比率／能率 rate / efficiency　比率／效率 비율／능률	
暴	ボウ	暴力／乱暴 violence / violence 暴力／粗暴　폭력／난폭	「暴く」の意味で使われるときは「バク」と読むが、言葉は「暴露」だけ。 It is pronounced as "baku" when it means "abaku (to expose)," but "bakuro" is the only word. 表示「揭露」的意思时，读音为「バク」，单词只有一个「暴露」。 「폭로하다」의 의미로써 사용되는 경우에는「バク」라고 읽지만, 단어는「暴露」한가지.
	バク	暴露 disclosure, exposure　暴露 폭로	

屋	オク	屋上／屋外／家屋 rooftop / outdoors / house 屋顶／室外／房屋 옥상／옥외／가옥	「オク」も「や」もよく使われるが、「オク」は「屋上」以外は書き言葉や改まった言葉に多い。 Both "oku" and "ya" are often used but other than「屋上」, "oku" is usually used in written expression or formal words. 两种读音"オク"和"や"都经常使用，不过，除了"屋上"（屋顶）以外，"オク"的读音多用于书面语或正式用语。 「オク」도「や」도 자주 사용되지만,「オク」는「屋上-옥상」이외에는 문어체와 격식을 차린 단어에 많다.
	や	屋根／屋台 roof / street stall　屋顶／货摊子 지붕／포장마차	
強	キョウ	強力／強要 strong (adj) / demand, forcing 强有力／勒索　　강력／강요	「キョウ」と読む言葉が多い。「ゴウ」はこの二つを覚えよう。 It is usually pronounced as "kyou." Remember the two introduced above for "gou." 「強」通常读作「キョウ」，而「ゴウ」的读音中要求记住这两个单词。 「キョウ」라고 읽는 단어가 많다.「ゴウ」는 이 두 가지를 외워 두자.
	ゴウ	強引／強情 forcible (adj) / stubbornness 强引／倔强　　억지／고집이 세다	
然	ゼン	自然／当然／必然 nature / a matter of course / necessity 自然／当然／必然 자연／당연／필연	「ゼン」と読む言葉が多い。「ネン」はこれ一つを覚えればいい。 It is usually pronounced as "zen." Just remember the one above for "nen." 「然」通常读作「ゼン」，而「ネン」的读音中要求记住这一个单词。 「ゼン」으로 읽는 단어가 많다.「ネン」은 이 한가지를 외우면 된다.
	ネン	天然 nature　天然　천연	

❷ じょうず・へたタイプ（特別な読み方）

Jozu・Heta Type (words with special reading)　　「上手下手」类型的特殊读音　　じょうず・へた타입（특별한 읽는 방법）

　次の言葉は、特別な読み方です。たとえば「上手」は「じょうず」と読みますが、「上＝じょう」「手＝ず」という読み方ではなくて、「上手＝じょうず」のようにこの漢字二つで一つの読み方と考えます。

「上＝じょう」「手＝ず」　→　「上手＝じょうず」

　Following words are pronounced in a special way. For example, "上手" is pronounced as "jouzu" but it does not mean that "上＝jou" and "手＝zu" but the whole word with the two kanji characters is pronounced as "上手＝じょうず."

　下面的单词具有特殊读法。比如「上手」的读音为「じょうず」，不过，不是「上＝じょう」「手＝ず」的读法，而是「上手＝じょうず」，可以把它们看成两个汉字结合在一起构成的一个读音。

　다음의 단어는, 읽는 방법이 특별합니다. 예를 들면「上手」는「じょうず」라고 읽지만,「上＝じょう」「手＝ず」라는 읽는 방법이 아닌,「上手＝じょうず」와 같이 한자 두 개를 하나로 읽습니다.

上手 じょうず skillful (adj)　擅长　잘함	下手 へた unskillful (adj)　笨拙　서투름	部屋 へや room　房间　방
時計 とけい clock　手表　시계	迷子 まいご stray child　迷路的孩子　미아	景色 けしき scenery　景色　경치
留守 るす absence　不在家　부재중	夫婦 ふうふ married couple　夫妇　부부	工夫 くふう device　办法　궁리
果物 くだもの fruit　水果　과일	行方 ゆくえ whereabouts　去向　행방	笑顔 えがお smiling face　笑容　웃는 얼굴
体裁 ていさい appearance, style　样式　외관	小児科 しょうにか pediatrician　儿科　소아과	為替 かわせ foreign exchange　汇兑　외환
最寄り もより the nearest (adj)　离…最近的 가장 가까운	差し支え さしつかえ inconvenience, hindrance　妨碍　지장	再来週 さらいしゅう the week after next　下下星期 다음다음주
居心地 いごこち comfort　感觉 (어떤 장소, 지위)에 있을 때의 기분	半ば なかば half　半途　반	立ち退く たちのく move out　撤退　떠나다

❸ おおあめタイプ（訓読みの言葉）

Ooame type (Words pronounced in the kun-reading)　　おおあめ「大雨」类型的训读词汇　　おおあめ타입（훈독의 단어）

　漢字二つでできた言葉の場合、音読みで読むことが多いのですが、訓読みの場合もあります。たとえば「大雨」は「おおあめ」です。「ダイウ」ではありません。こうした訓読みの言葉は、試験に必ず出ていますので注意してください。

　　　　大雨＝ダイウ　→　おおあめ

　Usually a word made up with two kanji characters are pronounced in the on-reading, but there are some examples that they are pronounced in the kun-reading. For example, "大雨 (heavy rain)" is pronounced as "oo-ame," but not "daiu." Those words pronounced in the kun-reading often appear in the test, so you need to be careful with them.

　由两个汉字组成的单词，通常以「音读」发音，不过有时也有「训读」。比如「大雨」的读音是「おおあめ」，而不是「ダイウ」。这样的训读词汇肯定会在考试中出现，应多加注意。

　한자 두 개로 조합된 단어의 경우, 음독으로 읽는 경우가 많지만, 훈독으로 읽는 경우도 있습니다. 예를 들면, 「大雨」는 「おおあめ」입니다. 「ダイウ」라고 읽지 않습니다. 이런 식의 훈독의 단어는 시험에 꼭 나오기 때문에 주의하여 주세요.

また、次の言葉は音読みと訓読みが混ざっています。

```
見本＝ケンホン   →   みほん
```

And the following are pronounced with the on-reading and the kun-reading.
此外，下列单词都是「音读」和「训读」的混合式读法。
또한, 다음 단어는 음독과 훈독이 섞여 있습니다.

広場 ひろば open space　广场　광장	出口 でぐち exit　出口　출구	人出 ひとで crowd　人群 나들이 인파	人手 ひとで hand, another's help　人手 일손
長靴 ながぐつ boot　长筒靴　장화	街角 まちかど street corner　街角 길모퉁이	手際 てぎわ skill　手法　수완	目印 めじるし mark　记号　표시
上着 うわぎ coat, jacket　上衣　상의	口数 くちかず amount one talks 说话的次数　말수	割合 わりあい ratio　比例　비율	近道 ちかみち shortcut　近路　지름길
品物 しなもの item　物品　물건	花束 はなたば bouquet　花束　꽃다발	悪口 わるぐち saying bad things about someone 坏话　험담	窓口 まどぐち window, teller　窗口 창구
島国 しまぐに island country　岛国 섬나라	指先 ゆびさき fingertip　指尖 손가락 끝	手先 てさき fingers, agent　手指尖儿 손끝	真心 まごころ sincerity　真心　진심
素顔 すがお natural face　平素的面孔 맨 얼굴	腕前 うでまえ skill　能力　솜씨	一息 ひといき one breath　歇口气 한숨 돌림	片言 かたこと smattering, incomplete phrases 只言片语　서투른 말씨
手柄 てがら exploit, feat　功劳 공로	大柄 おおがら the state of being large 身材高大　몸집이 큼	小柄 こがら the state of being small 身材矮小　몸집이 작음	人柄 ひとがら personality, person's character 人品　인품
穴場 あなば excellent place(but not so common) 好地方　명당	人影 ひとかげ shadow of a person　人影 인적	真夏 まなつ midsummer　盛夏 한여름	手軽 てがる simple(adj), handy(adj) 简便的　간편

Chapter 1　文字・語彙

手間 てま time (for doing something) 工夫　수고	**横顔** よこがお profile　侧脸　옆 얼굴	**偽物** にせもの imitation　冒牌货 가짜 물건	**昼間** ひるま daytime　白天　낮
物事 ものごと things　事物　사물	**下見** したみ preview　预习 예비 검사	**大幅** おおはば wide range, big margin　大幅 큰 폭	**手当** てあて treatment, allowance　津贴 수당, 준비, 처치
内気 うちき shy (adj), timid (adj)　腼腆的 내성적	**身軽** みがる light (talking of one's body movement) (adj), agile (adj) 身体灵便话 몸놀림이 가벼움	**表向き** おもてむき official (adj)　表面 표면화	**粘り強い** ねばりづよい tough, tenacious　顽强的 끈질기다
後回し あとまわし postponement　推迟 뒤로 미룸	**見逃す** みのがす overlook　错过机会 간과하다	**心地よい** ここちよい comfortable　愉快的 기분 좋다	**戸惑う** とまどう be perplexed　踌躇的 당황하다
的外れ まとはずれ irrelevant (adj)　离题的 요점에서 벗어남	**窓際** まどぎわ window side　窗边　창가	**草花** くさばな flower　草花　풀꽃	

❹ かさねるタイプ

Kasaneru Type　　かさねる「重叠」类型的训读词汇　　かさねる 타입

「重」の訓読みは、「重い」のほかに「重ねる」があります。「かさねる」は難しい読みです。このような難しい訓読みを集めました。

The kun-reading of "重" is not just "重い (omoi)" but also "重ねる (kasaneru)." "kasaneru" is a difficult reading. Following are the list of difficult-to-read words.

「重」的训读，除了有「おもい」以外还有「かさねる」。这里收集了这类较难的训读单词。

「重」의 훈독은「重い」외에「重ねる」가 있습니다.「かさねる」는 어려운 읽기 입니다. 이와 같은 어려운 훈독의 단어를 모아두었습니다.

扱う あつかう treat　对待, 办理　취급하다	**危うく** あやうく nearly　差点儿　아슬아슬하게	**過ち** あやまち mistake　错误　잘못
歩む あゆむ walk　走, 行进　걷다	**著しい** いちじるしい remarkable　显著　현저하다	**営む** いとなむ run, manage　从事　영위하다

挑む いどむ challenge 挑战 도전하다	**訴える** うったえる sue, complain 控告 호소하다	**促す** うながす prompt 催促 재촉하다
偉い えらい great 了不起, 伟大 훌륭하다	**怠る** おこたる neglect 疏忽, 怠慢 게을리하다	**衰える** おとろえる become weak 衰弱, 衰退 쇠퇴하다
穏やか おだやか calm 温和 평온함	**主に** おもに mainly 主要 주로	**輝く** かがやく shining 闪耀 빛나다
隠れる かくれる hide 隐藏 숨다	**重ねる** かさねる pile up 重叠 포개다	**傾く** かたむく lean 倾斜 기울다
語る かたる talk 讲述 말하다	**通う** かよう go (to) 去 다니다	**刻む** きざむ tick, cut 刻 새기다
悔しい くやしい regrettable 懊悔, 遗憾 분하다	**快い** こころよい pleasant 愉快 기분이 좋다	**断る** ことわる refuse 拒绝 거절하다
好む このむ like 爱好 좋아하다	**細かい** こまかい small, fine 细小 상세하다	**転ぶ** ころぶ fall 跌倒 구르다
栄える さかえる prosper 繁荣兴盛 번영하다	**探る** さぐる feel, search 寻找 찾다	**避ける** さける avoid 避免 피하다
支える ささえる support 支持, 支撑 지탱하다	**覚める** さめる wake up 觉醒, 睡醒 눈이 뜨이다	**縛る** しばる tie 束缚, 捆绑 묶다
健やか すこやか healthy 刚健, 健壮, 健全 건강함	**滑る** すべる slide 光滑, 滑行 미끄러지다	**速やか** すみやか quick 迅速, 敏捷 신속함
鋭い するどい sharp 尖锐, 锐利 날카롭다	**損なう** そこなう damage 损害, 伤害 파손하다	**注ぐ** そそぐ pour 灌注 따르다

背く そむく disobey 违背，背叛 등지다	告げる つげる announce 告知 고하다	慎む つつしむ abstain 谨慎 삼가다
整う ととのう be ready 协调，工整的 정돈되다	半ば なかば half way 半途，中途 절반	滑らか なめらか smooth 滑润，光滑 매끈매끈함
握る にぎる grasp 握，抓 쥐다	励ます はげます encourage 鼓励 격려하다	化ける ばける turn 乔装 둔갑하다
外す はずす exclude 取下 제외하다	果たす はたす achieve 完成 달성하다	率いる ひきいる lead 率领 인솔하다
等しい ひとしい equal 相等 동일하다	滅びる ほろびる fall, become extinct 灭亡 멸망하다	紛れる まぎれる mixed, diverted 难以辨别 혼동되다
自ら みずから oneself 亲自 스스로	乱れる みだれる go wild 混乱 흐트러지다	導く みちびく lead 引导 지도하다
実る みのる bear fruit 结果实 열매를 맺다	報いる むくいる return 报答 보답하다	結ぶ むすぶ connect 系，结 매다
巡る めぐる go around, circle 巡回 순환하다	設ける もうける provide 设立 마련하다	譲る ゆずる hand over, give 转让 양보하다

第1章 文字・語彙 〈漢字〉

❺ 「かいが」タイプ（音読みの言葉）

"kaiga" type (Words pronounced in the on-reading) 　　かいが「绘画」类型的音读词汇 　　「かいが」타입 (음독의 단어)

　　「絵画」は「かいが」と読みます。また「通じる」は音読みに送り仮名がついている形ですから、読み方が難しいです。このような、難しい音読みの言葉を集めました。なお、❶「リキリョクタイプ」に出ているものもあります。

　　"絵画 (painting)" is pronounced as "kaiga" and "通じる (lead, be connected, be understood)" is the form with the on-reading and "okurigana," so it is difficult to read. Following are the list of difficult-to-read words. Some also appear in the ①"riki / ryoku" type.

　　「绘画」读作「かいが」。另外也有像「通じる」这样的音读后面附加送假名的形式，这类词汇读音较难，这里收集了这类单词，其中也包括①「力力」型中出现的单词。

　　「絵画」는「かいが」라고 읽습니다.「通じる」는 음독에 오쿠리가나（한자와 히라가나를 섞어서 쓸 때, 어형을 분명하게 하기 위하여 한자 뒤에 다는 히라가나）가 붙어있는 형태이므로, 읽는 방법이 어렵습니다. 이런, 어려운 음독 단어를 모아두었습니다. 또한, ①「リキリョクタイプ」에 나온 단어도 있습니다.

相性 あいしょう compatibility 缘分, 性格相合　宫合	遺失物 いしつぶつ lost article　遺失物 유실물	意図 いと intention　意图　의도	有無 うむ existence or nonexistence, yes or no 有无　유무
会釈 えしゃく slight bow　点头 목례	演じる えんじる play, perform　表演 연기를 하다	横柄 おうへい rude (adj)　妄自尊大 거만함	絵画 かいが painting, drawing　绘画 회화
概して がいして generally　大概, 一般 대체로	口調 くちょう tone of voice　语气, 腔调 말투	屈する くっする surrender　屈服　굽히다	欠陥 けっかん defect　缺陷　결함
気配 けはい sign, indication　情形 기척	仮病 けびょう feigned illness　装病 꾀병	現役 げんえき active　现役　현역	行為 こうい action　行为　행위
強引 ごういん forcible (adj)　强制的 억지로 함	極秘 ごくひ top secret　绝密　극비	根性 こんじょう one's nature, willpower　脾气 근성	細工 さいく workmanship　工艺 세공
察する さっする guess, sense　推察 헤아리다	実は じつは actually　实际上　사실은	執筆 しっぴつ write　执笔　집필	収拾 しゅうしゅう collection　收拾　수습
正直 しょうじき honesty　正直　정직	生じる しょうじる cause, develop　发生 발생하다	譲歩 じょうほ compromise　让步　양보	真に しんに truly　真实　진실로
人物 じんぶつ person　人物　인물	深夜 しんや midnight　深夜　심야	頭痛 ずつう headache　头痛　두통	素直 すなお obedient　直率, 坦率 순진함

折衷 せっちゅう compromise 折衷 절충	**憎悪** ぞうお hatred 憎悪 증오	**荘厳** そうごん solemnity 庄严 장엄	**捜索** そうさく search 搜索 수색
属する ぞくする belong 属于 속하다	**措置** そち measure 措施 조치	**素朴** そぼく simple (adj) 朴素 소박	**達する** たっする reach 达到 다다르다
中傷 ちゅうしょう slander 诽谤, 中伤 중상	**通じる** つうじる lead, be connected, be understood 相通, 沟通 통하다	**伝言** でんごん message 留言 전언	**天井** てんじょう ceiling 天花板 천장
熱する ねっする heat 加热 뜨거워지다	**把握** はあく grasp (verb), understand (verb) 把握 파악	**発言** はつげん speech, remark 发言 발언	**繁盛** はんじょう prosperity 繁荣昌盛 번성
万全 ばんぜん complete (adj) 完全 만전	**評する** ひょうする comment 评价 표하다	**平等** びょうどう equal 平等 평등	**便乗** びんじょう riding together 就便搭车 편승
無難 ぶなん safe (adj) 安全 무난	**赴任** ふにん go to a new post (verb) 赴任 부임	**豊富** ほうふ rich, abundant 丰富 풍부	**発作** ほっさ seizure 发作 발작
欲する ほっする want 希望得到 바라다	**命じる** めいじる order 命令 명령하다	**門戸** もんこ gate 门户 문호	**唯一** ゆいいつ only 唯一 유일
有する ゆうする have 拥有 가지다	**裕福** ゆうふく richness 富裕 유복	**余地** よち room 余地 여지	**余裕** よゆう leeway, room 富余 여유

Chapter 1

2 語彙
Vocabulary　词汇　어휘

　日本語は、語彙の数がとても多く、普通の文章を読むためには10000語必要だといわれています。日本語能力試験のＮ１であれば、9000語以上必要になります。そのような多量の語彙を勉強するのは大変ですが、少なくとも出題されやすい語彙は覚えておきましょう。

The Japanese language has a lot of words, and it is said that one needs to know about 10,000 words to read some common pieces of writing. For N1 of the Japanese Proficiency Test, about 9000 words are necessary. It is hard to remember that many words but it is better to remember words that are likely to appear in the test.

　一般来说日语词汇数量很多，阅读普通的文章需要掌握10000个单词。如果要通过一级日语能力考试的话，掌握9000以上单词是必不可少的。学习如此大量的词汇并非轻而易举。不过，让我们首先记住那些考试中常常出现的词汇。

　일본어는 어휘수가 대단히 많고, 보통의 문장을 읽기 위해서는 10000개가 필요하다고 합니다. 일본어능력시험 Ｎ１에서는, 9000개 이상 필요하게 됩니다. 이와 같은 많은 양의 어휘를 공부하는 것은 힘든 일이지만, 최소한 시험에 출제되기 쉬운 어휘는 외워두도록 하세요.

1 動詞（和語）
Verb　动词（和语）　동사（와어）

　和語の動詞は、日常会話でよく使われますが、学習者がうまく使うのは難しいです。意味を理解し、短い文を覚えるようにしましょう。

Wago verbs are often used in everyday conversation, but they are hard to use well for learners. It is helpful to remember a short phrase with a good understanding of the meaning.

　日常会话中经常使用「和语」动词，对学习者来说，熟练地运用「和语」动词并非容易。我们首先要了解生词的意思，通过熟记例句掌握它们。

　와어의 동사는, 일상생활에서 자주 사용되고 있지만, 학습자가 능수능란하게 사용하는 것은 어려운 일입니다. 의미를 이해하고, 짧은 문장을 외우도록 하세요.

あがる	・面接のときは、緊張してすっかり上がってしまった。
get nervous	I became totally nervous during the interview.
紧张；怯场	面试的时候，我紧张得不知如何是好。
상기되다	면접 볼 때, 긴장을 해서 완전히 상기되어 버렸다.

32　Chapter 1　文字・語彙

あきれる be shocked (about a bad thing) 感到吃惊 질리다	・若者の知識のなさには、本当にあきれる。 I was shocked by the lack of knowledge among young people. 年轻人的知识如此缺乏，我真感到吃惊不已。 젊은이들의 지식이 없는 것에는, 정말 질린다.
あきらめる give up 死心；断念 포기하다	・難しいからといって、あきらめてはいけない。 Don't give it up, just because it is difficult. 尽管很难，但决不能灰心。 어렵다고 해서, 포기해서는 안된다.
あわせる set 调和；核对 맞추다	・遅れていた時計を、正しい時間に合わせた。 I set the watch that was running slow. 我把表上走慢了的时间调准。 늦어진 시계를, 정확한 시간에 맞췄다.
うぬぼれる get conceited 骄傲；有自信 잘난체하다	・彼女は、自分が一番だとうぬぼれている。 She is conceited believing she is number one. 她很骄傲，自认为最棒。 그녀는, 자신이 최고라고 잘난체한다.
おだてる flatter 吹捧；吹拍 치켜세우다	・おだてられているとわかっていても、ほめられて悪い気はしない。 I know I am flattered but I still feel good to be praised. 我明知对方是在吹捧自己，但听到赞赏并非感到不悦。 치켜 세우고 있다고 알고 있어도, 칭찬받아서 기분 나쁘지 않다.
かさねる pile 叠；摞；堆放 포개다	・皿を洗ったあとは、重ねて置いておく。 After washing dishes, they are placed in a pile. 把碟子洗好后，摞起来放好。 접시를 씻고 난 후에는, 포개서 둔다.
かなえる make ~ come true 满足愿望；实现梦想 성취시키다	・夢をかなえるために、努力しよう。 Let's work hard to make our dreams come true. 为实现自己的梦想，加倍努力吧。 꿈을 이루기 위해서, 노력하자.
かぶせる put on 蒙上；罩上 뒤집어씌우다	・罪を人にかぶせて平気でいるなんて考えられない。 I cannot understand how he/she can stay cool while putting a crime on someone else. 满不在乎地把罪过扣在别人头上，真令人难以置信。 죄를 남에게 뒤집어씌우고, 태연하게 있을 수 있다니 생각할 수 없다.
きく work 生效；有效果 효력이 있다	・よく効く薬は、体に悪い場合がある。 A medicine that works is sometimes bad for your health. 很有效的药也可能会对身体有害。 잘 듣는 약은, 몸에 해로운 경우가 있다.

きざむ cut up 切碎；切細 잘게 썰다	・野菜を細かく刻んで、スープに入れる。 Cut up vegetables into small pieces and put them into the soup. 把蔬菜切碎，放入汤里。 야채를 잘게 썬 후, 스프에 넣는다.
くずれる fall apart 倒塌；崩溃 무너지다	・大きい地震があり、積んでおいた箱が崩れてしまった。 The piled-up boxes have fallen apart. because there was a big earthquake. 大地震使堆积的箱子倒塌了。 큰 지진으로, 쌓아두었던 상자가 무너져 버렸다.
けなす speak ill of 贬低他人 헐뜯다	・他人をけなしてばかりいる人は、嫌われる。 People tend to dislike one who always speaks ill of others. 总是贬低别人的人会遭人厌弃。 남을 헐뜯기만 하는 사람은, 미움 받는다.
こする rub 擦掉；搓擦 문지르다	・落ちにくい汚れは、布でこすって取る。 Rub off stains that are hard to get off. 我用布擦拭难以去除的污痕。 잘 지워지지 않는 더러움은, 천으로 문질러서 지운다.
こだわる be particular about 拘泥；拘谨 구애되다	・私はコーヒーは何でもいいが、紅茶にはこだわっている。 I drink any kind of coffee, but I am particular about tea. 不管什么咖啡我都可以喝，但是对红茶我却十分讲究。 나는 커피는 어떤 것이라도 좋지만, 홍차는 취향이 있다.
さける avoid 避开；避免 피하다	・ミスを避けるために、十分準備をしておいたほうがいい。 You should prepare well to avoid mistakes. 为了避免错误，最好预先做好充分的准备。 실수를 피하기 위해서, 충분히 준비를 해 두는 것이 좋다.
ささえる support 支撑；顶住 지탱하다	・家族は、支え合って生きていくべきだ。 Family members should live while supporting each other. 一家人应该互相支持地生活。 가족은 서로 지탱하면서 살아가야 한다.
さまたげる prevent 妨碍 방해하다	・円高が経済状況の回復を妨げている。 High yen prevents the recovery of economic conditions. 日元升值阻碍着经济状况的复苏。 엔고 현상이 경제상황의 회복을 방해하고 있다.
すべる slip 滑；打滑 미끄러지다	・雨の日は、床が滑りやすいので注意してください。 Be careful on rainy days, because the floor is slippery. 雨天地面很滑，请注意。 비오는 날은, 바닥이 미끄러지기 쉽기 때문에 주의하여 주십시오.

だます
trick
欺骗
속이다

・人をだまして金を稼ぐことを「詐欺」という。
Making money by tricking others is called "sagi" meaning fraud.
骗人赚钱被称为「欺诈」。
사람을 속여서 돈을 버는 것을「사기」라고 한다.

つかむ
catch
抓住
파악하다

・読解や聴解は、細かい意味よりも概要をつかむことが大切だ。
As for reading and listening, it is more important to catch the overall ideas rather than the meaning of details.
做阅读和听解时，抓住要领比领会细节更重要。
독해나 청해는, 상세한 의미보다 개요를 파악하는 것이 중요하다.

つとめる
try to
努力；尽力
노력하다

・ときどき運動して、体力を落とさないように努めている。
I try not to lose my strength by exercising sometimes.
我时常运动，努力保持体力。
가끔 운동을 해서, 체력을 떨어뜨리지 않도록 노력하고 있다.

つなぐ
connect
连接；联结
연결하다

・インターネットは、遠く離れた人と人をつなぐ道具だ。
The Internet is a tool that connects people far from one another.
互联网是使远离各方的人们相互联结起来的工具。
인터넷은, 멀리 떨어진 사람과 사람을 연결하는 도구이다.

つぶやく
mutter, say softly
嘟哝
중얼거리다

・「無理だ」と彼は周りに聞こえないほどの声でつぶやいた。
He muttered softly "Impossible." in a soft voice that cannot be heard by people around.
他用差不多周围的人都听不到的声音嘟哝着说"这可干不下来"。
「무리이다」라고 그는 주위에 들리지 않을 정도로 중얼거렸다.

つまずく
trip (on / over)
绊倒
발이 걸리다

・道にあった小石につまずいて、転んでしまった。
I tripped on a small stone and fell down.
我绊在路上的小石子儿上，跌倒了。
길에 있던 작은 돌멩이에 발이 걸려서, 넘어졌다.

つめる
get closer together
紧靠；紧凑
좁히다

・電車の乗客が多いときは、詰めて座ったほうがいい。
It is better to sit closer each other when the train is crowded.
电车里乘客多的时候，最好是紧凑着坐。
전철 안 승객이 많은 경우에는, 자리를 좁혀서 앉는 것이 좋다.

つらぬく
follow through, stick to
贯彻；坚持
관철하다

・反対されても、最後まで自分の意志を貫きたいと思う。
I would like to stick to my intention until the end, even though there are some oppositions.
尽管会遭到反对，我也要把自己的主见贯彻到底。
반대 당하더라도, 끝까지 자신의 의지를 관철하고 싶다고 생각한다.

どく
get out of the way
躲开；让开
비키다

・そこを通るので、ちょっとどいてください。
Please get out of the way, because I would like to get by.
我要从那儿过一下，请稍微让开。
그 곳을 지나가니까, 좀 비켜 주세요.

第1章 文字・語彙 〈語彙〉

〈語彙〉 35

とれる come off 脱落；掉下 떨어지다	・このシャツはボタンが取れているから、着られない。 I cannot wear this shirt because a button is missing. 这个衬衫纽扣脱落了，不能穿。 이 셔츠는 단추가 떨어져서, 입을 수 없다.
なぐさめる calm down 安慰 위로하다	・試合に負けてがっかりしている彼をみんなで慰めた。 I calmed him down because he was disappointed to lose the game. 大家都来安慰因比赛失败而大为失望的他。 시합에 져서 실망한 그를 모두가 위로했다.
なでる rub, stroke 抚摩；抚摸 쓰다듬다	・日本では子供をほめるときに頭をなでる。 In Japan, people stroke kid's head when praising him/her. 在日本，称赞孩子的时候抚摸孩子的头部。 일본에서는 어린 아이를 칭찬할 때 머리를 쓰다듬는다.
ねぎらう show appreciation 慰劳；犒劳 치하하다	・社長は、社員の努力をねぎらい、全員に声をかけた。 The president talked to each of the employee to show his appreciation to their work. 社长慰劳公司职员，向全体人员打了招呼。 사장님은 사원의 노력을 치하하고, 전원에게 말을 걸었다.
のびる put off 延长；延期 연기되다	・雨のため、試合の日が延びた。 Due to rain, the game has been put off. 因为下雨，比赛延期了。 비 때문에, 시합날이 연기되었다.
はげます encourage, cheer up 鼓励 격려하다	・明日入社試験を受ける友人を励ました。 I cheered up a friend of mine who is taking a recruitment exam tomorrow. 我鼓励明天要接受公司录用考试的朋友。 내일 입사시험을 치르는 친구를 격려하였다.
はさむ get caught between 夹住 끼다	・乗客が、電車のドアに挟まれることがときどきある。 A passenger sometimes gets caught by the door of a train car. 有时乘客会被电车的门夹住。 승객이 전철 문에 끼이는 경우가 종종 있다.
はめる mold 一般认为 틀에 맞추다	・子供を型にはめる教育はよくないといわれている。 Education that puts children into a mold is said to be not good. 使孩子受到格式束缚的那种教育很不好。 어린아이를 틀에 맞추는 교육은 좋지 않다고 일컬어지고 있다.
ひかえる refrain 节制 삼가다	・会場での飲食はお控えください。 Please refrain from eating and drinking in the hall. 请不要在会场饮食。 회장에서의 식사는 삼가해 주세요.

ひかえる be, stay, have ready 等候 대기하다	・ボディガードが大統領の後ろに控えている。 President has his guards ready behind him/her. 保镖守候在总统身后。 보디가드가 대통령 뒤에서 대기하고 있다.
ひかえる write down, take down 记下备用 적어 놓다	・彼の電話番号を控えておいた。 I took down his phone number. 我记下了他的电话号码。 그의 전화번호를 적어 두었다.
ふさぐ block 堵住 가로막다	・がけ崩れが起き、大小の岩が道路をふさいでいる。 The road is blocked by large and small stones because of the cliff failure. 由于发生了悬崖塌陷，大大小小的岩石堵住了道路。 벼랑이 무너져서, 크고 작은 바위가 도로를 가로막고 있다.
ふせぐ prevent 防止；防御 막다	・台風などの被害を防ぐために、正確な予報が必要だ。 An accurate weather forecast is necessary to prevent damages due to typhoon. 为了防止受到台风等的灾害，我们需要正确的预报。 태풍 등의 피해를 막기 위해서, 정확한 예보가 필요하다.
ふれる touch 触摸 만지다	・美術館では、展示品に触れないようにと言われる。 You are told not to touch items exhibited in an art museum. 在美术馆我们被告知，不得触摸展示品。 미술관에서는 전시품을 만지지 말라는 말을 듣는다.
みあわせる cancel 暂缓；暂停 보류하다	・事故のため、電車の運行を見合わせている。 The train service has been cancelled due to the accident. 事故造成电车暂时停驶。 사고 때문에 전철의 운행을 보류하고 있다.
みおくる put off 搁置；搁浅 보류하다	・困難との判断から、計画の実行を見送ることにした。 We decided to put off the implementation of the plan due to the judgment that it would be difficult. 这个计划因被认为难以实行而搁浅了。 곤란하다는 판단에서, 계획의 실행을 보류하기로 하였다.
むく peel 剥；削 벗기다	・ナイフでりんごの皮をむく。 To peel an apple with a knife. 用小刀剥苹果皮。 칼로 사과껍질을 벗기다.
むすぶ tie 系；结 묶다	・走る前に、靴のひもをしっかり結んだ。 I tied the shoelace well before running. 我在跑步之前把鞋带紧紧系好。 달리기 전에, 신발끈을 단단히 묶었다.

もうける make money 赚钱；盈利 벌다	・金をもうけることだけ考える会社であってはならない。 We should not be a company that only thinks about making money. 公司不能只一味考虑赚钱。 돈을 버는 것만 생각하는 회사여서는 안된다.
もてあます get bored 无法对付；难于处理； 不好打发 주체못하다	・一日中することがなく、時間を持て余した。 I got bored because there was nothing to do all day. 我一整天都没事做，不知该如何消磨时间才好。 하루종일 할 일이 없어서, 시간을 주체못했다.
やぶれる get beaten 打输；失败 패하다	・わが国の選手は、決勝戦でとうとう敗れてしまった。 Players of our country got finally beaten in the final. 在决赛中我国的选手到底还是输了。 우리나라의 선수는, 결승전에서 끝내 패하고 말았다.
よこぎる cut across 横穿过 가로지르다	・目の前を、黒い猫が横切った。 A black cat cut across before me. 一只黑猫从眼前横穿而过。 눈 앞을, 검은 고양이가 스쳐 지나갔다.

2 複合動詞（和語）

Combined verb (wago)　复合动词（和语）　복합동사（와어）

「雨が降り出す（＝降り始める）」の「降り出す」は「降る＋出す＝降り出す」の複合動詞です。このタイプの言葉は日本語に多くあります。能力試験では、「雨が（　　　）出す」「雨が降り（　　　）」のように、前やあとの言葉を答えるような問題が出ます。

"Furidasu" in "ame ga furidasu (= furi hajimeru, start to rain)" is a combined verb that consists of "furu + dasu = furidasu." There are many of these type of words in Japanese. In the proficiency test, there are questions that ask for a word that goes into the place such as "amega (　) dasu" or "amega furi (　)."

「下起雨来」的「降り出す」是「降る＋出す＝降り出す」的复合动词。日语里有很多这种类型的词汇。能力考试中，会有「雨が（　　　）出す」或「雨が降り（　　　）」这样的考题出现，要求回答出前半或者后半部的单词。

雨が降り出す（＝비가 내리기 시작하다）」의「降り出す」는「降る＋出す＝降り出す」의 복합동사입니다. 이 타입의 단어는 일본어에 많이 있습니다. 능력시험에서는,「雨が（　　　）出す」「雨が降り（　　　）」처럼, 앞이나 뒤의 단어를 답하는 문제가 나옵니다.

歩き回る walk around 到处走走转转 걸어다니다	・仕事で使うバッグを買うために、街を歩き回った。 I walked around the town to buy a bag that I use for my work. 因为要买一个工作中用的皮包，我上街转了转。 근무용으로 사용할 가방을 사기 위해서, 시내를 돌아다녔다.
打ち明ける tell 坦率地说出 털어놓다	・友人に悩みを打ち明けて、相談に乗ってもらった。 I told a friend of mine my trouble and talked about it with him / her. 我向朋友吐露烦恼，听取他的意见。 친구에게 고민을 털어놓고, 상담을 받았다.

打ち込む concentrate, work hard 热衷；投入 전념하다	・彼女は、歌手になろうと、歌の勉強に打ち込んでいる。 She is practicing singing hard to become a singer. 她打算成为一名歌手，全身投入到歌唱的学习中。 그녀는, 가수가 되려고, 노래 공부에 전념하고 있다.
追いかける run chasing 追赶 뒤쫓아가다	・動物園からサルが逃げ出し、職員が追いかけてつかまえた。 A monkey got out of the zoo, and the zoo staff ran chasing after it and caught it. 职员们追赶从动物园逃出的猴子，最后捉住了它。 동물원에서 원숭이가 도망쳐서, 직원이 뒤쫓아서 잡았다.
追い越す pass, overtake 超过；越过 앞지르다	・日本は戦後、欧米の国々を追い越すことを目標にしていた。 Japan was aiming at overtaking western countries after the war. 日本战后把超越欧美各国做为自己的目标。 일본은 전쟁 후, 유럽과 미국의 국가들을 앞지르는 것을 목표로 하였다.
追いつく catch up with 赶上；追上 따라잡다	・後ろからきたランナーが、前の選手に追いついて並んで走った。 A runner that came from behind caught up with the front runners and they ran side by side. 跑在后面的运动员赶上了前边的运动员，和他并列健跑。 뒤쪽에서 온 선수가, 앞의 선수를 따라 잡고 나란히 달렸다.
思い込む believe with no doubt 深信；以为 믿어버리다	・彼の日本語がすばらしいので、てっきり日本人だと思い込んでいた。 His Japanese was so good, and I believed he was Japanese with no doubt. 他的日语那么好，我真把他当成是日本人了。 그의 일본어는 매우 훌륭하기 때문에, 틀림없이 일본인이라고 굳게 믿고 있었다.
思いつく come up with 想出；想起 생각나다	・ゴミを少なくするいいアイディアを思いついたら、教えてください。 If you come up with any good idea to reduce the amount of garbage, please let me know. 如果你想出了减少垃圾的好注意，就请告诉我。 쓰레기를 줄이는 좋은 아이디어가 생각나면, 가르쳐 주세요.
仕上げる finish up 作完 완성하다	・この作品を仕上げるのに、1ヵ月かかった。 It took me one month to finish up this work. 我为完成这个作品，花了1个月的时间。 이 작품을 완성하기까지, 한 달이 걸렸다.
すれ違う pass someone/something going the opposite direction 擦肩而过　엇갈리다	・夕方家を出て駅に向かうと、帰宅途中の父とすれ違った。 On my way to the station in the afternoon, I passed my father on his way home. 傍晚我从家出来去车站，与回家途中的父亲相遇。 저녁 무렵 집을 나와 역으로 향하자, 귀가 도중의 아버지와 엇갈렸다.
飛び込む jump in 跳入 뛰어들다	・高飛び込みの選手は、高い台の上からプールに飛び込んだ。 The high diver jumped into the pool from the high platform. 跳水运动员从高高的跳台上跳入了游泳池中。 다이빙 선수는, 높은 다이빙대 위에서 풀로 뛰어들었다.

第1章 文字・語彙 〈語彙〉

飛び出す jump out 突然奔跑出来 튀어나오다	・道路に飛び出すと、車が来るかもしれないから危ないよ。 It is dangerous to jump out to the street because there may be some car coming. 突然跑到车辆来往的道路上，是很危险的。 도로에 튀어나오면, 자동차가 올 지 모르기 때문에 위험해요.
取り扱う handle 办理；经营 취급하다	・わが社では、革製品を取り扱っています。 We handle leather products. 我公司经办皮革制品。 우리 회사에서는 가죽 제품을 취급하고 있다.
取りかかる start doing 开始；着手 착수하다	・ベルが鳴ると、受験生はいっせいに試験に取りかかった。 Test takers started taking the test as soon as the bell rang. 铃声一响，考生们一齐开始了考试。 벨이 울리자, 수험생은 일제히 시험을 치기 시작했다.
取り組む work on 专心致力 몰두하다	・政府には、財政再建に取り組んでほしい。 I want the government to work on economic recovery. 我们希望政府专心致力于财政的重建。 정부가, 재정재건에 몰두하길 바란다.
取り付ける install 安装 설치하다	・マンションにエアコンを取り付ける工事をしている。 Air-conditioners are being installed in the condominiums. 那个公寓正在进行安装空调的工程。 아파트에 에어컨을 설치하는 공사를 하고 있다.
取り戻す get back 取回；拿回 되찾다	・旅行先で取られたかばんを、取り戻した。 I got back the bag that was stolen while I was travelling. 我找回了在旅行当地失窃了的包。 여행지에서 도둑 맞은 가방을 되찾았다.
乗り越える get over 跨过；越过 극복하다	・社長は、たくさんの苦労を乗り越えて、今の会社をつくった。 The president got over a lot of hardship and established the current company. 社长经历过很多的艰辛，才成立了现在的公司。 사장님은, 많은 고생을 극복하고, 지금의 회사를 설립하였다.
乗り越す pass (the station/the bus stop) 坐车坐过站 지나치다	・電車の中で眠ってしまい、駅を乗り越した。 I passed my station because I was sleeping. 我在电车睡着了，坐过了站。 전철 안에서 잠들어 버려서, 하차역을 지나쳐버렸다.
話しかける start talking (with) 搭话；攀谈 말을 걸다	・飛行機の中で隣の席の彼女に話しかけて、親しくなった。 I started talking with a lady who was sitting next to me and we became friends. 我在飞机上和旁边座位的女子攀谈，我们的关系亲密了起来。 비행기 안에서 옆자리의 여자에게 말을 걸어서, 친해졌다.

引き返す return 返回 되돌아가다	・家を出たあと忘れ物に気がついて、引き返した。 I found out that I forgot to bring something, so I returned home. 出了家门后发现忘带东西了，就又返回去了。 집을 나온 뒤 잊은 물건이 생각나서, 되돌아갔다.	
引き止める stop 阻止 말리다	・危険な場所に行こうとする彼を、みんなが引き止めた。 All of us tried to stop him from going to such a dangerous place. 大家都劝阻他不要去那危险的地方。 위험한 곳에 가려는 그를, 모두가 말렸다.	
振り返る look back 回顾 뒤돌아보다	・自分の過去を振り返ることは、将来を考えることにつながる。 Looking back to one's past leads to thinking about his/her future. 回顾自己的过去和考虑自己的将来是联系在一起的。 자신의 과거를 되돌아보는 것은, 장래를 생각하는 것과 관련된다.	
振り込む transfer money 汇款；汇入 불입하다	・毎月、銀行口座に給料が振り込まれる。 Salary is transferred to the bank account monthly. 每月的工资被汇入银行账户。 매월, 은행계좌로 급여가 불입된다.	
待ち遠しい cannot wait 急切等待 몹시 기다리다	・もうすぐ来る夏休みが待ち遠しい。 I cannot wait any longer for the summer coming up soon. 急不可待地盼望着马上就要到来的暑假。 곧 다가올 여름 방학이 몹시 기다려진다.	
見直す review, think better (of) 重新认识；重新估价 다시 보다	・彼が貧しい人のために寄付をしていると知って、見直した。 I think better of him learning that he has been making a donation for poor people. 当我知道他为穷人捐款的事后，重新认识了他。 그가 가난한 사람을 위해 기부하고 있는 것을 알고, 달리 보게 되었다.	
やり遂げる carry through 完成；达成 완수하다	・彼は、困難なこともやり遂げる強い意志をもっている。 He has a strong will power with which he can carry through difficult things. 他具有无畏困难凡事一做到底的坚强意志。 그는, 곤란한 일도 끝까지 해내는 강한 의지를 가지고 있다.	

3 形容詞

Adjective　形容词　형용사

形容詞には、次のようなタイプがあります。
There are following types of adjectives.　形容词，有下列几种类型。　형용사에는, 다음과 같은 타입이 있습니다.

・「こころよい」「ぬるい」など「〜い」が最後につくタイプ（イ形容詞）

  ・Adjective that ends with "i," such as "kokoroyoi," and "nurui" (i adjective)

  ・「こころよい」「ぬるい」等，以「〜い」结尾的种类（イ形容词）

  ・「こころよい」「ぬるい」등「〜い」가 뒤에 붙는 타입 (イ형용사)

- 「なつかしい」「うらやましい」など「～しい」が最後につくタイプ（イ形容詞）
  - Adjective that ends with "shii," such as "natsukashii," and "urayamashii" (i adjective)
  - 「なつかしい」「うらやましい」等，以「～しい」结尾的种类（イ形容詞）
  - 「なつかしい」「うらやましい」등「～しい」가 뒤에 붙는 타입（イ형용사）

- 「なさけない」「もったいない」など「～ない」が最後につくタイプ（イ形容詞）
  - Adjective that ends with "nai," such as "nasakenai," and "mottainai" (i adjective)
  - 「なさけない」「もったいない」等，以「～ない」结尾的种类（イ形容詞）
  - 「なさけない」「もったいない」등「～ない」가 뒤에 붙는 타입（イ형용사）

- 「さかん（な）」「はなやか（な）」など名詞の前で「な」がつくタイプ（ナ形容詞）
  - Adjective that ends with "na," such as "sakan(na)," and "hanayaka(na)" (na adjective)
  - 「さかん（な）」「はなやか（な）」等，用在名词前时要以「な」连接的种类（ナ形容詞）
  - 「さかん（な）」「はなやか（な）」등 명사 앞에「な」가 오는 타입（ナ형용사）

あっけない easy, brief 太简单而不尽兴的 어이없다	・優勝候補同士の試合だったが、あっけなく終わってしまった。 It was a game between champions hopeful but it ended so easily. 比赛是在最有希望夺冠的球队之间进行的，不过打得并不起劲儿，还未尽兴就结束了。 우승 후보끼리의 시합이었지만, 어이없게 끝나고 말았다.	
あわただしい hurriedly, busy 慌张的；匆忙的 분주하다	・次から次へと客が来て、あわただしい一日だった。 Customers came one after another; it was a busy day. 客人纷纷不断光临，我们整个一天都忙忙碌碌。 연달아서 손님이 와서, 분주한 하루였다.	
いさましい courageous 英勇的；威武的 씩씩하다	・行進曲は、どれも勇ましい。 Any marching songs sounds courageous. 每支进行曲都很雄壮高昂。 행진곡은, 어느 곡이라도 씩씩하다.	
いちじるしい remarkable 显著的 두드러지다	・最近の子供たちの体力は著しく低下している。 The physical strength of children today are remarkably low. 最近的孩子们的体力明显下降。 최근 어린아이들의 체력은 두드러지게 저하되고 있다.	
おおげさ（な） exaggerated 夸张的；大惊小怪 과장된	・軽いけがをしただけなのに、彼はおおげさに騒いだ。 He got only injured lightly, but he made it such a big deal. 他无非是受了点儿轻伤，却小题大做虚惊了一番。 가벼운 상처를 입었으면서, 그는 과장되게 엄살 떨었다.	
おおざっぱ（な） rough 粗略；草率；笼统 대략적인	・おおざっぱに言って、当社の今年度の利益は1億円だ。 Roughly speaking, our profit of this fiscal year is about one hundred million yen. 扼要地说，本公司的本年度利益为1亿日元。 대략적으로 말하자면, 당사의 올해 이익은 1억엔이다.	

おさない childish 年幼的；幼稚的 어리다	・20歳になったといっても、精神的にはまだ幼い。 He/she becomes twenty years old but he/she is still mentally childish. 他虽说已经到了20岁，但精神上仍然孩子气十足。 20살이 되었어도, 정신적으로는 아직 어리다.
おしゃれ(な) fashionable, stylish, good-looking, smart 好打扮的 세련된	・年をとっても、おしゃれな服装をしていたい。 Even in my old age, I would like to wear fashionable clothes. 我即便上了年纪，也想穿一些漂亮入时的服装。 나이가 들어도, 세련된 복장을 하고 싶다.
おだやか(な) calm 平稳的；安详的；温和的 온후한	・彼は、決して怒ることのない、穏やかな性格だ。 He is calm and he never gets angry. 他是一个性格温良的人，绝对不会发脾气。 그는, 절대로 화내지 않는, 온후한 성격이다.
おもいがけない surprising 意外的 뜻밖이다	・今回の選挙は、思いがけない結果になった。 The results of this election are surprising. 这次选举的结果出乎意料。 이번 선거는, 뜻밖의 결과였다.
かなわない unbeatable, cannot beat 敌不过的 이길 수 없다	・日本は、サッカーでは、南米の国にかなわない。 Japan cannot beat South American countries in football games. 日本的足球无法与南美国家匹敌。 일본은, 축구로서는, 남미 국가에 이길 수 없다.
くだらない worthless 无聊的 시시하다	・深夜のテレビ番組はくだらないので見ないことにしている。 I try not to watch TV programs at late night because they are worthless. 深夜的电视节目很无聊，我不看。 심야 텔레비전 프로그램은 시시하기 때문에 보지 않고 있다.
けわしい steep 险峻的；陡峭的 가파르다	・険しい坂道を上るのは、若い人でも大変だ。 It is hard for even young people to go up a steep slope. 沿着陡坡上行，就是年轻的人也很吃力。 가파른 언덕길을 오르는 것은, 젊은 사람이라도 힘들다.
こころぼそい lonely 心中没底的；不安的 불안하다	・一人で海外旅行をしたとき、言葉もわからなくて心細かった。 I did not understand the language and felt lonely when I traveled abroad alone. 我一个人去海外旅行的时候，由于不懂外语忐忑不安。 혼자 해외여행 갔을 때, 언어도 몰라서 불안했다.
こころよい pleasant 爽快的；愉快的 기분이 좋다	・彼にスピーチを頼んだら、快い返事がもらえた。 I asked him to give a speech and he gave me a pleasant answer. 我请他作讲演，他爽快地答应了。 그에게 스피치를 부탁했더니, 흔쾌히 승낙하였다.

さかん(な) popular, flourishing 昌盛；盛行 번성함	・この地方は、昔から米の栽培が盛んだ。 Cultivation of rice has been popular in this region since a long time ago. 这个地方自古以来就盛产大米。 이 지방은, 옛날부터 쌀 재배가 번성했다.
しつこい persistent, (unwelcomingly) repetitive 执拗的 집요하다	・何度も同じことを言うと、しつこいと言われて嫌われる。 If you say the same thing over and over, people will hate you and say you are unwelcomingly repetitive. 同样的话说好多次，会被认为执拗而惹人讨厌。 몇 번이나 같은 말을 하면, 집요하다고 꺼리게 된다.
すがすがしい refreshing 清爽的 상쾌하다	・登山の楽しみは、山のすがすがしい空気に触れることだ。 What is fun about climbing mountains is to get the feel of refreshing air of mountains. 登山的乐趣在于能感触山间清新的空气。 등산의 즐거움은, 산의 상쾌한 공기에 접하는 것이다.
すばやい quick 迅速的 재빠르다	・客からのクレームには素早く対応しなければならない。 We should respond to complaints from customers quickly. 对于客人的投诉要迅速采取相应的措施。 손님의 불만에는 재빠르게 대응하지 않으면 안된다.
そうぞうしい noisy 喧闹的；吵闹的 떠들썩하다	・選挙の時期は、政治家の声が聞こえてきて、騒々しい。 During the time of election, I hear noisy voices of politicians. 选举时期常常听到政治家的声音，喧喧嚷嚷。 선거 시기는, 정치가의 목소리가 들려서 시끌벅적하다.
そまつ(な) shabby, meager 粗糙的；不精致的 허술한	・昔の日本人は、粗末な家に住み、粗末な食べ物を食べていた。 Japanese people of former days lived in a shabby house and ate meager food. 从前的日本人住简易的房屋，吃粗茶淡饭。 옛날의 일본인은, 허술한 집에 살면서, 변변치 못한 음식을 먹었다.
たえまない incessant 不断的 멈출새 없다	・都会のオフィスビルは、絶え間なく人が出入りしている。 People are incessantly going into and out of office buildings in cities. 城市里的办公大楼不断有人出出进进。 도시의 사무실 빌딩은, 멈출새 없이 사람이 드나들고 있다.
たのもしい reliable, dependable 可靠的 믿음직하다	・彼はどんな頼みごとも引き受けてくれる、頼もしい人だ。 He is a reliable man who takes on any requests. 他是一位靠得住的人，不管请他做什么事，他都会答应的。 그는 어떤 부탁이라도 떠맡는, 믿음직한 사람이다.
だらしない untidy, sloppy 懒散的；不整洁的 칠칠하지못하다	・一日中着替えないでパジャマのままだなんて、だらしない。 You are sloppy wearing pajamas all day and not changing. 他一整天都不换衣服，只穿着睡衣，太邋遢了。 하루종일 옷도 안 갈아입고, 잠옷 차림이라니, 칠칠하지 못하다.

てごろ(な) reasonable, inexpensive 合适的 적합한	・この店には、品質がよく手ごろな値段の品物が数多くある。 This shop carries a lot of inexpensive items. 这个店里有许多质量又好，价格又合适的物品。 이 가게에는, 품질이 좋고, 적당한 가격의 물건이 많다.
でたらめ(な) inaccurate, nonsense 胡闹；荒唐的 엉터리	・週刊誌の記事には、ときどきでたらめなものがある。 Weekly magazines sometimes carry inaccurate articles. 周刊杂志的报道中，时常也有一些荒谬的东西。 주간지의 기사는, 가끔 엉터리도 있다.
とぼしい poor, slight 缺乏的；贫乏的 부족하다	・乏しい資金で何とか会社を立ち上げた。 I started up a company with a slight amount of money. 我在缺乏资金的情况下还是想方设法办起了公司。 불충분한 자금으로 어떻게든 회사를 시작하였다.
とんでもない absolutely, unacceptable 毫无道理；骇人听闻 당치도 않다	・人を脅して金を奪うなんて、とんでもないことだ。 Stealing money by threatening is an absolutely unacceptable thing. 威胁人抢钱，竟有这样的事，真是岂有此理。 사람을 협박해서 돈을 빼앗다니, 터무니없는 일이다.
なごやか(な) calm 和谐；和睦 부드러(운)	・両国の首脳の話し合いは、なごやかに進められた。 Talk between the leaders of the two countries went on calmly. 两国首脑举行了和谐友好的会谈。 양국 수상의 대화는, 부드럽게 진행되었다.
なさけない pitiful 悲惨；可怜的 한심하다	・人の名前が思い出せないなんて、本当に情けない。 It is a pity that I cannot remember a person's name. 他连旁人的名字都想不起来，也太可怜了。 사람의 이름이 생각나지 않다니, 정말로 한심하다.
なだらか(な) gentle 不陡的；流畅的 완만(한)	・なだらかな坂道を上ると、遠くに海が見えた。 As I went up the gentle slope, I was able to see the sea in distance. 走上缓坡的话，可以看见远方的大海。 완만한 언덕길을 오르자, 멀리 바다가 보였다.
なにげない not special, unintended 无意的；无心的 별 생각 없다	・なにげない一言が、他人を傷つけることがある。 Your unintended words can hurt someone. 有时无意的一句话也会伤害别人。 별 생각 없는 한마디가, 타인에게 상처 줄 때가 있다.
のんき(な) laid-back, casual 漫不经心的；不在乎的 무사태평(한)	・明日から旅行なのにまだ準備していないなんて、のんきな人だ。 He is so casual that he is still not prepared to go travelling tomorrow. 明天就要去旅行了，可是他还没做准备，可真够悠闲的啊。 내일부터 여행인데 아직 준비하지 않다니, 무사태평한 사람이다.

ほがらか(な) happy, pleasant 快活；开朗 명랑(한)	・隣の奥さんは、いつも朗らかで明るく話しかけてくれる。 The married woman next door is always happy and start talking to me pleasantly. 邻居的太太总是明朗爽快地和我打招呼。 이웃집 부인은, 언제나 명랑하고 밝게 말을 걸어준다.
まぎらわしい confusing 容易混淆的 혼동하기 쉽다	・空港では同じようなかばんがたくさんあって、紛らわしい。 There are many similar bags at an airport and it is very confusing. 在机场有很多看上去同样的包，很容易混淆。 공항에서는 비슷한 가방이 많기 때문에, 혼동하기 쉽다.
まれ(な) rare 稀少的 드문	・私が生まれたのは、車が通るのもまれな山村だ。 I was born in a village where few cars go by. 我出生的地方是一个甚少通车的山村。 내가 태어난 곳은, 자동차가 다니는 것도 드문 산 속의 마을이다.
むだ(な) unnecessary, wasteful 浪费的；无用的 낭비	・安いからといって、無駄なものを買うのはよくない。 It is not good to buy unnecessary things just because they are cheap. 虽说很便宜，但是买那些无益的东西还是不好。 싸다고 해서, 쓸데없는 것을 사는 것은 좋지 않다.
めざましい remarkable 惊人的 눈부시다	・一生懸命勉強しているだけに、彼の日本語の上達は目覚ましい。 He always study very hard and his Japanese has been improving remarkably. 正因为拼命学习，他的日语取得了惊人的进步。 열심히 공부하고 있는 만큼, 그의 일본어 향상은 눈부시다.
もったいない what a shame 可惜的 아깝다	・まだ食べられるものを捨てるなんて、もったいない。 What a shame to throw away food that we can still eat. 还能吃的东西就扔掉了，实在可惜。 아직 먹을 수 있는 것을 버리다니, 아깝다.
ものたりない not enough 不十分充足的；不够的 뭔가 아쉽다	・サンドイッチ一つでは物足りない。もっと食べよう。 Just one sandwich was not enough. Let's eat more. 只吃一个三明治，我觉得有点儿不够，就再吃一点儿吧。 샌드위치 한 개로는 뭔가 부족하다. 좀 더 먹어야지.
わかわかしい young 年轻轻的 아주 젊은	・どんな年齢でも、表情によって若々しく見える。 However old you are, you still look young depending on the facial expressions. 无论年龄如何，表情可以让你看上去朝气蓬勃。 어떤 나이라도, 표정에 따라서 젊게 보인다.
わずらわしい troublesome, annoying 厌烦的；烦心的 귀찮다	・近所との付き合いが煩わしいと感じる人は多い。 Many people feel troublesome about the relationship with neighbors. 很多人觉得与近邻交往是一件烦心的事。 이웃하고 상대하는 것이 귀찮다고 생각하는 사람은 많다.

4 名詞（漢語・和語）

Noun (kango・wago)　　名词（汉语・和语）　　명사 (한어・와어)

特に和語の名詞に気をつけて覚えましょう。また、ペアとなる動詞がある場合は、いっしょに覚えたほうがいいでしょう。

　　例：「うそ」→「うそをつく」

Especially be careful with wago nouns when you memorize. It is also good to remember verbs that go with them, if there are any.

特别要注意熟记「和语」的名词。如果有搭配的动词，最好也同时记住。

특히 와어의 명사에 주의하면서 외웁시다. 또한, 함께 사용하는 동사가 있는 경우는, 함께 외워두는 편이 좋습니다.

合図 (あいず) sign 信号 신호	・スタートの合図で、選手たちは走り始めた。 With the sign for start, all the runners started to run. 一听到起跑的信号，运动员们就开始跑起来了。 출발 신호로, 선수들은 달리기 시작했다.
憧れ (あこがれ) hero, an object of one's longing 憧憬 동경	・若くして会社の経営者である彼女は、私の憧れだ。 She is young but manages a company. She is my heroine. 她年纪轻轻已是公司的经营者，令我十分仰慕。 젊은데도 회사의 경영자인 그녀는, 나의 동경의 대상이다.
言い訳 (いいわけ) excuse 辩解 변명	・自分ができなかったことについて、言い訳をしてはいけない。 Do not make excuses for things that you cannot do. 不要为自己没做好的事辩解。 자신이 하지 못했던 일에 대해서, 변명을 해서는 안된다.
外見 (がいけん) appearance 外表；外貌 외관	・人は、中身より外見で判断されやすい。 People tend to be judged by their appearances not the inner quality. 比起内在因素来，人们往往更以外貌判断人的素质。 사람은, 내면 보다 외관으로 판단되기 쉽다.
我慢 (がまん) bearing, standing 忍耐 참음	・暑くてもエアコンがないので、我慢をするしかない。 Even if it gets hot, we don't have an air-conditioner so we have to stand it. 天气太热也没有空调，我只好忍耐。 더워도 에어컨이 없기 때문에, 참을 수밖에 없다.
気兼ね (きがね) consideration given not to bother 多心；顾虑 어렵게 여김	・私はルームメートに気兼ねするタイプなので、一人で住みたい。 I tend to be hesitant to bother my roommate so I would like to live alone. 我对同屋有所顾虑，很想一个人住。 나는 룸메이트를 어려워하는 타입이기 때문에, 혼자 살고 싶다.
兆し (きざし) sign 征兆 징조	・長く不況だったが、経済の回復の兆しが見えてきた。 After a long recession, we are beginning to see some signs of economic recovery. 很长时间经济不景气，不过现在显现出了复苏的征兆。 긴 불황이었지만, 경제 회복의 징조가 보이기 시작했다.

きり end, limit 尽头 끝	・漢字はたくさんあっていくら覚えても きり がない。 There are so many kanji characters so even though you remember many, there is no end. 汉字很多，无论怎么记也没有尽头。 한자는 매우 많아서 아무리 외워도 끝이 없다.
愚痴 complaint 发牢骚 푸념	・愚痴を言うことは何にもならないから、前向きにやろう。 We have nothing to complain about, so let's be positive. 发牢骚也没有什么用，要积极努力向前看才行。 푸념을 하는 것은 아무것도 안되니까, 긍정적으로 하자.
工夫 ingenuity 想方设法 궁리	・プレゼンテーションをするときはいろいろ工夫をしたほうがいい。 When you give a presentation, you should use your ingenuity. 做企划案时最好多动脑筋想办法。 프레젠테이션을 할 때는 여러가지 궁리를 하는 것이 좋다.
けち miser 吝惜；小气 구두쇠	・金があるのに寄付をしないなんて、あの人はけちだ。 He has money but does not give a donation. He is a miser. 那人有钱却不肯捐献，太吝啬了。 돈이 많으면서 기부를 하지 않는다니, 저 사람은 구두쇠이다.
見当 estimate 估计 짐작	・留学にかかる金額の見当をつけて、お金を持っていく。 I bring money after making an estimate on how much money is necessary for studying abroad. 估计一下留学需要多少钱，带上钱去。 유학에 드는 비용을 대략 짐작해서, 돈을 가져가다.
口実 excuse 借口 구실	・「忙しいから読書ができない」というのは、口実にすぎない。 "You cannot read books because you are busy." is just an excuse. 说是"因为忙无法读书"，其实不过是个借口。 "바쁘기 때문에 독서를 할 수 없다"라고 하는 것은, 구실에 지나지 않는다.
心当たり idea 线索，苗头 짐작	・私がミスをしたと彼は言うのだが、まったく心当たりがない。 He told me I made the mistake, but I have no idea. 他说我出了差错，不过错在哪里？我一点儿也摸不着头脑。 내가 실수 했다고 그는 말하지만, 전혀 짐작이 가지 않는다.
心がまえ mental preparation 思想准备 마음가짐	・新入社員に、仕事の心がまえについて話をした。 I talked to new employees about mental preparation for work. 我对新职员讲述了如何做好工作的思想准备。 신입사원에게, 일에 임하는 마음가짐에 대해서 이야기를 했다.
こつ tip 要领；窍门 요령	・おいしい料理を作るにはこつがある。 There are tips for cooking delicious food. 做好饭菜是有窍门的。 맛있는 요리를 만드는데는 요령이 있다.

好み taste 爱好；嗜好 취향	・最近は息子の好みに合わせて、肉料理をたくさん作っている。 Recently, I have been cooking many meat dishes because my son likes meat. 我最近按儿子的口味，多做了一些肉类菜肴。 최근에는 아들의 취향에 맞춰서, 고기 요리를 자주 만들고 있다.	
指図 order 指使；命令 지시	・部下に対してはいいが、同僚に指図をするのはよくない。 It is OK to give orders to your subordinates, but not good to give orders to workers with an equivalent position to you. 对部下还可以，不过对同事下命令是不应该的。 부하에게는 괜찮지만, 동료에게 지시를 하는 것은 좋지 않다.	
差し支え trouble 妨碍；不方便 지장	・差し支えのない範囲で、調査用紙にご記入ください。 Please fill out the investigation form as far as there is no trouble. 请在可以的范围内，填写调查表。 지장이 없는 범위에서, 조사용지에 기입하여 주십시오.	
筋 sinew, line 筋 일리	・会議で筋が通った意見を言う人は、賛同されやすい。 People tend to agree with a person who expresses opinions that go along a line (make sense). 会议上发表合情合理的意见的人，通常容易得到赞同。 회의에서 일리가 있는 의견을 말하는 사람은 찬동되기 쉽다.	
性能 performance 性能 성능	・海外では、日本車は性能がいいことで知られている。 In foreign countries, Japanese cars are known for their good performance. 在海外日本车由于性能很好而闻名。 해외에서, 일본차는 성능이 좋다고 알려져 있다.	
損 damage 亏损 손해	・安いものを買うと、かえって損をすることがある。 When you buy a cheap thing, it sometimes results in damage. 有时买便宜的东西反而会吃亏。 싼 물건을 사면, 오히려 손해를 보는 경우가 있다.	
大半 large portion 大多数；大部分 대부분	・大学卒業生の大半が、国内外へ卒業旅行に行くそうだ。 I've heard that collage graduates will make a graduation trip inside or outside the country. 据说大部分大学毕业生都参加国内外的毕业旅行。 대학 졸업생의 대부분이, 국내와 해외로 졸업여행을 간다고 한다.	
手入れ care 修整；保养 손질	・最近、熱心に肌や髪の毛の手入れをする男性が増えたそうだ。 It is said that recently, men who take care of their skin and hair earnestly have been increasing. 据说最近注意修饰皮肤和头发的男士增多了。 최근, 열심히 피부와 머리를 손질하는 남성이 증가하고 있다고 한다.	
手際 handling 手法；技巧 수완	・彼は旅行に慣れているので、荷物の準備などの手際がいい。 He is used to traveling so he handles well such things as preparation of baggage. 他对旅行已经很适应，准备行李的动作很麻利。 그는 여행에 익숙해져 있기 때문에, 짐 준비 하는 등의 수완이 좋다.	

手続き procedure 手续 수속	・大学に入学するための手続きをした。 I went through the procedures for entering a university. 我办理了大学的入学手续。 대학에 입학하기 위한 수속을 했다.
得 benefit, good deal 合算；得利 이득	・同じ品物をたくさん買って安くなり、得をした。 I bought a lot of the same products and got a good deal. 同样的东西一次买下很多就便宜，很合算。 같은 물건을 많이 사서 가격이 저렴해져, 이득을 봤다.
なおざり neglect 忽视；马虎 등한함	・礼儀やマナーをなおざりにしてはいけない。 We should not neglect propriety and manners. 在礼节和文明礼貌方面不可马马虎虎。 예의나 매너를 등한시해서는 안된다.
半ば half 中旬 반	・9月も半ばを過ぎると、夏の暑さが少しやわらいでくる。 By the middle of September, the summer heat becomes a little less intense. 9月中旬一过，夏天酷热的高温稍微变得缓和起来。 9월도 반이 지나면, 여름 더위가 조금 누그러진다.
人目 people's eye, public eye 众人眼目 남의 눈	・人目を気にせず携帯電話を使うのは、どうかと思う。 I wonder about using a cell phone while ignoring public eye. 那人无视众人眼目自顾打手机，我看有点儿问题。 남의 눈을 신경 쓰지 않고 휴대전화를 사용하는 것은 아무래도 탐탁치 않다.
品 refinement 品格；风度 기품	・私の小学校の校長先生は、白髪の品のいい紳士だった。 The principal of my elementary school was a refined gentleman with gray hair. 我的小学校长，是一个白发苍苍颇有风度的绅士。 내가 다닌 초등학교 교장 선생님은, 백발의 기품 있는 신사였다.
ふり pretense, guise 装样子 척	・寝たふりをしても、すぐわかるよ。 I can tell easily even though you pretend to be sleeping. 我马上就知道了，你是在装模作样地睡觉。 자는 척을 해도, 금방 알아요.
誇り pride 自豪；骄傲 자긍심	・自分の国に誇りを持てるのは、すばらしいことだ。 It is great to be proud of one's country. 能为自己的国家感到骄傲，这是十分美好的。 자신의 나라에 대해서 자긍심을 가질 수 있는 것은, 훌륭한 일이다.
味方 supporter 伙伴；同伙 아군	・同じ民族が敵と味方に分かれて戦うというのは、悲劇だ。 It is a tragedy that the same people are divided into friend and foe and should fight each other. 同一个民族分成敌我双方相互争斗，这真是一场悲剧。 같은 민족이 적과 아군으로 나뉘어서 싸우는 것은, 비극이다.

見込み prospect, promise 希望；可能性 장래성	・見込みのある若い人を育てるのがベテラン社員の役割だ。 The role of experienced workers is to educate young promising employees. 培养有为的年轻人是内行老职员的职责。 장래성 있는 젊은 사람을 양성하는 것이 고참 사원의 역할이다.
見通し prospect 预料；推测 예측	・売り上げ倍増を狙っていたが、見通しが甘かった。 We were aiming to double the sales but the prospect was too optimistic. 我们期待销售额能够倍增，不过预测得过于乐观了。 매상이 배가 될 것이라고 노리고 있었지만, 예측이 너무 만만했다.
みなり appearance 服饰 옷차림	・みなりが悪いと、中身まで悪いと思われることがある。 If you don't look nice, people may think what you've got inside is also bad. 有的时候，因为服饰不佳，连内心都会被认为不佳。 옷차림이 나쁘면, 내면까지 나쁘다고 생각되어지는 경우가 있다.
無断 no permission 擅自 무단	・事務室に無断で入らないようにお願いします。 Do not enter the office with no permission. 请不要擅自进入办公室。 사무실에 무단으로 들어가지 않도록 부탁합니다.
めど sign, prospect 头绪；线索 전망	・この事件は1年前に起こったが、まだ解決のめどが立たない。 This incident happened one year ago, but there is no sign of solution. 这个事件发生在1年前，不过到现在还没有找到破案的线索。 이 사건은 1년 전에 일어났지만, 아직 해결의 전망이 보이지 않는다.
目安 target, aim 目标；基准 기준	・日本語学習の総語彙数の目安は、10000語である。 The target number of vocabulary that one should remember for studying Japanese is 10,000 words. 日语学习的总词汇量以10000字为准。 일본어 학습자의 총 어휘수의 기준은, 10000 개이다.
やりがい challenge 价值；意义 보람	・給料は低くても、やりがいのある仕事がしたい。 Even the pay is low, I want to do challenging work. 工资低也罢，我想做有价值的工作。 급여가 적더라도, 보람 있는 일을 하고 싶다.
ゆとり space, relaxation, richness 宽裕；富裕 여유	・経済的にゆとりのある家庭のほうが、学歴が高いといわれている。 It is said that a rich family tends to have higher academic backgrounds. 一般认为经济宽裕的家庭学历高。 경제적으로 여유 있는 가정이, 학력이 높다고 일컬어지고 있다.
悪口 slander 坏话 험담	・他人の悪口を言うと、自分も言われることになる。 If you say something slanderous about others, someone will say something slanderous about you. 如果你说别人的坏话，那么别人也会说你的坏话。 다른 사람의 험담을 하면, 자신도 욕을 듣게 된다.

5 動詞・ナ形容詞・名詞（漢語）

Verb・Na adjective・noun (kango)　　动词・ナ形容词・名词（汉语）　　동사・ナ형용사・명사（한어）

漢語の場合、動詞なのか、「〜な」のつく「ナ形容詞」なのか、「名詞」なのかを知っておくことが重要です。たとえば、「熱心」「熱中」「熱意」「夢中」の四つの語は、使い方が違います。

　　As for kango, it is important to know whether it is a verb, an adjective with "na" or a noun. For example, the four words, "nesshin," "necchuu," "netsui," and "muchu," are used differently.

　　学习「汉语」的词汇，重要的是要知道它们是动词，还是附有「〜な」的「ナ形容词」，还是名词。例如，「熱心」「熱中」「熱意」「夢中」的这 4 个词的用法不同。

　　한어의 경우, 동사인가, 「〜な」가 붙는「ナ형용사」인가, 「명사」인가를 알아두는 것이 중요합니다. 예를 들면, 「熱心」「熱中」「熱意」「夢中」의 4 가지 단어는, 사용방법이 다릅니다.

熱心（な）	・熱心な人　・熱心に働く　（ナ形容詞）
enthusiasm	enthusiastic person　　work eagerly　(na adjective)
热情	热情的人　　热情地工作　（ナ形容词）
열심（인）	열심인 사람　열심히 일하다　（ナ형용사）
熱中（する）	・ゲームに熱中する　（動詞）
engrossment	become engrossed with a game　(verb)
热中	热中于玩游戏　（动词）
열중（하다）	게임에 열중하다　（동사）
熱意	・熱意を示す　（名詞）
eagerness	show eagerness　(noun)
热情	表达热情　（名词）
열의	열의를 보이다　（명사）
夢中	・テレビドラマに夢中になる　（名詞）
absorbment	be absorbed in a TV drama　(noun)
入迷	对电视剧很着迷　（名词）
몰두	드라마에 빠져있다　（명사）

【動詞】 Verb　动词　동사

緊張する	・スピーチ大会に出たときは、とても緊張した。
become nervous	I became nervous when I participated in the speech contest.
紧张	参加讲演大会的时候，我十分紧张。
긴장하다	스피치 대회에 나갔을 때는, 정말 긴장했다.
懸念する	・外交問題が解決するかどうか、懸念されている。
worry, be concerned	Whether or not the diplomatic problem is solved is a concern.
担忧	外交问题是否能解决，令人担忧。
염려하다	외교 문제가 해결될지 어떨지, 염려되고 있다.

制限する restrict, control 限制 제한하다	・自然を守るために、観光客を制限する。 The number of tourists are controlled to protect the natural envirienment. 为了保护自然，限制游客量。 자연을 보호하기 위해서, 관광객을 제한하다.	
説得する persuade 说服 설득하다	・両親を説得して、海外留学をした。 I persuaded my parents and studied abroad. 我说服了父母，去海外留学了。 부모님을 설득해서, 해외유학을 갔다.	
節約する save money, save on expenses 节约 절약하다	・収入が多くないので、毎日節約している。 I save on expenses every day because my income is not so much. 我因为收入不多，每天勤俭节约。 수입이 많지 않기 때문에, 매일 절약하고 있다.	
直面する face 面临 직면하다	・政府は今、困難に直面している。 The government is now facing difficulties. 政府目前面临着困难。 정부는 지금, 곤란에 직면하고 있다.	
繁栄する prosper 繁荣 번영하다	・この町は、工業都市として繁栄している。 This town prospers as an industrial city. 这个城市作为一个工业城市很繁荣。 이 마을은, 공업도시로서 번영하고 있다.	

【ナ形容詞】　na adjective　ナ形容词　ナ형용사

「この機械は安全だ」「安全な機械」「安全に動く」のように、「〜だ」「〜な」「〜に」がついて使われます。

They end with either "-da," "-na," or "-ni," so as in "kono kikai wa anzen da," "anzen-na kikai," and "anzen-ni ugoku."

「这个机器很安全」、「安全的机器」、「安全地运转」，这样的词在使用时要加上「〜だ」「〜な」「〜に」。

「이 기계는 안전하다」「안전한 기계」「안전하게 움직이다」처럼, 「〜だ」「〜な」「〜に」가 덧붙여서 사용됩니다.

安易(な) without careful consideration 安易；轻易 안이(한)	・安易な考えで仕事を始めると、失敗する。 You will fail if you start a business without careful consideration. 若把工作看得过于简单的话，一旦开始工作就会失败。 안이한 생각으로 일을 시작하면, 실패한다.	
安全(な) safe 安全 안전(한)	・日本は安全な国だといわれている。 Japan is said to be a safe country. 一般认为日本是一个安全的国家。 일본은 안전한 나라라고 일컬어지고 있다.	

孤独(な) lonely 孤独 고독 (한)	・私は親しい友達もなく、孤独な大学時代を過ごした。 I spent lonely university days with no close friends. 我也没有亲近的朋友，度过了孤独的大学时代。 나는 친한 친구도 없고, 고독한 대학시절을 보냈다.
素朴(な) simple 质朴 소박 (한)	・偉大な発明は、素朴な疑問から生まれることが多い。 A great invention is often made as a result of a simple question. 伟大的发明往往诞生于一个简单的疑问。 위대한 발명은 소박한 의문에서 나오는 경우가 많다.
莫大(な) enormous 巨大 막대 (한)	・アイディア商品で莫大な利益を上げた。 They made an enormous profit with innovative products. 开发"新点子商品"带来了巨大的利益。 아이디어 상품으로 막대한 이익을 올렸다.
平凡(な) ordinary 平凡 평범 (한)	・平凡な人生を送るのが一番幸せだ。 The happiest of all is to lead an ordinary life. 度过一个平凡的人生就是最大的幸福。 평범한 인생을 사는 것이 가장 행복하다.
不安(な) worrisome 不安 불안 (한)	・日本の将来がどうなるか、とても不安に思う。 I worry very much about what becomes of Japan in the future. 日本的将来会变得怎样，我对此深感不安。 일본의 장래가 어떻게 될지, 매우 불안하게 생각한다.
無口(な) quiet 沉默寡言 과묵 (한)	・彼はあまり発言をしない、無口な人だ。 He tends to speak less; he is a quiet man. 他是一个不太爱说话，沉默寡言的人。 그는 별로 말이 없는, 과묵한 사람이다.
無理(な) hard to do 勉强 무리 (한)	・無理なスケジュールを立てても実行できない。 If you make a difficult schedule, you cannot follow it. 制定力所不及的日程是难以落实的。 무리한 스케줄을 세우더라도 실행할 수 없다.
無事(な) all in one piece, without trouble 平安 무사 (한)	・両親は無事に海外旅行から帰ってきた。 My parents got back from travelling abroad without trouble. 父母平安地从海外旅行回来了。 부모님은 무사히 해외여행에서 돌아오셨다.
有利(な) advantageous 有利 유리 (한)	・有利な条件で契約をすることができた。 We were able to sign the contract with advantageous conditions. 我们终于签下了对我方有利的合同。 유리한 조건으로 계약을 할 수 있었다.

【名詞】　noun　名词　명사

一面（いちめん）		・物事は、一面だけを見て判断してはいけない。
one side		You should not make a judgment just by looking at one side.
一面		判断事物，不可只看一面。
한면		사물은, 한면만 보고 판단해서는 안된다.
治安（ちあん）		・東京は、治安のいい都市だ。
security, civic order		Tokyo is a city of good security.
治安		东京是个治安很好城市。
치안		동경은, 치안이 좋은 도시이다.
活気（かっき）		・このクラスはとても活気がある。
vigor		This class is full of vigor.
活力		这个班级充满活力。
활기		이 클라스는 매우 활기가 있다.
限界（げんかい）		・一人で外国語を勉強するのは限界がある。
limit		There is a limit when studying a foreign language alone.
限度；极限		一个人学习外语毕竟能力有限。
한계		혼자서 외국어를 공부하는 것은 한계가 있다.
効率（こうりつ）		・効率のいい仕事の仕方を考えよう。
efficiency		Let's think up a more efficient way of working.
效率		我们应考虑一个效率高的工作办法。
효율		효율이 좋은 일의 방법을 생각하자.
過労（かろう）		・彼は、忙しくて過労で倒れてしまった。
extreme fatigue		He succumbed to extreme fatigue because he was busy.
过劳		他因太忙而劳累过度倒下了。
과로		그는, 바빠서 과로로 쓰러지고 말았다.
苦情（くじょう）		・お客さんから苦情を受けたら、すぐ対処するべきだ。
complaint		When we receive a complaint from a customer, we should immediately respond to it.
投诉；不满		接到客人投诉后应该马上采取解决措施。
불만		손님으로부터 불만을 접수했으면, 바로 대처해야 할 것이다.
先端（せんたん）		・わが国の技術は、世界の先端を行っている。
tip, leading end		Our technologies are going ahead of the world.
尖端		我国的技术位于世界尖端。
첨단		우리나라의 기술은, 세계의 첨단을 가고 있다.

6 複合語 (ふくごうご)

Combined Words　复合词　복합어

ここでは、次の2種類を扱います。

There are two kinds of combined words that are introduced here.

这里介绍一下2种复合词。　여기에서는, 다음의 두 종류에 대해서 다루겠습니다.

① 「大家族タイプ」 大家族＝大＋家族
"dai-kazoku type" (big family) = big + family
「大家族类型」 大家族＝大＋家族
「대가족 타입」 대가족＝대＋가족

② 「日本製タイプ」 日本製＝日本＋製
"nihon-sei type" made in Japan = nihon + sei
「日本制类型」 日本制＝日本＋制
「일본제 타입」 일본제＝일본＋제

❶ 「大家族」タイプ

"dai-kazoku" type　"大家族"类型　「대가족」타입

不～ ～ではない not ～　不～的　～하지 않다 ※～＝ナ形容詞が多い ※～＝usually "na" adjective ※～＝ナ形容词的形式为多 ※～＝ナ 형용사가 많다	不安定／不適当／不平等／不確実／不可能／不健全／ 不経済／不名誉／不幸せ／不まじめ instability / inappropriateness / inequality / uncertainty / impossibility / being unhealthful / being uneconomical / disgrace / unhappiness / dishonesty 不稳定／不适当／不平等／不确实／不可能／不健全／不经济／不光彩／不幸／不认真 불안정／부적당／불평등／불확실／불가능／불건전／비경제／불명예／불행／불성실
非～ ～ではない not ～　不; 非; 无～的 ～이지 않다 ※～＝名詞 「非～的」となることもある ※～＝noun sometimes it appears as "hi～teki (of not ～)" ※～＝名词 也有「非～的」的形式 ※～＝명사 「비～적」으로 표현되는 경우도 있다.	非運／非常識／非公開／非効率／非現実的／非人間的／ 非科学的／非民主的／非論理的 being unlucky / lacking common sense / nondisclosure / inefficiency / unrealistic / inhumane / unscientific / undemocratic / illogical 遭厄运／没有常识／非公开／无效率／非现实／无人性／非科学／不民主／不合逻辑 비운／비상식／비공개／비효율／비현실적／비인간적／비과학적／비민주적／비윤리적
無～ ～がない ～missing　不; 非; 无～的 ～가 없다 ※～＝名詞 ※～＝noun　※～＝名词　※～＝명사	無意味／無意識／無責任／無理解／無関係／無関心／ 無気力／無差別／無制限／無抵抗／無防備 meaningless / unconsciousness / no responsibility / no understanding / no relationship / unconcern / spiritless / indiscrimination / no limitation / nonresistance / defenseless 无意义／无意识／不负责任／不理解／没关系／漠不关心／没精神／无差别／无限制／不抵抗／无防备 무의미／무의식／무책임／무이해／무관계／무관심／무기력／무차별／무제한／무저항／무방비

第1章 文字・語彙 〈語彙〉

未〜 まだ〜ではない not yet〜　还没；还不〜的 아직 〜하지 않다	未解決／未完成／未経験／未確認／未使用／未成年／未発表／未払い金 unsolved / incomplete / not experienced / unconfirmed / not used / not yet an adult / not yet announced / unpaid amount 未解决／未完成／没有经验／未确认／未使用／未成年／未发表／未付款 미해결／미완성／미경험／미확인／미사용／미성년／미발표／미불금
反〜 〜に反する against〜　还抗〜的　〜에 반하다	反体制／反主流／反社会的 antiestablishment / antimainstream / antisocial 反体制／反主流／反抗社会 반체제／반주류／반사회적
逆〜 正式な〜と反対 opposite of formal〜　与〜相反的 정식적인〜와 반대	逆効果／逆回転／逆コース adverse effect / inverse rotation / contrary course 相反效果／逆转弯／相反的路线 역효과／역회전／반대 코스
好〜 〜がよい good〜　很好的〜　〜가 좋다	好例／好景気／好成績／好印象／好人物 good example / good economy / good performance / good impression / good person 好例子／好景气／好成绩／好印象／大好人 좋은 예／호황／좋은 성적／좋은 인상／호인
高〜 〜が高い、よい 〜 is high, good　高〜，好〜 〜가 높다, 좋다	高熱／高収入／高レベル／高感度／高利率 high fever / high income / high level / good reception / high interest rate 高烧／高收入／高水平／高感度／高利率 고열／고수입／높은 레벨／고감도／고이율
最〜 一番〜 number one〜　最〜　가장〜	最先端／最上位／最前列／最晩年 leading edge / top / the very front row / the very last year 最尖端／最高位／最前列／最后晚年 최첨단／최상위／맨 앞줄／최만년

❷「日本製」タイプ

"nihon-sei" type　"日本制"类型　「일본제」타입

〜家 〜する人 person doing 〜　做〜工作的人 〜하는 사람 〜を職業とする人 person whose job is 〜 从事〜职业的人　〜가 직업인 사람	音楽家／政治家／専門家／努力家 musician / politician / specialist / hard worker 音乐家／政治家／专家／好努力的人 음악가／정치가／전문가／노력가

〜者（しゃ） 〜を職業とする人 person whose job is 〜 从事〜职业的人　　〜가 직업인 사람 〜の立場の人 person in the position of 〜 处于〜立场的人　　〜입장인 사람	技術者／科学者／経営者／発表者 engineer / scientist / manager / presenter 技术员／科学家／经营者／发表者 기술자／과학자／경영자／발표자
〜性（せい） 〜の状態・要素 condition/element of 〜 〜的状态・要素　　〜의 상태・요소	安定性／確実性／可能性／具体性／合理性／柔軟性／ 必要性／将来性 stability / certainty / possibility / concreteness / rationality / flexibility / necessity / future possibility 稳定性／确实性／可能性／具体性／合理性／柔软性／必要性／前途 안정성／확실성／가능성／구체성／합리성／유연성／필요성／장래성
〜感（かん） 〜の感覚 feeling of 〜　　〜的感觉 〜의 감각	現実感／期待感／疲労感／一体感／失望感 feeling of reality / feeling of hope / feeling of tiredness / feeling of being one / feeling of disappointment 现实感／期待感／疲劳感／一体感／失望感 현실감／기대감／피로감／일체감／실망감
〜観（かん） 〜の見方 view of 〜　　〜观念 〜를 보는 방법	人生観／価値観／世界観 view of life / view of values / view of the world 人生观／价值观／世界观 인생관／가치관／세계관
〜上（じょう） 〜の立場から from the position/viewpoint of 〜 在〜方面；出于〜的立场 〜의 입장에서	教育上／歴史上／法律上 from the viewpoint of education/from the viewpoint of history/from the viewpoint of laws 教育上／历史上／法律上 교육상／역사상／법률상
〜化（か） 〜にする make 〜　　使其成为〜 〜가 되게 하다 ※「〜化する」のように動詞となる ※It becomes a verb, such as "〜kasuru." ※用作动词，「〜化する」 ※「〜化する」와 같이 동사가 된다	近代化／機械化／正当化／グローバル化 modernization / mechanization / computerization / justification / globalization 近代化／机械化／正当化／全球化 근대화／기계화／정당화／글로벌화

58　Chapter 1　文字・語彙

第1章 文字・語彙

〈語彙〉

～的（てき）

～の要素が強い

characterized by the element of ～

带有较强～要素的

~의 요소가 강하다

※「○○的な」のようにナ形容詞となる

※It takes the na adjective form, such as "～tekina"

※用作ナ形容词，「～的な」

※「～的な」같이 ～ナ 형용사가 된다

圧倒的／刺激的／強制的／感動的／積極的／消極的／楽天的

overwhelming / stimulating / imperative / moving / active / inactive / optimistic

压倒性的 / 刺激性的 / 强制性的 / 令人感动的 / 积极的 / 消极的 / 乐观的

압도적 / 자극적 / 강제적 / 감동적 / 적극적 / 소극적 / 낙천적

～率（りつ）

～する人やものの比率

the rate of people or things that do～

做～的人的比率

～사람이나 것의 비율

就職率／失業率／出席率／合格率

employment rate / unemployment rate / attendance rate / pass rate

就业率 / 失业率 / 出席率 / 合格率

취직률 / 실업률 / 출석률 / 합격률

〈お金を表す言葉〉

Words meaning money　关于钱的表达方法　돈을 표현하는 단어

～金（きん）

入学金／奨学金

entrance fee / scholarship money

入学金 / 奖学金

입학금 / 장학금

～料（りょう）

授業料／使用料／入場料

tuition / fee for use / admission fee

学费 / 使用费 / 门票费

수업료 / 사용료 / 입장료

～費（ひ）

交通費／飲食費／会費

transportation fee / fee for food and drink / membership fee

交通费 / 饮食费 / 会费

교통비 / 음식비 / 회비

～代（だい）

電気代／ガソリン代／電話代／バス代

electricity cost / gasoline cost / telephone bill / bus fare

电费 / 汽油费 / 电话费 / 巴士费

전기대 / 가솔린대 / 전화대 / 버스대

〈語彙〉　59

第2章

文法

ここに掲載した機能語は、上級で学習する文法表現として重要な項目です。2009年までの日本語能力試験では、1級の出題範囲だったものです。2010年からの試験では、「文法」の問題として出題されます。それだけでなく、「語彙」「読解」「聴解」などほかの科目に出てくる文や文章の中で必ず使われます。
すべての問題に必要な表現ですから、しっかり練習し、覚えてください。

Functional words listed in this section are important grammatical expressions for advanced learners. Those words had been covered in the Grade One test of the Japanese Language Aptitude Test until 2009. However those words will be covered in the grammatical section from 2010. They will also definitely appear in phrases used in the "goi," "dokkai," and "chokai" sections.
These expressions are important so please practice well and remember them.

这里所刊载的功能语,作为高级阶段要学习的文法是非常重要的项目。它们在2009年为止的日本语能力考试中是属于1级的出题范围。从2010年开始,作为「文法」的试题来出题。除此之外,还必定会在「词汇」「读解」「听解」等科目的文章里出现。
这些语法现象涉及到所有的问题,所以请大家好好练习并掌握好。

여기에 나오는 기능어는, 상급에서 배우는 문법표현으로 중요한 항목으로 2009년까지의 일본어능력시험에서는 1급 출제범위였습니다. 2010년부터의 새로운 시험에서는,「문법」문제로 출제됩니다. 뿐만 아니라,「어휘」「독해」「청해」등 다른 과목에 나오는 문장에서도 사용됩니다.
모든 과목에서 필요한 표현이기 때문에, 확실하게 연습해서, 외워 두세요.

Chapter 2

法 読 聴

1 形式名詞 Formal Nouns 形式名詞 형식명사
「わけ」「こと」「もの」「ところ」を使った表現

Expressions using "wake," "koto," "mono," and "tokoro"　　「わけ」「こと」「もの」「ところ」用法
「わけ」「こと」「もの」「ところ」를 사용한 표현

> この機種にしたわけです

　「わけ」「こと」「もの」「ところ」を「形式名詞」といいます。名詞だけれども意味を持たないのでそのように呼ぶのです。ですから、「わけ」の意味は何？　と考える必要はありません。「わけがない」の意味は何？　と考えてください。
　「わけがない」「わけではない」「わけにはいかない」などよく似ている表現が多いですが、それぞれ意味が違いますので混乱しないように正確に覚えましょう。そのためには、「例文を暗記する」ことをお勧めします。

"Wake," "koto," "mono," and "tokoro" are called formal noun. They are so called because they are nouns but do not have meanings. So do not ask what "wake" means. Ask what "wakeganai" means.
　There are many similar expressions such as "wakeganai," "wakedewanai," and "wakeniwaikanai," so remember correctly and do not confuse them. In order to do so, remembering example phrases are helpful.

　「わけ」「こと」「もの」「ところ」称之为「形式名詞」。虽然是名词，但本身不具有实际意义，因此称之为形式名词。所以，没有必要考虑「わけ」是什么意思，应该要考虑的是「わけがない」的意思。
　像「わけがない」「わけではない」「わけにはいかない」等有很多相似的用法，但他们是有区别的。请不要混淆，一定要正确掌握。为此，要求把例文全部背下来。

　「わけ」「こと」「もの」「ところ」를「형식명사」라고 합니다. 명사이지만 의미를 가지지 않기 때문에 이와 같이 부릅니다. 때문에,「わけ」의 의미는 뭘까？라고 생각할 필요는 없습니다.「わけがない」의 의미를 생각하세요.
　「わけがない」「わけではない」「わけにはいかない」등 비슷한 표현이 많습니다만, 각 각 의미가 다르기 때문에 혼동되지 않도록 정확하게 기억합시다. 그렇기 위해서는,「예문을 암기」하는 것을 추천합니다.

1 「わけ」を使った表現

Expressions using "wake"　　「わけ」的用法　　「わけ」를 사용한 표현

～わけがない not possible, unthinkable 不可能～；不会～ ～일 리가 없다	①人間が、100メートルをわずか5秒で走れる**わけがない**。 It is unthinkable that a human being can run a hundred meters in just five seconds. 人不可能在短短的5秒内跑完100米。 인간이, 100 미터를 5 초만에 달릴 리가 없다.

62　Chapter 2　文法

～ということは考えられない it is unthinkable that ~ ~不可想象 ~라고 하는 것은 생각할 수 없다	②気に入った仕事をしている彼が、会社を辞める**わけがない**。 He is doing what he likes for work, so it is unthinkable that he will quit the company. 他很喜欢这个工作，所以不可能辞掉公司。 마음에 드는 일을 하고 있는 그가, 회사를 그만 둘 리가 없다. **Point** 「はずがない」より強い　　stronger than "hazuganai" 　　　　　比「はずがない」强硬　　「はずがない」보다 강함
～（という）わけだ therefore, as a result 当然～；自然～ ～（라는）것이다 ～という結論になる concluded as~ 成为～结论 ～라는 결론이 된다	①どのパソコンを買おうかと迷い、いろいろな店に足を運んで検討した結果、この機種にした**わけ**です。 I was unsure which personal computer to buy, and I went to many stores and considered, and as a result, I decided to buy this type. 不知要买哪个电脑，转了很多店考虑了半天，最后才定这个机种的。 어느 컴퓨터를 살까 망설이다가, 여러 가게를 둘러보고 검토한 결과, 이 기종으로 정한 것이다. ②去年の8月に来日したんですか。じゃあ、かれこれ1年日本にいるという**わけ**ですね。 You came to Japan last August. So, you have been here for one year. 去年8月来到日本的呀。那么，他在日本待了1年喽。 작년 8월에 일본에 왔습니까? 자, 거의 1년 일본에 있는 것이네요.
～（という）わけだ therefore, as a result 当然～；自然～ ～（라는）것이다 ～ということが納得できる understand that~ ～可以理解 ～라는 것에 납득하다	①A：Bさんは英語が上手ですね。 　B：アメリカに3年住んでいたんです。 　A：ああ、どうりで英語が話せる**わけ**ですね。 A: Your English is very good. B: I lived in the U.S. for three years. A: Ah, now I understand why you speak English. A：B先生英语很好啊。 B：曾在美国住了3年。 A：啊，所以会说英语呀。 A：B씨는 영어를 잘하시네요. B：미국에 3년 살았었어요. A：아, 그럼 그렇지, 영어 잘하실 만도 하시네요. ②A：なんだか寒いなあ。 　B：エアコンの温度設定が15度になってるよ。 　A：えっ、それじゃ寒い**わけ**だ。 A: It is cold somehow. B: The temperature setting of the air-conditioner is set at 15. A: What? Now I understand. A：总觉得冷啊。 B：空调的设定温度为15度哟。 A：是吗，那自然是冷了。 A：왠지 춥네요. B：에어컨 온도가 15도로 되어 있어요. A：앗, 그럼 추울 만도 하네요.

〈わけ・こと・もの・ところ〉　63

～わけではない

not necessarily～

并不是～；并非～

～는 아니다

特に～ということはない

not particularly～

并不是特意在～

특히 ～라는 것은 아니다

① 特に何か情報がほしい**わけではない**が、いつもインターネットに接続している。

I do not particularly want any information but I always have my computer connected to the Internet.

并非是要查什么信息，但因特网是一直在连着线的。

딱히 원하는 정보가 있는 것은 아니지만, 언제나 인터넷에 접속하고 있다.

② 国に帰りたくない**わけではない**が、できれば日本で就職したいと思っている。

I do not particularly want to go back to my country, but I am hoping to get a job in Japan.

并不是不想回国，想尽量在日本就职。

귀국하기 싫은 것은 아니지만, 가능하면 일본에서 취직하고 싶다고 생각하고 있다.

～わけにはいかない

cannot～, no way～ can…

不能～

～할 수는 없다

～は状況から見てできない

looking at the situation, it is not possible to～

从状况来看不能～

～는 상황을 생각하면 할 수 없다

① 親に無理に頼んで授業料を出してもらったのだから、今勉強をやめる**わけにはいかない**。

I asked my parents so hard to pay the tuition, so I cannot quit studying.

学费是勉强请求父母给出的，所以学习不能半途而废。

부모님께 무리하게 부탁을 해서 수업료를 내주셨으므로, 지금 공부를 그만 둘 수는 없다.

② お世話になった先生がいらっしゃる同窓会だから、行かない**わけにはいかない**。

The teacher who helped me so much will come to the reunion, so I cannot NOT go.

因为受到过关照的老师要参加同窗会，所以我不能不去。

신세를 졌던 선생님께서 오시는 동창회이므로, 안 갈 수는 없다.

2 「こと」を使った表現

Expressions using "koto"　　「こと」的用法　　「こと」를 사용한 표현

～ことだ

should

最好～；应该～

～것이다

～ことが必要だ

it is necessary to～

劝告～；必要～

～하는 것을 권하다　～가 필요하다

※～＝Ｖ辞書形

※～＝V dictionary form

※～＝动词的字典形

※～＝V 사전형

① 人間関係をよくしたいなら、まず相手を受け入れる**こと**だよ。

If you want to improve your relationship with other people, first accept them.

要想搞好人际关系，首先应该要接受对方。

인간관계를 좋게 하고 싶으면, 먼저 상대방을 받아들여야 할 것이에요.

② 海外進出を成功させるには、その国での徹底した市場調査を行う**こと**だ。

In order to succeed in expanding business overseas, it is necessary to perform market research in the country.

要想成功进军海外，应该在该国进行彻底的市场调查。

해외진출을 성공시키기 위해서는, 그 나라에서 철저한 시장조사를 해야 할 것이다.

> **Point** 「～ことだ」は個人的な意見を述べるときに使う。
> "kotoda" is used when you say personal comments or opinions.
> "～ことだ"用于表达个人的意见。
> 「～ことだ」는 개인적인 의견을 서술할 때에 사용한다.

どんなに〜ことか／何回〜ことか

so + (adjective), a number of times

別提〜

얼마나 〜하는지／몇 번이나 〜하는지

とても〜、何回も〜

very〜／so〜 a number of times〜

非常地〜／多次地〜

매우〜／몇 번이나〜

① 第一志望の大学に合格して、**どんなに**うれしかった**ことか**。
I was so happy that I received the acceptance from the university of my first choice.
能够考上第一志愿大学，别提多高兴了。
제 1지망의 대학에 합격해서, 얼마나 기쁠까?

② 子供のころ、遅くまでテレビを見ないように親に**何回**言われた**ことか**。
When I was a child, I was told by my parents not to watch TV until late a number of times.
小时候，因为看电视看得很晚，别提被父母说过多少回了。
어렸을 때, 늦게까지 텔레비전을 보지 않도록 하라고 부모님에게 얼마나 들었는지….

〜ことから

on the ground that〜

因为；从〜来看；由此

〜이기 때문에

〜という理由で

for the reasons that〜, because〜

以〜理由

〜라는 이유로

① 支持率が高い**ことから**、多くの国民が新内閣に期待していることがわかる。
Many people have high expectation of the new Cabinet on the ground that the approval rate is high.
从高支持率来看，可想而知很多国民对新内阁抱有期待。
지지율이 높은 것에서, 많은 국민이 새로운 내각에 기대하고 있는 것을 알 수 있다.

② 富士山が見える**ことから**、「富士見」という名前をもつ地名が、東京には数多くある。
There are many places in Tokyo that have been named "Fujimi" because one can see Mt. Fuji from there.
因能够看得见富士山而取名为「富士见」的地名，在东京为数很多。
후지산이 보이기 때문에「후지미」라는 이름을 지닌 지명이, 동경에는 많다.

〜のことだから

judging from the characteristics of〜

因为〜一定〜

〜이기 때문에

…という特徴のある〜だから

because of 〜 characterized by…

因有〜特征，所以〜

…라는 특징을 가지고 있는 〜이기 때문에

※〜＝人

※〜＝a person(s)

※〜＝人

※〜＝사람

① 時間に厳しい彼の**ことだから**、遅刻しないで来るに違いない。
He must come in time but not late, because he is strict on time.
他的时间观念很强，所以一定不会迟到。
시간에 엄격한 그이기 때문에, 지각하지 않고 올 것이 틀림없다.

② アニメが大好きな彼女の**ことだから**、新しい作品は当然知っているだろう。
There is no doubt that she knows about the new work (may be an anime film) because she loves anime very much.
她很喜欢动漫，所以一定知道新作品的。
애니메이션을 매우 좋아하는 그녀이기 때문에, 신작품은 당연히 알고 있을 것이다.

第2章 文法

〈わけ・こと・もの・ところ〉

〈わけ・こと・もの・ところ〉

65

～ことなく

without～

不～；没有～

～하지 않고

～ないで

without～

没有～

～하지 않고

① 住民に反対される**ことなく**道路の拡張計画を実行するのは難しいだろう。

I assume it is difficult to execute the expansion plan of the road without facing opposition from the residents.

很难不遭住民的反对而进行道路的扩张计划。

주민의 반대가 없이 도로 확장계획을 실행시키는 것은 어려울 것이다.

② 外国語の習得は難しいが、あきらめる**ことなく**続けたいと思う。

It is difficult to master a foreign language but I want to keep on learning without giving up.

虽然掌握外国语很难，但我不想放弃继续学习。

외국어 습득은 어렵지만, 포기하지 않고 계속하고 싶다고 생각한다.

～ことに

very～, so～

令人～的是～

～하게도

とても～

very～, so～

非常地～

매우～

① うれしい**ことに**、クラスの全員が希望の大学に合格した。

I am so happy that all the classmates were accepted by the university of their choice.

令人高兴的是，全班同学都考上了所希望的大学。

기쁘게도, 클라스 전원이 희망하는 대학에 합격하였다.

② 驚いた**ことに**、90歳のプロスキーヤーが活躍しているそうだ。

What amazes me is a 90 year-old professional skier is still doing quite well.

令人惊讶的是，听说有90岁的专业滑雪选手活跃在第一线。

놀랍게도, 90 살의 프로 스키어가 활약하고 있다고 한다.

～ことになっている

it has been decided that～,
it is customary that～

按规定～；～已成定局

～으로 되어 있다

～ことが決まっている

it has been decided that～,
it is customary that～

～已被决定

～가 결정되어 있다

※～＝V辞書形

※～＝V dictionary form

※～＝动词的字典形

※～＝V 사전형

① 当社では、新入社員は全員、3カ月間研修を受ける**ことになっている**。

In our company, it is customary that all the new recruits are to receive three-month training.

本公司规定，全体新入社员要受3个月的研修。

우리 회사에서는 신입사원 전원, 3개월간 연수를 받는 것으로 되어 있다.

② 彼は今政治家の秘書だが、数年後には政治家になる**ことになっている**そうだ。

He is now a secretary to a politician, but I hear that it has been decided that he will be a politician in a few years.

他虽然现在是政治家的秘书，据说数年后将成为政治家已成定局。

그는 지금 정치가의 비서이지만, 몇 년 후에 정치가가 되는 것이 정해져 있다고 한다.

～ことはない

not necessarily～

不必～

～할 것은 없다

～必要はない

～ be not necessary

～没有必要

～필요는 없다

～なくてもいい

～ not have to

～没有也可以

～하지 않아도 된다

※～＝V辞書形
※～＝V dictionary form
※～＝动词的字典形
※～＝V 사전형

①連絡は電話かメールで大丈夫です。わざわざ来ることはありませんよ。
You can contact by either telephone or email; you don't have to come.
可以用电话或电子邮件联络。没必要特意过来哟。
연락은 전화나 메일로 괜찮습니다. 일부러 올 것까지는 없습니다.

②この学校では学生全員にパソコンが支給されるので買うことはない。
Every student of this school is given a personal computer so they don't have to buy one.
在这所学校，每位学生都可以领到电脑，不必买。
이 학교에서는 학생 전원에게 컴퓨터가 지급되기 때문에, 살 필요는 없다.

③最高責任者だからといって、部下の失敗の責任をとって辞めることはない。
Even though he is the highest man, he does not necessarily have to resign to atone for the failure of subordinates of his.
虽说是最高负责人，但也不至于为部下承担责任而辞掉工作。
최고책임자라고 해서, 부하의 실패에 대한 책임을 지고, 그만 둘 필요는 없다.

～ということだ

it is reported that～

听说～

～라고 한다

～そうだ（伝聞）

it is reported that（hearsay）～

据说是～（传闻）

～라고 한다（전언）

①課長から電話があり、10時ごろこちらに到着するということです。
The section chief called and told that he would arrive at about 10 o'clock.
科长来了电话，将在10点左右到达。
과장님에게서 전화가 와서, 10시쯤 여기에 도착한다고 합니다.

②小学校の指導内容は、数年後に変更されるということだ。
I hear that teaching contents for the elementary school will be changed in a few years.
听说小学校的指导内容数年后将会变更。
초등학교의 지도 내용은, 몇 년 후에 변경된다고 한다.

～ということだ

it is reported that～

听说～

～라고 한다

～という結論になる

it is concluded that～

可成为～结论

～라는 결론이 된다，
～라는 것이 된다

①成績が一番の彼が間違えたということは、この問題はだれもできなかったということだ。
Considering that he whose performance is the best made a mistake on the problem, it is concluded that no one can solve this problem.
成绩最好的他都做错了，证明谁都没能够答对这个问题。
성적이 가장 좋은 그가 틀렸다는 것은, 이 문제는 아무도 풀지 못했다는 것이 된다.

②社長がやると言ったということは、絶対にやらなければならないということだ。
As for the thing that the president said he decided on doing, it is concluded that we have to definitely do that.
社长说了要做，那么绝对是要做的。
사장이 한다고 말했다는 것은, 절대로 하지 않으면 안된다는 것이 된다.

〈わけ・こと・もの・ところ〉 67

〜ないことには…ない not … without〜 不（没有）〜无法〜 〜않고서는 … 없다	①辞書を買わ**ないことには**外国語の勉強は始められ**ない**。 You cannot study a foreign language without buying a dictionary. 不买词典就无法开始外国语的学习。 사전을 사지 않고서는 외국어 공부는 시작할 수 없다.
〜しなければ…できない cannot … without〜 如果不做〜不可以… 〜하지 않으면 …할 수 없다	②実際に会ってみ**ないことには**、いい人かどうかわから**ない**。 No one can tell if he/she is a good person without meeting him/her. 没有实际见面，就无法知道人的好坏。 실제로 만나보지 않고서는, 좋은 사람인가 아닌가 알 수 없다.

3 「もの」を使った表現
Expressions using "mono"　　「もの」的用法　　「もの」를 사용한 표현

〜ものだ it is that〜 真的〜；很〜 〜하구나，〜이지 **本当に〜だなあ（感慨）** it is 〜 indeed (emotion) 真的〜（表示感慨） 정말로 〜하구나 (감개)	①早い**ものだ**、もう来日して1年経った。 It is so quick indeed; it has been already a year since I came to Japan. 来日本已经都1年了，真的很快呀。 빠르기도 하지, 일본에 온지 벌써 1년 지났다. ②オーロラ、きれいなんでしょうね。見てみたい**ものです**。 Auroras! How beautiful they must be! I want to see them indeed. 极光应该很漂亮吧。真想看一看。 오로라, 아름다울거야. 한번 보고 싶구나.
〜ものだ it is that〜 真的〜；很〜 〜하구나，〜이지 **過去の回想** recollection of the past 表示回顾 과거의 회상	①子供のときは、暗くなるまで友達と外で遊んだ**ものだ**。 When I was a child, I often played with my friends outside until dark. 记得小的时候，经常跟朋友在外边玩到天黑。 어렸을 때는, 어두워질때까지 친구와 밖에서 놀았지. ②携帯電話がないころは、公衆電話をよく使った**ものだ**。 When there was no such thing as a cell phone, I often used a public phone. 记得没有手机的时候，经常使用公用电话。 휴대전화가 없을 때는, 공중전화를 자주 이용했었지.

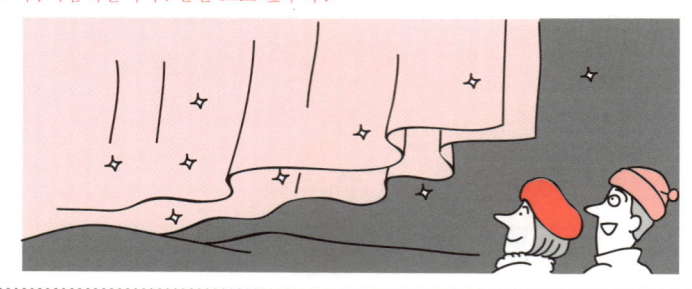

> **Point** 「〜たものだ」の形で使う　　it is used as " 〜 tamonoda"
　　　　 以「〜たものだ」的形式使用　　「〜たものだ」형태로 사용

～ものだ

it is that～

真的～；很～

～하구나，～이지

～が一般的な常識だ
It is common sense to～

～是一般常识

～가 일반적인 상식이다

① 出社したらまずあいさつをするものだ。
It is common sense that you greet as soon as you come to the office.
上班之后，首先应要做问候。
출근하면 먼저 인사를 해야하는 법이다．

② 目上の人には、丁寧な言葉を使うものですよ。
It is common sense that you should use polite language to those who are senior to you.
对于上司应该使用敬语的哟。
윗사람에게는，공손한 말씨를 사용해야 하는 법이예요．

> **Point** 人に対して注意するときに使う　　used when admonishing someone
> 用于提醒人　　사람에 대해서 주의 줄 경우 사용

～ものではない

it is against common sense to / that～

不应；不该；不要

～해서는 안된다

～は一般的な常識ではない
it is against common sense to / that～

～不是一般常识

～는 일반적인 상식은 아니다

① 人に涙を見せるものではない。
It is against common sense to show tears in public.
不该让人看见眼泪。
다른 사람에게 눈물을 보여서는 안된다．

② 職業や学歴で人を判断するものじゃありませんよ。
It is against common sense to judge someone by their job and academic background.
人不应以其职业和学历来判断的哟。
직업이나 학력으로 사람을 판단해서는 안돼요．

～ものだから

because～

因为～

～이기 때문에

～という理由で
because～

因～理由

～라는 이유로

① 電車が遅れたものですから、遅刻してしまいました。
I am late because the train runs late.
因电车晚点，所以迟到了。
전철이 늦게 왔기 때문에，지각하였습니다．

② お先に失礼します。病院へ行かなければならないものですから。
Excuse me, because I have to go to the hospital.
我先回去了。因为要到医院去。
먼저 실례하겠습니다．병원에 가지 않으면 안되기 때문에．

> **Point** 言い訳に使うことが多い　　a common expression for making an excuse
> 多用于辩解　　변명할 때 사용하는 경우가 많다．

～もの

because～

因为～

～인걸

① 初めての海外旅行なんだもの、不安なのは当然だよ。
Because it's my first overseas trip, it is natural that I feel insecure.
因为是初次的海外旅行，感到不安也是自然的。
처음으로 하는 해외여행인걸．불안한 것은 당연해．

第2章　文法
〈わけ・こと・もの・ところ〉

〜という理由で because〜 因〜理由 〜라는 이유로	②A：どうして勉強しないの？ 　B：だって、やってもできないんだもん。 A: Why aren't you studying? B: Because I can't do well even though I try. A: 为什么不学习呢？ B: 但是，学也学不会嘛。 A: 왜 공부 안해? B: 그게, 해도 안되는걸.

> **Point ▶** 甘え、訴えなどの気持ち　　feeling of soliciting sympathy, making an appeal
> 　　　　　　带着一种申辩的情绪　　응석, 호소 등의 기분

〜ものか never〜 哪能；岂能；怎能 〜있을까 絶対に〜ない definitely not〜, never 绝对不可能 절대로〜않다 ※〜＝V辞書形 ※〜＝V dictionary form ※〜＝动词的字典形 ※〜＝V 사전형	①あんなうそをつく人、許すものかと思った。 I thought I would never forgive such a liar like him/her. 我想岂能饶恕如此撒谎之人。 저런 심한 거짓말을 하는 사람, 용서할 수 있을까 생각했다. ②経営者の苦しさが、経験のない人にわかるものか。 You will never understand the pain of a business manager unless you become one. 经营者的苦衷，没有经验的人岂能理解。 경영자의 고충을, 경험 없는 사람이 알 수 있을까？ ③味も悪いし、サービスも最低、あんな店、二度と行くものですか。 The taste of food is bad and the service is also terrible. I would never go to that restaurant again. 菜肴味道不好，服务又极差，那样的店谁还再去。 맛도 나쁘고, 서비스도 최악, 저런가게, 두번 다시 갈겁니까？

〜ものの even though〜 虽然〜但是〜；虽说〜可是〜 〜이지만 〜という事実はあるけれども even though there is a fact that〜 虽然有〜事实 〜라는 사실은 있지만	①新しいパソコンソフトを買ったものの、使い方がマスターできるかどうか自信がない。 Even though I bought a new software application for a personal computer, I am not confident if I can master how to use it. 虽然买了电脑软件，但能否完全掌握其使用方法还没有自信。 새 컴퓨터 소프트웨어를 샀지만, 사용법을 마스터 할 수 있을까 자신이 없다. ②あの学生は、漢字が書けないものの、日本語の会話は十分できる。 That student cannot write kanji but, he/she can speak Japanese well enough. 那个学生虽然汉字写不了，日本语会话是充分可以的。 저 학생은, 한자는 못 쓰지만, 일본어 회화는 충분히 가능하다.

〜ものなら if possible〜 如果可以〜 〜할 수만 있다면	①海外旅行、行けるものなら行きたいが、今は無理だ。 If it is possible, I would like to travel abroad but I can't now. 海外旅行，如果能去的话很想去，但现在还不行。 해외여행, 갈 수만 있다면 가고 싶지만, 지금은 무리이다.

~ことが可能なら（しかし無理だ） if it is possible to ~ (but not) 如果可以～（但不可能） ~가 가능하다면 (그러나 무리이다)	②たった半年勉強しただけで日本語能力試験Ｎ１に合格しようなんて、できる**ものなら**やってみなさい。 If you think you can pass the Japanese Aptitude Test N1 with just studying for six months, try it. 想以半年的学习来通过日本语能力考试Ｎ１，如果可能的话，请试试看。 단지 반년간 공부한걸로 일본어능력시험 Ｎ１에 합격 하려고 한다니, 할 수만 있다면 해봐라．
～う・ようものなら if~ 倘若～ ～한다면, ～하게 되면 もし～したら（大変なことになる） if ~(you will be in trouble) 如果～就会（造成严重的后果） 만약 ～한다면, (큰 일이 난다)	①父は自分の思い通りにしたい人だ。反対し**ようものなら**、ひどく叱られる。 My father is the kind of man who runs things his own way, so if one ever opposes him, he/she will be scolded. 我父亲是个按照自己意志行事的人。若是反对他就会挨他的骂。 아버지는 자신의 생각대로 하고자 하는 사람이다. 반대한다면, 매우 혼날 것이다. ②彼にゴルフのことで話しかけ**ようものなら**、何時間でも話し続けて止まらない。 If you ever start talking with him about golf, he will go on hours and hours. 要是跟他说高尔夫球的话，他说几小时也不会完。 그는 골프 얘기를 꺼내기 시작하면, 몇시간 이야기해도 멈추지 않는다．
～ないものでもない not necessarily not~ 不见得不～ ～하지 않는다는 것은 아니다 絶対に～しないというのではない not necessarily not do 不是绝对不要～ 절대로 ～하지 않는 것은 아니다	①その提案については引き受け**ないものでもない**が、もう少し具体的に聞かせてほしい。 As for the proposal, I will not necessarily not accept it, but I would like to hear about it more specifically. 对于那个提案不见得不接受，只是想再具体地听一听。 그 제안에 대해서는 맡지 않는다는 것은 아니지만, 좀 더 구체적으로 얘기해주었으면 한다． ②趣旨によっては、募金に協力し**ないものでもありません**。 I will not necessarily not cooperate with the donation depending on the intention. 根据其宗旨，不见得不配合募捐。 취지에 따라서는, 모금에 협력하지 않는다는 것은 아닙니다．
～ものを would have (done) ~ 如果～就～；要是～就～ ～텐데	①私に言ってくれれば協力した**ものを**（言ってくれなかったから協力できなかった）。 If you had said so, I would have cooperated. (I did not cooperate, because you did not tell me to.) 要是跟我讲了的话，我会配合的。（因为没有跟我讲过，所以没能配合。） 나에게 얘기해 주었으면 협력했을텐데…(얘기하지 않았으므로 협력할 수 없었다）

〈わけ・こと・もの・ところ〉

71

(…だったら) 〜のに (if …) 〜 如果是…就〜 (…했다면) 〜것인데	②あの日、あの電車に乗らなかったら、事故に遭わずにすんだものを。 If I had not been on that train on that day, I would never have had to experience that accident. 那天，如果没搭那个电车的话，就不会遭到事故了。 그 날, 그 전철에 타지 않았더라면, 사고 당하지 않았을텐데.

> **Point** 実際は〜でなくて残念だ　regrettable it is not 〜 in reality
> 　　　　实际上没能够〜很遗憾　　실제는 〜하지 못해서 유감 이다

4　「ところ」を使った表現
Expressions using "tokoro"　　「ところ」的用法　　「ところ」를 사용한 표현

〜たところ as〜 经〜；结果〜 〜했더니 〜たら（その結果…がわかった） as 〜 (it became clear that…) 结果〜（知道了〜结果） 〜했더니(그 결과 …를 알게 되었다)	①インターネットで調べたところ、現在首都圏の電車は順調に動いている。 As I searched the Internet, train lines in the metropolitan area are currently running smoothly. 经网上查询，现在首都圏的电车运行正常。 인터넷에서 검색했더니, 현재 수도권의 전철은 순조롭게 움직이고 있다. ②大学に問い合わせたところ、入学願書は郵送のみ受け付けるとのことだ。 As I contacted the university, I found out that they would accept the application form only by mail. 向大学咨询的结果是，入学申请书的受理只限于邮寄的。 대학에 문의했더니, 입학원서는 우편으로만 접수한다고 한다.
〜たところで even though〜 尽管〜也 〜라고 해도 〜ても（希望どおりにはならないだろう） even though 〜 (it will not be as desired) 尽管〜（估计达不到其所希望的） 〜해도（원하는대로 되지 않을 것이다）	①今からあわてて勉強したところで、大学入試に間に合うわけがない。 Even though I start studying hurriedly from now, there is no way I will be ready for the entrance examination for the universities. 尽管今天开始匆忙地学习，也不可能赶得上大学考试。 지금부터 허둥지둥 공부한다고 해도, 대학 시험을 잘 칠 리가 없다. ②ゲームをやめるようにいくら言ったところで、あの子はやめないだろう。 Even though how many times you tell him to quit playing the game, he will probably never stop playing. 尽管讲了很多次不要玩游戏了，可这个孩子是不会听的。 게임을 그만하라고 몇 번이나 말한다고 해도, 저 아이는 그만두지 않을 것이다.
〜ところに／へ／を as〜 正当〜时；刚要〜时；正好〜时 〜인 상황에, 〜하려는 참에	①出かけようとしていたところに人が訪ねてきて、遅くなってしまった。 As I was about to go out, someone came and I was late. 刚要出门的时候有人来访，所以迟到了。 외출하려고 할 때 사람이 찾아와서, 늦고 말았다.

～という状況、場面に／へ／を as it is～ 在～状況、情況下 ～라는 상황, 장면에/을	②恋人と歩いている**ところを**友達に見られてしまった。 As I was walking with my sweetheart, a friend of mine saw us. 正好跟恋人散步时，被朋友看见了。 애인과 함께 걷고 있는 것을 친구에게 들켜버렸다.
～ところだった it was very close to～ 差一点～；刚～；正～ ～일 뻔 하였다 ～直前で助かった saved right before～, narrowly excaped～ ～之前被得救 ～직전에 해를 입지 않다	①車がよく見えなくて、危なく車にひかれる**ところだった**。 I was not able to see cars clearly, and I was about to be hit by a car. 看不清汽车，差一点被车撞了。 차가 잘 안보여서, 하마터면 차에 치일 뻔 하였다. ②今日は寝坊してしまって、もう少しで電車に乗り遅れる**ところだった**。 I woke up late today and I almost missed the train. 今天因睡过头，差一点就没赶上电车了。 오늘은 늦잠 자서, 자칫하면 전철에 늦을 뻔 하였다.
～といったところだ Probably, it is～ 大致是～；也就是～ ～정도이다	①東京でワンルームのマンションを借りると、家賃は月7～8万円**といったところだ**。 If you rent a studio apartment in Tokyo, the rent will be about seventy to eighty thousand yen. 在东京租1居室的公寓，房租大约是7万到8万。 동경에서 원룸 아파트를 빌리게 되면, 월세는 7～8 만엔 정도이다.

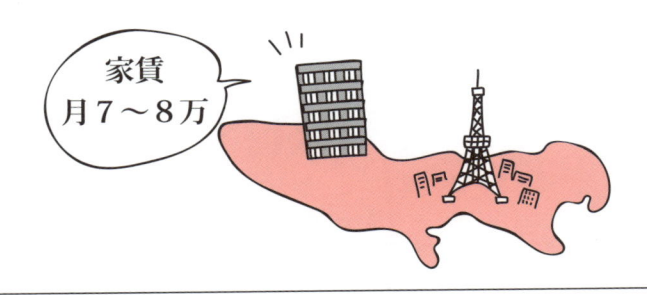

トレーニングテスト

[　　]の中から正しいものを選びなさい。
　[こと　もの　ところ]

1．他人に、いきなり年齢を聞く（　　　）ではない。どうしても知る必要があれば「失礼ですが」と言いなさい。
2．ちょうど連絡しようと思っていた（　　　）に、その友達が来た。
3．試合に負けて泣いている（　　　）を写真に撮られてしまった。
4．自分が悪いことをしたと思わないなら、謝る（　　　）はない。
5．サッカーが大好きな彼の（　　　）だから、ワールドカップがある時は寝ないでテレビを見ているだろう。

解答　1　もの　2　ところ　3　ところ　4　こと　5　こと

Chapter 2

2 副助詞 Auxiliary particles 副助詞 부조사
「さえ」「こそ」「くらい」「ばかり」「まで」「どころ」を使った表現

Expressions using "sae," "koso," "kurai," "bakari" "made," or "dokoro"
「さえ」「こそ」「くらい」「ばかり」「まで」「どころ」的用法
「さえ」「こそ」「くらい」「ばかり」「まで」「どころ」를 사용한 표현

　このような言葉を「副助詞」といいます。文全体に意味を与える機能をもっています。たとえば、「日本語を勉強する」という文にこれらの副助詞をつけてみましょう。
「日本語さえ勉強する」「日本語こそ勉強する」「日本語くらい勉強する」「日本語まで勉強する」「日本語ばかり勉強する」── 文全体に意味を与えているのがわかりますか？

　These words are called "sub-particle." They have functions to give meaning throughout a phrase. For example, let's add one of these sub-particles to a phrase "nihon-go wo benkyo suru."
"nihon-go sae benkyo suru," "nihon-go koso benkyo suru," "nihon-go kurai benkyo suru," "nihon-go made benkyo suru," "nihon-go bakari benkyo suru" ─ Can you see that those words give meaning to the whole phrases?

　这样的词汇叫「副助詞」。具有赋予全文意义的功能。比如，给「日本語を勉強する」的短文付上这种副助词，看看它的意思。
「日本語さえ勉強する」「日本語こそ勉強する」「日本語くらい勉強する」「日本語まで勉強する」「日本語ばかり勉強する」─ 是不是给全文赋予了意义呢？

　이와 같은 단어를 「부조사」라고 합니다. 문장 전체에 의미를 부여하는 기능을 가지고 있습니다. 예를 들면, 「일본어를 공부하다」라는 문장에 부조사를 덧붙여 봅시다.
「일본어마저 공부한다」「일본어이기 때문에 공부한다」「일본어 정도 공부한다」「일본어까지 공부한다」「일본어만 공부한다」─ 문장 전체에 의미를 부여하고 있는 것을 알 수 있습니까?

1 「さえ」「こそ」「きり」「くらい」を使った表現

Expressions using "sae," "koso," "kiri," or "kurai"　「さえ」「こそ」「きり」「くらい」的用法
「さえ」「こそ」「きり」「くらい」를 사용한 표현

〜さえ…ば if 〜 only … is 只要〜就 〜만 …면 **〜だけで十分だ** only 〜 is good enough 只要〜，〜就很充分 〜만으로 충분하다	① クレジットカード**さえ**持っていれ**ば**、旅行先で困ることはない。 If you only have a credit card, you will be fine traveling. 只要带着银行卡，在旅行所到之处就无后顾之忧。 신용카드만 가지고 있다면, 여행지에서 곤란할 일은 없다. ② もう少し早く起き**さえ**すれ**ば**こんなにあわてなくてすむのに。 If you only woke up a little earlier, you wouldn't have to rush so much. 只要稍微早起的话，就用不着这么惊慌了。 조금만 더 빨리 일어난다면 이렇게 허둥되지 않아도 될텐데.

74　Chapter 2　文法

※〜=Vマス形(けい)
※〜=V masu form
※〜=动词+マス形
※〜=Vマス형

③彼(かれ)は、勉強(べんきょう)しさえすればいい人生(じんせい)が送(おく)れるとで思(おも)っているのだろうか。

I wonder if he thinks that he will live a good life only by studying.

他是不是认为，只要好好学习就可以度过一个完美的人生？

그는 공부만 하면 좋은 인생을 보낼수 있다라고 생각하고 있는 것일까?

〜ばこそ

〜 therefore, thanks to 〜

正因为〜才能

〜야말로

からこそ

〜 therefore, thanks to 〜

正因为〜才能

이기 때문에

①会社(かいしゃ)の将来(しょうらい)を考(かんが)えればこそ、不況(ふきょう)ではあるが新(あら)たな設備(せつび)投資(とうし)をするのだ。

We think about the future of the company; therefore, we will make a new facility investment despite the recession.

正因为考虑到公司的将来，所以在不景气时也要投资新的设备。

회사의 장래를 생각해서야말로, 불경기이지만 새로운 설비 투자를 하는 것이다.

②世界中(せかいじゅう)の人(ひと)と寸時(すんじ)に交信(こうしん)できるのも、インターネットがあればこそだ。

Thanks to the Internet, we can communicate with people all over the world in such a short time.

正因为有了互联网，才能够与世界各地的人迅速地进行交流。

세계 각국의 사람들과 바로 교신할 수 있는 것도, 인터넷이 있기 때문이다.

Point ▶ 理由(りゆう)の説明(せつめい)　explanation of reasons　理由的说明　이유의 설명

〜たきり

with 〜 being the last time

〜之后，再也没有〜；只是〜再也〜

〜이래, 이후

〜を最後(さいご)に〜に関連(かんれん)したことは起こっていない

with 〜 being the last time, have not done anything related to 〜

〜之后，与〜相关连的事情没有发生

〜을 최후로 〜에 관련된 일은 일어나지 않는다

①あの飛行機(ひこうき)は3時間前(じかんまえ)に連絡(れんらく)があったきり、消息(しょうそく)を絶(た)っている。

We last heard from that plane three hours ago and they have not contacted us since then.

那个飞机只是在3小时前有过联络，之后再也没有消息。

저 비행기는 3시간 전에 연락이 있은 후, 소식을 끊고 있다.

②彼(かれ)とは、また会(あ)おうというメールを交換(こうかん)したきりになってしまった。

I exchanged mail with him saying "Let's get together again," but nothing has happened since then.

我们互通了再会的电子邮件以后，就再也没有联系了。

그는 또 만나자라고 하는 메일을 교환한 것이 마지막이 되어버렸다.

③田中君(たなかくん)には4年前(ねんまえ)の同窓会(どうそうかい)で会(あ)ったきりだ。

I met Mr. Tanaka four years ago at the reunion, and I haven't seen him since then.

与田中君是4年前在同窗会上见过面而已。

다나카하고는 4년전 동창회에서 만난 이후이다.

4年前

〜くらい／〜ぐらい

only 〜

大概；大约

〜정도

たいしたこと・ものではない〜

not so much / many of 〜

没有什么大不了的

별로 이렇다할 일・것은 아닌〜

① 病後なので、運動といっても散歩ぐらいしかできません。

I just recovered from illness, so as for exercising I can only take a walk.

因为病刚好，所以说运动也只是散散步而已。

병이 나은 직후이므로, 운동이라고 해도 산보 정도밖에 할 수 없습니다.

② A：100円、落としちゃった。
　 B：100円ぐらい、いいじゃない。

A: I lost one hundred yen.
B: Just one hundred yen? Forget it.

A: 丢掉了100日元。
B: 100日元左右，没有什么大不了的。

A: 100엔, 떨어뜨렸어.
B: 100엔 정도, 괜찮잖아.

2 「だけ」を使った表現

Expressions using "dake"　　「だけ」的用法　　「だけ」를 사용한 표현

〜だけ

as much as

足够的；尽量的；所有的

〜만큼

〜の限界まで

up to the limit of 〜,
as much 〜 as possible

到〜限界

〜한계까지

① 日本に来るときは洋服をスーツケースに入るだけ入れてきた。

When I came to Japan, I packed as many clothes as possible into my suitcase.

来日本的时候，尽量的把衣服装进旅行箱里带过来了。

일본에 올 때는 옷을 여행 가방에 넣을 수 있는 데까지 넣어서 왔다.

② 試験が終わったので、寝たいだけ寝られる。

Now that the exam is over, I can sleep as much as I want.

因为考试结束了，所以可以尽情地睡觉。

시험이 끝났으므로, 자고 싶은 만큼 잘 수 있다.

〜だけあって／〜だけのことはある

predictably so as being 〜, no doubt 〜

不愧是〜；有一定的〜

〜답게／〜답다

〜だから、やはり期待どおりに

〜 is as great as expected

因为是〜，所以还是依照其所期待的

〜이기 때문에, 과연 기대한대로

① 彼はスポーツで鍛えているだけあって、体力がある。

He is exercising playing some sports so he is strong as expected.

他不愧是经过体育锻炼的，很有体力。

그는 스포츠로 몸을 단련시키고 있는 것 답게, 체력이 강하다.

② このレストランは料理もサービスも最高だ。さすが三つ星レストランに選ばれただけのことはある。

This restaurant is great in food and service. No doubt they have been chosen as a three-star restaurant.

这个餐厅的菜和服务都是最好的。不愧是被选为3星级的餐厅。

이 레스토랑은 요리도 서비스도 최고이다. 과연 최고의 레스토랑에 뽑힐 만하다.

～だけに

~ therefore, more

正因为～所以

～한 만큼

～だから、もっと

~ therefore, more

正因为～，所以更加

～이기 때문에，더

① みんなの期待が大きいだけに、本人のプレッシャーも大変なものだろう。

Everyone's expectation is high, therefore he/she must be feeling a great pressure.

正因为大家的期待很大，所以本人感到的压力也应该非常大。

모두의 기대가 큰 만큼, 본인의 부담도 클 것이다.

② あまり自信がなかっただけに、受賞の喜びは大きかった。

I was not so confident, therefore I was so happy to receive the prize.

正因为没有什么自信，所以授奖之后的喜悦也就更大了。

별로 자신이 없었던 만큼, 수상의 기쁨은 컸다.

3 「ばかり」を使った表現

Expressions using "bakari"　　使用「ばかり」的表现　　「ばかり」를 사용한 표현

～ばかりに

because of ~

正因为～才；只因～才～

～한 탓으로

たった一つの～が原因で…（悪い結果）

because of only one ~ / only because ~ (bad consequence)

只因一个～（坏的结果）

오직 ～가 원인으로…（나쁜 결과）

① 業者の言うことを信じたばかりに、高いものを買わされてしまった。

I was tricked into buying an expensive thing, only because I believed what the company said.

正因为相信了业者的话，才买下了高价的物品。

업자가 하는 말을 믿은 탓으로, 비싼 물건을 사고 말았다.

② 約束の時間に5分遅れたばかりに、契約がとれなかった。

We lost the contract only because we were late five minutes.

只因晚了5分钟，而没签到合约。

약속 시간에 5분 지각한 탓으로, 계약이 이루어지지 않았다.

～んばかりだ

be about to ~

就要～；几乎要～；～似地～

～할 듯한

今にも～そうな様子だ

be about to ~

现在也～样子

지금이라도 ～할 것 같은 모습이다

① クビになった彼は、今にも泣き出さんばかりだった。

He was fired, and he looked as if he would start crying.

被解雇的他，几乎就要哭出来了。

해고당한 그는, 당장이라도 울음을 터뜨릴 것만 같았다.

② 合格の知らせに、彼女は飛び上がらんばかりに喜んでいた。

Upon the receipt of the notification of acceptance from the university, she looked as if she was about to jump in joy.

接到了合格通知的她，高兴得几乎要跳起来了。

합격 통지에, 그녀는 날아 오를 것처럼 기뻐하였다.

③ その客は、今にも殴りかからんばかりの形相で、怒鳴り込んできた。

The customer stormed in to make a violent protest looking as if he would start punching.

那客人一幅打架斗殴的气势，怒气冲冲地过来了。

그 손님은, 당장이라도 덤벼들 듯한 얼굴 표정으로, 호통치며 왔다.

〈さえ・こそ・くらい・ばかり・まで・どころ〉

〜と（言わん）ばかりに saying 〜 像是在说〜似地 〜그런（말할 듯）기세로 **〜とでも言うように** seeming as if he/she is almost telling 〜 想要说〜似的 〜라고 말하는 듯이	① 彼は「黙れ」と言わんばかりに私をにらみつけた。 He stared at me so hard, and it seemed as if he was almost telling me to shut up. 他好像在说「闭嘴」似地盯着我看。 그는「조용히 해」라고 말하는 듯이 나를 째려봤다. ② 私が行こうとすると、彼女は「行かないで」とばかりにドアの前に立った。 When I was leaving, she stood before the door and it seemed as if she was telling me not to leave. 我正想要走时，她像是在说「不要走」似地站在了门前。 내가 가려고 하니, 그녀는「가지마」라는 듯 문 앞에 섰다.

4 「まで」を使った表現
Expressions using "made"　　「まで」的用法　　「まで」를 사용한 표현

〜までだ it is only that 〜 大不了〜 〜만, 뿐이다 **〜までのことだ** it is only up to〜 只要〜就可以了 〜그만이다 **〜ばいいというだけだ** if 〜, it is only that it is OK 只要〜就可以了 〜하면 좋을뿐이다 ※〜＝V 辞書形 ※〜＝V dictionary form ※〜＝动词的字典形 ※〜＝V 사전형	① 私の意見を聞いてもらえないなら、会社を辞めるまでだ。 If they don't listen to my opinions, I have no other choice, but to quit the company. 如果不听我的意见，大不了辞掉公司。 내 의견을 들어주지 않으면, 회사를 그만 두면 그만이다. ② 失敗したらもう一度やり直すまでのことだ。 If I fail, it is only that I will try again. 如果失败，大不了再做一遍就是了。 실패했으면 한 번 더 하면 될 뿐이다. ③ 彼は、「苦情を言ってきたらお金を払って追い返すまでだ」なんて言っていたが、そんなことで解決するわけはない。 He was saying something like "If someone complains, he would only pay the money back and send them back." but that would not solve it. 尽管他说，"要是他来抱怨的话，大不了就是花点儿钱给他，把他赶回去"，但这方法解决不了什么问题。 그는 "불평을 말하면 돈을 지불하고 되돌려 보내기만 하면 된다"라고 말하고 있지만, 그런것으로 해결될 리가 없다.
〜までだ so 〜 只是〜而已；只不过是〜而已 〜뿐이다 **（…だから）〜だけだ** (it is only …) that is why 〜 因为是…所以只是〜 (…이기 때문에)〜뿐이다	① 上司から命令されてやったまでだ。私の意志ではない。 I was only ordered to do so; it was not my intention. 只不过是遵照上级的命令做的而已。并不是我的意志。 상사에게 명령을 받아서 했을 뿐이다. 나의 의지는 아니다. ② 会社は辞めたくなったから辞めたまでです。 I wanted to quit the company; that is why I quit. 我只是想辞掉公司所似就辞了。 회사를 그만두고 싶었기 때문에 그만뒀을 뿐입니다.

Chapter 2　文法

〜までもない

needless to 〜

不必〜；〜理所当然的

〜할 것까지는 없다

〜必要はない

needless to 〜, do not have to 〜

没有必要〜

〜필요는 없다

※〜＝V辞書形

※〜＝V dictionary form

※〜＝动词的字典形

※〜＝V 사전형

① 都心に近いところの家賃が高いのは、言う**までもない**ことだ。

Needless to say, the rents of places near the center of Tokyo are expensive.

不用说市中心的房价当然贵。

도심에서 가까운 곳의 집세가 비싼 것은, 말할 것도 없는 일이다.

② 本は図書館で借りればいい。わざわざ買う**までもない**。

You can borrow books at a library. You don't have to buy one.

书在图书馆借就可以。不必特意买。

책은 도서관에서 빌리면 된다. 굳이 살 필요는 없다.

〜ないまでも

maybe not 〜

即便不是〜；即使没有〜

〜까지는 아니더라도

〜は無理でも（それに近いことを要求したり望んだりする）

maybe 〜 is impossible, if not 〜 (requesting or hoping something similar to that)

即使不可能〜（期望或希望于此相近的）

〜은 무리이더라도（그것에 가까운 것을 요구하거나 바라다）

① 金メダルは取れ**ないまでも**、銀か銅はほしい。

If not the gold medal, still we want either the silver or the bronze medal.

即便拿不到金牌，也希望能拿到银或铜牌。

금메달은 따지 못하더라도, 은메달 아니면 동메달을 따고 싶다.

② この商品は、インターネットで買えば半額にはなら**ないまでも**、30％引きぐらいにはなる。

As for this product, you can get up to a 30% discount if not the half price.

这个商品如果在网上买，即便达不到半价也能便宜30%左右。

이 상품은, 인터넷에서 사면 절반까지는 아니더라도, 30% 정도는 할인된다.

〜ばそれまでだ

if 〜, it is over.

如果〜也就没用了

〜하면 끝이다

〜ば、それで終わりだ

if 〜, it is over.

如果〜也就到此结束了

〜하면, 그것으로 끝이다

① どんなにお金を貯めても、死んでしまえ**ばそれまでだ**。

However much money you have saved, it is over when you die.

无论是怎样存款，死了也就没用了。

아무리 돈을 모으더라도, 죽으면 그걸로 끝이다.

② 資格を取っても、使うチャンスがなけれ**ばそれまでだ**。

Even though you get a certificate, it is no use if you don't have an opportunity to use that.

虽然取得了资格，如果没有使用的机会也就没用了。

자격증을 따더라도, 사용할 기회가 없으면 소용없다.

5 「どころ」「とは」「のみ」を使った表現

Expressions using "dokoro," "towa," or "nomi"　　「どころ」「とは」「のみ」的用法
「どころ」「とは」「のみ」를 사용한 표현

～どころか

not just ～

不只是～；不是～反面是～

～는 커녕

～のような程度ではなく、もっと極端に

not just ～ but more extreme

不是～程度，更～

～와 같은 정도는 아니고, 더 극단적으로

① A：彼、足を骨折したって聞いたけど、歩けるのかなあ。
　　B：もう、歩けるどころか走ってるよ。

A: I heard he broke his leg; I wonder if he can walk.
B: Not just walking, but he is already running.

A: 听说他的脚骨折了，能不能走路呀。
B: 不仅能走路了，还能跑了呢。

A: 그 사람, 다리가 부러졌다고 들었는데, 걸을 수 있을까.
B: 벌써, 걸을 수 있을 정도 이기는 커녕 달리고 있어요.

② 今日は寒くなるって天気予報で言ってたけど、寒いどころか暑いくらいだ。

The forecast said it would be cold today, but it is not at all cold but rather hot.

天气预报说今天会变冷，不过，不但没变冷反而更热了。

오늘은 추워진다고 일기예보에서 얘기했지만, 춥기는커녕 더울 정도이다.

～どころではない

cannot ～ at all

无法～；没法～

～상황은 아니다

～などという状況ではない

it is not a situation where ～ is possible

不是～时候、状况

～라는 등의 상황은 아니다

① 昨日は台風で、学校へ行くどころではなかった。

We got struck by a typhoon yesterday, and we were not at all able to go to school.

昨天因台风没法上学。

어제는 태풍으로, 학교에 갈 상황은 아니었다.

② もうすぐ旅行だけど、こう忙しくては旅行どころではない。

I have planned to go on a trip soon, but I am so busy that I cannot go traveling.

快该去旅行了，但这么忙简直谈不上旅行。

이제 곧 여행이지만, 이렇게 바쁘다면 여행 갈 상황은 아니다.

～とは

as for ～

真是～

～이라니, 하다니

～ということは

it is ～

～的事情

～라는 것은

① 若い無名の選手が金メダルをとるとは、だれも予想していなかった。

No one would have expected that a young unknown player would win the gold medal.

真是谁都没有预料到金牌由无名的年轻选手获得。

어린 무명의 선수가 금메달을 따다니, 아무도 예상하지 못했다.

② あの子にこんなに難しい問題が解けたとは、驚きだ。

It is surprising that he/she was able to solve such a difficult problem.

那个孩子解了这么难的题，真是令人惊讶。

저 아이가 이런 어려운 문제를 풀었다니, 놀랄 뿐이다.

Point ▶ 驚きの気持ちを表す　　expressing a feeling of surprise
　　　　　表示一种惊讶　　놀람의 기분을 나타낸다

～のみならず

not only ～

不仅仅～；～以外, 还～

～뿐만 아니라

～だけでなく

not only ～

除了～以外

～만 아니라

① A国の金融危機は、国内のみならず全世界に影響を与えた。
The financial crisis of Country A gave not only the influence domestically but globally.
A国的金融危机，不仅仅是给国内，也给全世界造成了影响。
A국의 금융위기는, 국내 뿐만 아니라 전세계에 영향을 미쳤다.

② 漫画は子供のみならず、大人も読んでいる。
Not only children but also adults read manga.
不仅仅是孩子，大人也在看漫画。
만화는 아이뿐만 아니라, 어른들도 읽는다.

ただ～のみ

only ～

剩下的只是～；接下来的只是～

단지 ～뿐

ただ～だけ

only ～

只是～而已

단지 ～만

① できることはすべてやった。あとはただ神に成功を祈るのみだ。
We did everything we can. Now we can only pray for our success before God.
能做的都做了。剩下的只是向上帝祈祷成功了。
할 수 있는 것은 전부 다 했다. 다음은 단지 신에게 성공을 비는 것 뿐이다.

② 準備はすべて終わった。あとはただ出発を待つのみだ。
We did all the preparation. So we just wait for the time of our departure.
准备全部结束。接下来的只是等待出发。
준비는 모두 끝났다. 다음은 단지 출발을 기다릴 뿐이다.

🔖 トレーニングテスト

問題1 [　　]の中から正しいものを選びなさい。
　　　　[さえ　こそ　まで　だけ　ほど]

1. 漢字がわかり（　　）すれば、日本語がもっと上達するのに。
2. つきあえばつきあう（　　）、彼の性格の良さがわかってきた。
3. 英語で日常会話（　　）できないのに、会議に参加できるわけがない。
4. 私にとっては、お金も時間もたいして重要ではない。家族（　　）大切だ。
5. 私にとって、家族（　　）大切なものはない。

問題2 [　　]の中から正しいものを選びなさい。
　　　　[ことだ　ことはない　ことだから　ことに　ことには]

1. いやなことを頼まれたのなら、断る（　　）。引き受ける必要はない。
2. 頼まれても、やりたくないなら、引き受ける（　　）。断りなさい。
3. まじめな彼の（　　）、今日も勉強しているだろう。
4. 円が下がらない（　　）、輸出産業の景気が回復しない。
5. 残念な（　　）、日本代表チームが試合に負けてしまった。

解答　問題1　1 さえ　　2 ほど　　3 さえ　　4 こそ　　5 ほど
　　　問題2　1 ことだ　2 ことはない　3 ことだから　4 ことには　5 ことに

Chapter 2

3 「とき」に関する表現

Expressions regarding "toki"　关于「時」的用法　"때"에 관한 표현

(就職活動を始めるにあたり…)

「〜間」「〜とき」「〜場合」などに言い換えられる表現です。「〜」の部分の品詞と活用の形に注意してください。また、使う場面が少しずつ違うことを例文で確認してください。

They can also be expressed by using "〜aida," "〜toki," and "〜baai." Please be careful with the word class that goes where "〜" is and its inflection. Please make sure that situations a little bit different for each word.

可替换使用「〜間」「〜時」「〜場合」的用法。请注意「〜」部分的词性及活用的形式。还有，通过例句来了解使用场合上稍微不同的用法。

「〜間」「〜時」「〜場合」등과 바꿔쓸 수 있는 표현입니다.「〜」부분의 품사와 활용형태에 주의하여 주십시오. 또한, 사용하는 경우가 조금씩 틀린 경우를 예문에서 확인하여 주십시오.

1 「〜の時」「〜の前」「〜の後」などの意味を持つ表現

An expression that means "when…," "before…," or "after…"　"…的时候", "…之前"和"…之后"的表达方式　「〜때」「〜전」「〜후」등의 의미를 가지는 표현

〜にあたって

speaking of 〜

值此〜；届此〜

〜에 즈음해서, 〜를 맞이해서,
〜그런 관계에 있다

（これから行う）〜ことを考えて

thinking about〜 (the thing that you are going to do)

考虑（现在开始将要做的）〜

（앞으로 행해질）〜을 생각해서

※〜＝V辞書形／名詞

※〜＝V dictionary form / noun

※〜＝动词的字典形 / 名词

※〜＝V 사전형 / 명사

①第一回経営会議開催にあたって、一言ごあいさつ申し上げます。

Speaking of holding the first management meeting, I would like to give an address of welcome.

届此第一次经营会议的召开，向大家致一声问候。

제 1 회 경영회의 개최를 맞이해서, 한마디 인사 올리겠습니다.

②就職活動を始めるにあたり、いろいろな会社の資料を集めた。

To start my job hunting activities, I collected information on various companies first.

值此就职活动的开始，收集了很多公司的资料。

취직활동을 시작할 즈음에, 여러 회사의 자료를 수집하였다.

③体育館建設にあたりましては、皆様から多大なご尽力をいただきました。

We received a lot of support from everyone for constructing the gymnasium.

在建设体育馆之际，得到了大家的全力支持和合作。

체육관 건설과 관계해서, 여러분들로부터 큰 도움을 받았습니다.

～てからというもの

since ～, after ～

自从～就～；从打～就～

～하고 나서부터

～てからは…

after doing ～

自从～开始…

～하고 나서…

～を境に…（という状態が続いている）

as ～ being a turning point (the situation of … continues)

以～契机…（连续着什么状况）

～을 계기로…（상황이 계속되고 있다）

①ゴルフ大会で最年少で優勝してからというもの、彼は常に注目されている。

Since he became the youngest winner of the golf tournament, he has been getting a lot of attention.

自从在高尔夫球大赛中，以最年少获得了优胜之后，他就经常受人关注。

골프 대회에서 최연소로 우승하고 나서부터, 그는 항상 주목을 받고 있다.

②結婚してからというもの、彼女はとても明るく、積極的になった。

Since she got married, she has been cheerful and become active.

自从结婚之后，她变得非常明朗和积极。

결혼하고 나서부터, 그녀는 매우 밝고, 적극적이 되었다.

③ここ1年というもの、ひたすら資料集めに追われていた。

I have been busy collecting information over the past year.

这一年来，我一个劲儿地忙于收集材料。

최근 1년간, 오로지 자료수집에 쫓기고 있었다.

～際／～に際して

when ～, for ～

～时候；～之际；际此～；当～的时候

～때 / ～에 즈음해서

～とき、～場合

when～, in case of / that～

～时；～情况下

～때，～경우

①非常の際は、当館の係員の指示に従って避難してください。

In case of emergency, please evacuate following the instructions given by staff of the building.

当发生紧急情况时，请按照本馆职员的指示避难。

비상시에는, 회관 관계자의 지시에 따라서 피난하여 주십시오.

②留学に際して、多くの知人・友人から、励ましの言葉をもらった。

I received a lot of encouraging messages from acquaintances and friends of mine, when I was leaving for studying abroad.

际此留学，受到了很多亲朋好友的鼓励。

유학을 앞두고, 많은 지인, 친구들에게 격려를 받았다.

～に先立って

before ～

在～以前；事先～

～에 앞서

～の前に／～する前に

before ～ / before doing ～

在～之前；做～之前

～의 앞에 / ～하기 전에

※～＝名詞

※～＝noun

※～＝名词

※～＝명사

①全国野球大会は本大会に先立って、各地で予選が行われる。

Preliminaries are held in various locations before the national baseball tournament finals.

全国棒球大会在决赛之前事先在各地举行预选赛。

전국 야구대회는 본선에 앞서서, 각지에서 예선이 열린다.

②わが社の経営会議の内容はそれに先立つ担当者会議で決められる。

Contents of our management meetings are determined at the meetings of persons in charge before the management meetings.

我们公司经营会议的内容事先在负责人会议中决定。

우리 회사의 경영회의 내용은 그보다 앞서서 담당자 회의에서 결정되어진다.

第2章 文法 〈とき〉

〈とき〉 83

2 「〜たらすぐ」の意味

Meaning of "～tarasugu"　　「～たらすぐ」的意思　　「～たらすぐ」의 의미

〜た（か）と思ったら

as soon as I became aware of ～

刚一～就…；本以为～不料想～

～라고 생각했는데

〜たら、もう…
（次への変化が速いと感じた時）

already …, after ～
(when feeling the speed of change is quick)

刚一～就…
（感到下一个行动非常快时）

～하면, 벌써…
（다음으로의 변화가 빠르다고 생각할 때）

① ドンという音がしたかと思ったら、衝突した２台の車が無惨な姿になっていた。

As soon as I heard a bang, I found that the shapes of the two cars that crashed became terrible.

咚的一声刚响，两车两车就相撞得面目全非。

쿵 하는 소리가 들렸다고 생각했더니, 충돌한 두 대의 자동차가 엉망진창이 되어 있다.

② 彼はこの間リハビリを始めたかと思ったら、もう、元気に働いている。

I just found out that he started rehabilitation just a while ago, and he is already working vigorously.

我以为他刚开始机能训练，不料想他已经在健康地工作了。

그는 요전에 재활을 시작했다고 생각했는데, 벌써 건강하게 일하고 있다.

〜が早いか

as soon as ～

刚一～就～

～하자마자

〜とほとんど同時に

almost at the same time with ～

与～几乎在同时

～거의 동시에

① 彼はよほど空腹だったらしく、食卓に料理が並ぶが早いか、がつがつと食べ始めた。

It seems that he was really hungry; he started scarfing down as soon as dishes are served on the table.

他好像是非常饿的样子，菜刚摆到桌上就开始猛吃起来了。

그는 상당히 배고팠는지, 식탁에 요리가 놓이기 바쁘게 게걸스럽게 먹기 시작했다.

〜なり

as soon as ～　　一～就～

～하자마자

〜とすぐ

as soon as ～　　马上～

～바로

※〜＝Ｖ辞書形

※〜＝V dictionary form

※〜＝动词的字典形

※〜＝V 사전형

① よほど疲れていたのだろう、彼は部屋に入るなり、ベッドにひっくり返った。

He was probably very tired, so as soon as he came into the room, he lay down on the bed.

他像是相当的累着了，刚一进屋就倒在床上了。

어지간히 피곤했던지, 그는 방에 들어오자마자, 침대에 쓰러졌다.

② 取引先の担当者は、交渉の席につくなり、わが社への要望を述べ始めた。

As soon as the person in charge of our client company (or our partner company) sat down at the negotiating table, he/she started telling us requests to our company.

客户方面的担当者刚坐到谈判桌上就开始陈述对我公司的要求。

거래처의 담당자는, 교섭의 자리에 앉자마자, 우리 회사에 대한 요청을 말하기 시작했다.

～や否や

as soon as ～

一～就～；刚～就～

～하자마자

～とほとんど同時に

～ almost at the same time

～和几乎在同时～

～와 거의 동시에

① 彼は、遅刻しそうなのか、信号が青になるや否や、横断歩道に飛び出していった。

He was maybe late; as soon as the green light turned on, he ran cross the crosswalk.

他是不是因为迟到的原因，信号灯刚变为绿色就跑到了人行道上。

그는 지각할 것 같은지, 청신호로 바뀌자마자, 횡단보도에 뛰어들었다.

② ゴールデンウィークに突入するや否や、観光地は人々でいっぱいになった。

As soon as the Golden Week started, tourist spots were packed with people.

一进入黄金周，旅游地就已经变得人山人海了。

골든 위크로 접어들자마자, 관광지는 사람들로 가득했다.

～次第

as soon as ～

一～就；一～马上

～하는 대로

～したらすぐ…

… as soon as ～

～之后马上…

～하자마자 바로…

① 応募が一万件になり次第、このキャンペーンは打ち切らせていただきます。

This campaign will finish as soon as we get ten thousand applications.

报名一旦达到1万，就停止此次宣传活动。

응모가 만건이 되는 대로, 이 캠페인은 종료하겠습니다.

> **Point** …は意志、依頼など意志性のある文
> is a phrase expressing intention or request　表示意志、依赖等意志性的文
> …는 의지, 의뢰 등의 의지성의 문장

第2章　文法　〈とき〉

トレーニングテスト

正しいほうに○をつけなさい。

1. 日本に来てからというもの、{ ずっと一人暮らしをしている。/ 初めて富士山に登った。}

2. 授業が終わるや否や、{ 教務室に来てください。/ 学生たちは教室を出て行った。}

3. 黒い雲が現れた { かと思ったら / や否や } 突然大雨が降り出した。

4. このカルチャー教室は、定員に { なった / なり } 次第、締め切ります。

解答　1　ずっと一人暮らしをしている　　2　学生たちは教室を出て行った　　3　かと思ったら　　4　なり

Chapter 2

4

助動詞 Auxiliary Verb　助动词　조동사

「よう(様:方法の意味)」「〜う・よう」「まい」「べき」「ごとく」を使った表現

Expressions using "you (様: meaning "method / way")," "〜u / you," "mai," and "beki," "gotoku"
「よう（様："方法"的意思）」「〜う・よう」「まい」「べき」「ごとく」的用法
「よう（様："방법"의 뜻）」「〜う・よう」「まい」「べき」「ごとく」를 사용한 표현

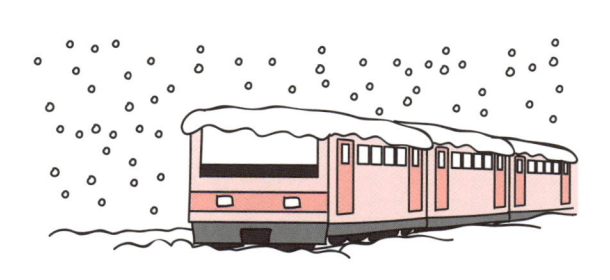

「方法」の意味の「よう」と、動詞の活用である「行こう」「食べよう」などの「〜う・よう」があるので気をつけてください。「〜う・よう」の逆、つまり「〜ないようにしよう」は「まい」です。「〜べき」は義務があることを意味します。

Please be careful with "you" meaning "houhou(method / way)" and the "〜u / you" verb inflection such as "ikou," or "tabeyo." The opposite of "〜u/you," "〜nai youni shiyo" is "mai." "beki" means imperative.

请注意具有「方法」的意思的「よう」和作为动词的活用的「行こう」「食べよう」。「〜う・よう」。「〜う・よう」的反义，即「〜ないようにしよう」是「まい」。「〜べき」表示义务。

「방법」의 의미인「よう」와 동사의 활용「行こう」「食べよう」등의「〜う・よう」가 있기 때문에 주의하여 주십시오.「〜う・よう」의 역 즉,「〜ないようにしよう」는「まい」입니다.「〜べき」는 의무가 있음을 의미합니다.

〜ようがない

there is no way 〜

无法〜；不能〜

〜방법이 없다

方法がない
no way

没有办法

방법이 없다

※〜＝Ｖマス形
※〜＝V masu form
※〜＝动词＋マス形
※〜＝Ｖマス형

① メールアドレスも電話番号もわからないんじゃ、連絡のしようがない。

There is no way we can contact him/her, because we have neither his/her email address nor telephone number.

电子邮件地址和电话号码都不知道，无法联系。

메일 주소도 전화번호도 모른다면, 연락할 방법이 없다.

② 大雪で交通機関が止まってしまった。これじゃ会社に行きようがない。

The public transportation stopped due to heavy snow. There is no way I can go to my office.

因大雪交通机关全部停止了，这样一来就无法上班。

대설로 교통기관이 멈춰버렸다. 이렇다면 회사에 갈 방법이 없다.

③ 今後のことを考えると、消費税率のアップは避けようがない。

When we think about the future, there is no way we can avoid raising the consumption tax rate.

考虑到今后，消费税的上涨是避免不了的。

앞으로의 일을 생각하면, 소비세 향상은 피할 방법이 없다.

～かのようだ

it seems as if ～
好像～一样；一般；如同～；犹如～
～인 듯하다

(実際は違うが) まるで～ようだ
(not in reality but) as if ～
(实际是不一样，但是) 如同～
(실제로는 다르지만) 마치 ～인 듯하다

① もう4月なのに、まるで冬に戻ったかのように寒い一日だった。
It is already April but it was so cold as if we felt like we went back to winter today.
已经都4月份了，但这一天冷得如同回到冬天一样。
벌써 4월인데도, 오늘은 마치 겨울로 되돌아간 듯 추운 하루였다.

② 自分は被害者であるかのような発言をしていた男が、実は犯人だった。
The man who talked as if he was a victim was actually the criminal.
好像自己是被害者一般发言的男人，其实就是犯人。
자신은 피해자인 듯이 이야기하고 있던 남자가, 실은 범인이었다.

～べきだ

should ～
应该～
～해야 한다

～するのが当然だ（義務だ、適当だ）
be supposed to～ / have to ～ / should ～ / it is reasonable that ～
做～是应该的（是义务，适当的）
～하는 것이 당연하다 (의무이다, 온당하다)

① 今やるべきことは何なのか、よく考えなさい。
Think hard what you are supposed to be doing.
现在应该要做的是什么，请好好想一想。
지금 해야할 것은 무엇인지, 잘 생각하세요.

② 自分が悪いと思ったら、謝るべきだ。
If you think you did a bad thing, you should apologize.
知道自己错了，就应该道歉。
자신이 잘못했다고 생각하면, 사과해야 한다.

③ 値段を下げてほしいと言われたとき、はっきり断るべきだった。
I should have refused it clearly, when I was asked to reduce the price.
对方要求降低价格时，我应果断地拒绝。
가격을 내려달라는 말을 들었을 때, 확실히 거절했어야했다.

～べきではない

should not ～
不应该～
～해서는 안된다

～するのは不適当だ
not appropriate to ～
做～不适当的
～하는 것은 부적절하다

① 公の場であまり感情的になるべきではないと思う。
I think you should not be so emotional in public.
我觉得在公共场所不应该感情用事。
공식적인 자리에서 너무 감정적이 되어서는 안된다고 생각한다.

② その場の勢いで上司に反対してしまったが、あんなことを言うべきではなかった。
I disagreed with my boss following the heat of that moment, but I shouldn't have said such a thing.
我当场就反对了上司，其实是不应该说那种话的。
그 자리의 기세로 상사에게 반대해 버렸지만, 그런말을 해서는 안되었다.

③ 学歴で人を判断するべきではない。
You should not judge a person by his/her academic background.
不应该以学历来判断人。
학력으로 사람을 판단해서는 안된다.

～べく

to ～, in order to ～

应该～

～하기 위해

～ようとして

to ～

想要～

～하려고

ある目的をもって

with a certain purpose

带着一种目的

어떤 목적을 가지고

①震災後、医師たちは、一人でも多くの命を救うべく治療を続けた。
After the quake, doctors continued to provide medical care in an effort to try to save a life more than they can.
灾难发生后，医生们为了多救一个人的生命而持续治疗。
대지진 후, 의사들은, 한사람이라도 많은 생명을 구하기 위해 치료를 계속하였다.

②紛争を解決すべく、国連代表が現地に向かった。
The UN delegates went there to solve the conflict.
为了解决纠纷，联合国代表去了当地。
분쟁을 해결하기 위해, 국제연합 대표가 현지로 향했다.

③A国に核開発をやめさせるべく、関係国が集まって協議した。
To stop Country A from developing nuclear technology (or nuclear weapons), countries concerned got together and talked.
为了让A国停止核武器的开发，有关国家进行了协商。
A 나라에 핵개발을 그만두게 하기 위해, 관계국이 모여서 협의 했다.

～まい

never ～

不打算～；不会～吧；不想～

～하지 않을 것이다

～ないようにしよう

try not to ～　不要～吧

～하지 않도록 하다

～ないだろう

probably not ～　不会～吧

～않을 것이다

①同じ失敗は、二度と繰り返すまいと心に誓った。
I promised myself never to repeat the same failure.
发誓再也不能重复同样的失败。
같은 실패는, 두번 다시 되풀이하지 않을 것이라고 맹세했다.

②彼には厳しく注意したので、もう遅刻してくることはあるまい。
I warned him severely so I think he would not be late again.
我严励地警告了他，他大概不会再迟到了。
그에게 엄하게 주의를 주었기 때문에, 앞으로는 지각하지 않을 것이다.

～のではあるまいか

probably ～

应该是～吧

～하는 것은 아닐까

～のではないだろうか

probably ～

应该是～吧

～하는 것은 아닐까

①住民感情を無視した政策が、政治不信の原因となったのではあるまいか。
I think that the political distrust is probably caused by the policy that ignores the feelings of the residents.
对政治的不信任应该是来源于忽视了住民感情的政策吧。
주민의 감정을 무시한 정책이, 정치 불신의 원인이 된 것은 아닐까.

②マスコミの報道をすべて信じてしまうのは、問題なのではあるまいか。
I think that believing all that the media covers is probably a problem.
完全相信宣传媒体的报道，应该是，问题吧。
매스컴의 보도를 전부 믿어버리는 것은, 문제가 아닐까.

たとえ〜う／〜ようと

even though ＋ (question word)

无论〜也〜；即使〜也〜

설령 〜한다고 해도

疑問詞＋〜う／〜ようと

question word ／ 〜u ／ 〜youto

疑问词＋〜う／〜ようと

의문사＋〜う／〜ようと

疑問詞／たとえ〜ても

question word ／ even though 〜

疑问词／例如〜也

의문사／たとえ〜ても

① たとえクビになろうと、法に反することはしたくない。
I would never want to do things that go against the law even if they fire me.
即使被开除，也不想做违法的事。
설령 해고당한다고 하더라도，법을 위반하는 일은 하고 싶지 않다．

② どこでどんな仕事をしようと、彼女ほどの実力があれば、成功するだろう。
She is so competent that she will succeed wherever she works and whatever she does.
无论在哪里做什么工作，如有像她那样的实力，都会成功的。
어디에서 어떤 일을 하던지，그녀 정도의 실력이라면，성공할 것이다．

> **Point** （ようが）も使われる　　"ようが" is also used
> 也可以使用（ようが）。　（ようが）도 사용된다

〜うと〜まいと／〜ようと〜まいと

〜 or not

不管〜

〜라도，그렇지 않더라도

〜うが〜まいが／〜ようが〜まいが

whether or not

不管〜如何；无论〜怎样

〜던지，〜아니던지

① 親が賛成しようとしまいと、私の留学への意志は変わらない。
My intention of studying abroad will not change whether my parents agrees with me or not.
不管父母赞成不赞成，我要留学的意志是不变的。
부모님이 찬성하지 않아도，나의 유학 의지는 변하지 않는다．

② 彼が行こうが行くまいが、私は関係ない。
It does not matter to me whether he goes or not.
不管他去不去，跟我没有关系。
그가 가던지，가지 않던지，나는 관계 없다．

〜うにも…ない／〜ようにも…ない

〜 cannot …

想〜也不可以〜

〜하려고 해도 …않는다

① 弁当を持参したが、はしを忘れ、食べようにも食べられなかった。
I brought my lunch with me but I forgot to bring chopsticks so I could not eat my lunch even though I wanted to eat it.
带了盒饭却忘了带筷子，想吃也吃不成了。
도시락을 지참하였지만，젓가락을 가지고 오지 않아서，먹고 싶어도 먹을 수가 없었다．

〜ようと思っても…できない even if I want to 〜, I cannot … 想要〜也不可能… 〜하려고 생각해도 …안된다	②パソコンが壊れてしまって、仕事を**しようにもでき<u>ない</u>**。 My personal computer is broken, so I cannot work even though I want to. 电脑坏了，想工作也做不成。 컴퓨터가 고장나서, 일을 하려고 해도 할 수 없다. ③電車に**乗<u>ろうにも</u>乗れ<u>ない</u>**ほど、車内は込んでいた。 The train car was so crowded that no one could get on. 电车内拥挤得都到了想乘也乘不了的程度。 전철에 타고 싶어도 탈 수 없을 정도로, 전철 안은 붐볐다.
〜（の）ごとき／ **〜（の）ごとく** such 〜 像〜、如同〜、〜一样 〜（와）같은．〜와 같이 **〜ような、〜ように** as 〜, like 〜 像〜、如同〜 〜처럼．〜듯이 ※〜＝名詞 ※〜＝noun ※〜＝名词 ※〜＝명사	①名門のわがチームが、あの弱小チーム**ごとき**に負けるはずがない。 A prestigious team that we are; there is no way we will lose a game against that small weak team. 属于名门的我队，不可能输给那样一支弱队。 명문인 우리 팀이, 저 팀 같은 약한 팀에게 질 리가 없다. ②私が言い訳をすると、父は烈火**のごとく**怒り出した。 As I made excuses, my father started to become angry like blaze. 当我辩解时，父亲象烈火般地生起气来了。 내가 변명을 했더니, 아버지는 불같이 화를 내셨다. ③わが社**のごとき**零細企業の技術が世界で認められるとは、考えてもいなかった。 Being such a small company as we are, we never thought that our technology would receive recognition globally. 没有想到，像我们这样小规模企业的技术也能得到世界的承认。 우리 회사와 같은 영세기업의 기술이 세계에서 인정받을 수 있다는 것은, 생각하지 못했다.
〜じゃあるまいし not 〜 therefore 并不是〜所以；也不是〜所以 〜도 아닌데	①旅行に行くわけ**じゃあるまいし**、そんなに荷物はいらないよ。 You are not traveling, so you don't need that much luggage. 又不是去旅游，不需要那么多行李哟。 여행 가는 것도 아닌데, 그런 많은 짐은 필요없어요.

～ではないのだから
not ～ therefore
也不是～所以
～는 아니기 때문에

② 子供じゃあるまいし、何回も言われなくてもわかりますよ。
I am not a child, so I understand without being told many times.
也不是孩子，不用说那么多次也知道了。
어린 아이도 아닌데, 몇 번이나 말하지 않아도 알아요.

トレーニングテスト

正しいほうに○をつけなさい。

1. 息子は、私が言えば言うほど反抗する。もう何も
   - 言うべきだろうか。
   - 言うべきなのだろうか。
   - 言うべきではないのだろうか。
   - 言うべきなのではないだろうか。

2. 大変申し訳ないことをいたしました。お詫び
   - しようもありません。
   - するべきではありません。
   - するまいと思います。
   - しかねません。

3. これは必要なものなのだから、どんなに
   - 高ようが
   - 高ろうが
   - 高かろうが

   買わざるをえない。

4. 工事を期限までに終わらせる
   - べく
   - べき
   - まいと

   徹夜で作業をしている。

5. 初めての海外旅行じゃあるまいし、
   - やっぱり心配ですよね。
   - そんなに心配はいりません。
   - 何度行っても楽しいです。

6. 仕事がたまっていて、
   - 帰るにも帰れない。
   - 帰ろうにも帰れない。
   - 帰るにも帰らない。

解答　1　言うべきではないのだろうか。　2　しようもありません。　3　高かろうが
　　　4　べく　5　そんなに心配はいりません。　6　帰ろうにも帰れない。

Chapter 2

5 接続の表現
接続語など
Conjunctive　接续语等　접속어 등

Expressions of conjunction　接续的用法　접속 표현

> 彼女に裏切られた**あげく**金まで…

文と文をつなぐ役割をする表現です。前後の意味がそのままつながる「順接」と、逆になる「逆接」があります。逆接の表現には㊂マークをつけてあります。

They are expressions that connect phrases together. There is "junsetsu" that connect phrases like "and" and "gyakusetsu" that connects phrases like "but." "gyakusetsu" expressions are marked with ㊂.

具有连接文与文的功能的用法。前后文直接相连的是「順接」，反过来就是「逆接」。在逆接的用法上标了㊂的标记。

문장과 문장을 연결하는 역할을 하는 표현입니다. 의미가 그대로 연결되는 「순접」과 반대로 되는 「역접」이 있습니다. 역접표현에는 ㊂표시가 되어 있습니다.

～あげく／ **～あげくに** finally after doing various ～ 最后～ ～한 끝에 いろいろ～した後で最後に finally after doing various ～ 做了很多～之后，最后～ 여러가지 ～한 최후에 ※～＝Ｖタ形 ※～＝V ta form ※～＝动词＋タ形 ※～＝V タ형	①A社は、次々新規事業を展開した**あげく**、どれもうまくいかず倒産した。 Company A started new businesses one after another, and nothing went well and they went bankrupt. A公司陆续地开展了新的项目，但哪一项都没能成功，最终还是破产了。 A회사는, 잇달아 신규 사업을 전개한 끝에, 어느것도 잘 안되어서 도산했다. ②信じていた彼女に裏切られた**あげく**、金まで取られた。 He was betrayed by his girlfriend who he trusted and she stole his money. 我信赖的她背叛了我，连我的钱都骗走了。 믿고 있던 그녀에게 배신당해 결국, 돈까지 빼앗겼다.
～以上(は)／ **からには** because ～, since ～ 既然～就～ ～한 이상은	①進学校に入った**以上**、一生懸命勉強し、難関大学に入りたい。 Because I entered a prestigious school, I want to study hard and get into a topnotch university. 既然进了升学后备校，就得拼命学习，一定要考入重点大学。 진학 학원에 들어간 이상, 열심히 공부해서, 좋은 대학에 들어가고 싶다.

～という事情があるのだから （強い意志・主張・判断） because ～ (strong assertion, insistence, judgment) 因为有～事情 （较强的意志、主张、判断） ～라는 사정이 있기 때문에 （강한 의지・주장・판단）	②寮で共同生活をするからには、いろいろ我慢しなければならない。 Because I (or you) live in a dormitory with other people, I (or you) will have to compromise on many things. 既然在宿舍共同生活，就得在各个方面忍耐一些。 기숙사에서 공동생활을 하는 이상은，여러 가지 참지 않으면 안된다．
うえ（に） in addition to ～ 而且；又～又～ ～에 더해서，～인 데다가 ～に加えて in addition to ～ 加上～ ～에 더하여	①景気が回復しないうえ、政治も安定せず、国民の不安が膨らんでいる。 The political situation is unstable in addition to the economy having not recovered; more and more people are starting to feel uneasy. 景气不恢复，加上政治又不稳定，老百姓的不安在膨胀。 경기가 회복되지 않는 데다가，정치도 불안정해서，국민의 불안은 커져 있다． ②友人の家で、ごちそうになったうえにお土産までもらった。 I got a present in addition to getting fed a great meal. 在朋友家吃得非常好，而且还收到了礼物。 친구네 집에서，맛있는 음식을 대접받은데다가，선물까지 받았다．
～うえ（で） after doing ～ ～之后；～基础上 ～후（에） ～してから after doing ～ ～之后 ～하고 나서 ※～＝Ｖタ形／Ｎの ※～＝V ta form / noun + no ※～＝V 动词＋夕形／名词的 ※～＝Ｖ 夕형／N의	①アルバイトに応募される方は、電話連絡のうえ、履歴書をご持参ください。 If you wish to apply for the part-time position, please bring your résumé upon calling us. 应聘工作时，先打电话联络，然后请携带履历书来。 아르바이트에 응모하시는 분은，전화연락 후，이력서를 지참하여 주십시오． ②契約内容を確認したうえで、お返事します。 I will get back to you after going through the contents of the contract. 确认一下契约书的内容之后，给您回复。 계약내용을 확인한 후에，답변 드리겠습니다． ③さんざん話し合ったうえでの結論なのですから、皆さん、従ってください。 Please comply with the decisions, because they have been reached after a lot of discussion. 这是经过再三商讨得出的结论，请大家按照指示行事。 오랜 토론 후에 내린 결론이기 때문에，여러분，따라 주십시오．

〜うえで regarding 〜, according to 〜 在〜方面；关于〜上 〜에 있어서는 **〜に関連して** regarding 〜, according to 〜 与〜相关联 〜에 관련해서 ※〜＝V辞書形／Nの ※〜＝V dictionary form / N ＋ no ※〜＝动词的字典形 / 名词的 ※〜＝V 사전형 / N의	①暦のうえではもう春なのに、まだ寒いです。 It is already spring according to the calendar, but still cold. 在日历上虽然已经是春天了，但还很冷。 달력으로는 벌써 봄인데, 아직 춥다. ②仕事をするうえで、いつも心がけていることがある。 There are things that I always keep in mind when working. 在工作方面，经常注意一些事情。 일에 있어서, 언제나 유의하고 있는 것이 있다. ③彼は、点数のうえでは合格ですが、会話力はまだまだ足りないと思います。 As far as his score is concerned, he would pass, but his speaking ability is not good enough yet. 他从分数上来看是及格了，但是会话能力还远远不够。 그는, 점수에 있어서는 합격이지만, 회화력이 아직도 부족하다고 생각합니다.
〜上 in relation to 〜 〜上 〜상 **〜に関連して** in relation to 〜 关于〜 〜에 관련해서	①彼の祖先は歴史上の人物だ。 One of his ancestors is a historical figure. 他的祖先是历史人物。 그의 선조는 역사상의 인물이다. ②経済上の理由で学校を辞めた。 I quit school due to economical reasons. 以经济困难为由退学了。 경제 상의 이유로 학교를 그만두었다.
〜限り／ 〜ない限り as long as 〜 / as long as not 〜 只要〜就〜 / 只要不〜就〜 〜한 이상 / 〜하지 않는 이상 **〜という状態が続く間は** as long as 〜 continues 〜状态在连续的时间段 〜라는 상태가 계속되는 동안은	①親が援助を続ける限り、彼は働こうとはしないだろう。 As long as he receives support from his parents, he would not try to work. 只要父母的援助不断，他就不想出去工作的。 부모가 원조를 계속하는 한, 그는 일하려고 하지 않을 것이다. ②自分から心を開かない限り、友人なんかできない。 Unless you open up yourself, you will never make friends. 只要不敞开自己的心，就不可能交朋友。 자기 자신부터 마음을 열지 않는 한, 친구들은 생기지 않는다.
〜限り as far as 〜 据〜所〜 〜한	①私が聞いた限りでは、彼に悪い噂はない。 As far as I know, there is no bad rumor about him. 据我所听到的，没有关于他的谣言。 내가 들은 한, 그는 나쁜 소문은 없다.

範囲では within the range, as far as 据〜所〜 범위에서는	②調査した限り、A社は合併相手として申し分ありません。 As far as our investigation goes, Company A is more than acceptable as a merger partner. 据调查结果，A公司作为合并对象无可非议。 조사한 바, A회사는 합병 상대로 나무랄 데 없다.
〜に限って only when 〜 惟有 〜에 한해서 〜に合わせるように（不都合なことが起きる） following 〜 (bad things happen) 好像配合〜似的（发生不顺利的事情） 〜에 맞춘 것처럼 (좋지 않은 일이 일어난다)	①傘を持たずに来た日に限って、雨が降る。 It rains only on the day when I don't have an umbrella with me. 惟有没带伞来的那天就下雨。 우산을 들고 오지 않은 날에 한해서, 비가 온다. ②これから食事をしようというときに限って、電話が鳴る。 The phone rings only when we are about to eat. 惟有正想要吃饭的那时候就来电话。 지금부터 식사를 하려고 생각할 때에 한해서, 전화가 울린다.
〜に限って…ない 〜 is the last (sb / sth) to do … 惟有〜不会〜 〜만은 …없다 〜について主観的に述べるなら…（のような悪いこと）はない speaking subjectively about 〜(it will not be as bad as …) 如果对〜进行主管评价，则（〜样的坏的事情）是没有的 〜에 대해서 주관적으로 얘기하면 …（와 같은 나쁜 일）은 없다	①彼に限って、遅れてくるはずがない。 He is the last person who will come late. 惟有他是不会迟到的。 그 만은, 늦게 올 리가 없다. ②うちのまじめな課長に限って、会社の金を使い込むなんて考えられない。 It is unthinkable that our honest section chief embezzled the company money. 惟有我们认真的科长，私用公司的款项是不可想象的。 우리 회사의 성실한 과장님이, 회사의 돈을 사적으로 쓴다는 등의 생각은 할 수 없다.
逆 〜からといって even 〜 虽说〜并不 〜라고 해서	①大企業に入ったからといって、安心というわけではない。 Even though you have joined a big company, it does not necessarily mean that you will have no worries. 虽说进了大公司，但并不能放心。 대기업에 들어갔다고 해서, 안심되는 것은 아니다.

第2章 文法 〈接続の表現〉

〈接続の表現〉 95

～から…というのは（肯定できない） for ～, … (not necessarily true / is not acceptable or guaranteed) 从～来讲…是（不能肯定） ～이기 때문에 …하는 것은 (긍정할 수 없다)	②親が優秀だからといって、子供も優秀とは限らない。 Even though one's parents are brilliant, it does not mean that their child is brilliant as well. 虽说父母优秀，并不等于孩子也优秀。 부모가 우수하다고 해서, 자녀도 우수하다고는 할 수 없다.
～にかかわらず regardless of ～ 不管～；不论～ ～에 상관없이 ～に関係なく regardless of ～ 与～没有关系 ～에 관계없이	①理由のいかんにかかわらず、納入された代金をお返しすることはできません。 Regardless of the reasons, we cannot pay back the money you have paid. 不管什么理由，已缴纳的款项是不能退还的。 이유 여하를 막론하고, 납입한 대금은 되돌려 드릴 수 없습니다. ②一般的に就職活動するときは、好むと好まざるにかかわらず、リクルートスーツを着なければならない。 In general, when you are hunting for a job, regardless of whether you like it or not, you must wear a job-hunting suit. 一般来讲，找工作时，不管喜不喜欢都应该穿上征募套装。 일반적으로 취직활동을 할 때에는 싫든지 좋든지에 상관없이, 정장을 입지 않으면 안된다.
逆 **～にもかかわらず** despite ～, although ～ 尽管～；虽然～但是～ ～에도 불구하고 ～から予想されることと違って different from things predicted from ～ 与所预想的相反 ～에서 예상되는 것과는 달리	①必ず来ると約束したにもかかわらず、彼は現れなかった。 Although he promised me to definitely come, he did not show up. 虽然约好了一定要来，但他没有出现。 꼭 오겠다고 약속했음에도 불구하고, 그는 나타나지 않았다. ②台風にもかかわらず、コンサート会場には大勢の観客が集まった。 Despite the typhoon, a lot of people gathered at the concert hall. 尽管刮台风，音乐会会场里还是聚集了很多观众。 태풍에도 불구하고, 콘서트 회장에는 많은 관객이 몰렸다.
逆 **～にしては** unlike ～ 按～来讲；作为～来说 ～치고는, ～로써는 ～の基準から当然予想されることとは違って unlike things predicted from the standards of ～ 与从～基准来可预想到的内容相反 ～의 기준에서 당연히 예상되는 것과 달리	①彼は来日したばかりにしては、東京の地理に詳しい。 For a man who just came to Japan, he is quite familiar with how to get around in Tokyo. 就他刚到日本不久来说，对东京地理还是很熟悉的。 그는 일본에 온 지 얼마 안된 것 치고는, 동경 지리에 밝다. ②あの人はプロの歌手にしては、ずいぶん歌が下手だ。 He is a professional singer but he is a poor singer. 那个人作为专业歌手来说，歌唱得非常糟糕。 저 사람은 가수치고는, 노래를 못한다. **Point** ～にしては＝「50歳にしては若々しい」、～のわりに＝「年のわりに若々しい」 ~ nishitewa (for) = "young for a 50 year-old person," ~nowarini (for) ="young for his/her age" 作为50岁的人来讲，她看上去很年轻。～のわりに＝「年のわりに若々しい」 ～にしては＝"50살 치고는 젊어보인다" ～のわりに＝"나이에 비해서 젊어보인다"

～にしろ／～にせよ

～ or not

不管～；无论

～하던지

～ても／(の)場合も

even ～ / in case of ～

～状況也

～해도 /(의) 경우에도

① 旅行に行くにしろ、行かないにしろ、事前に連絡してください。

Whether you go travelling or not, please notice us beforehand.

无论去不去旅行，请都要事先联络。

여행에 가던지, 안 가던지, 사전에 연락해 주세요.

② どんな決断をするにせよ、私はあなたを支持する。

Whatever decision you will make, I will support you.

不管下什么样的决断，我都会支持你。

어떤 결단을 하던지, 나는 당신을 지지한다.

～であれ

even ～

尽管是～；不管是～

～이든

～であっても

even it was ～

不管是～

～이라도

① 人間であれ、動物であれ、親は子を生み育てるものだ。

Whether they are humans or animals, parents give birth to and bring up their child.

不管是人类还是动物，父母都要生儿育女的。

인간이든, 동물이든, 부모는 자식을 낳고 기른다.

② どんな悪人であれ、多少の良心は持っている。

However a bad criminal he/she is, he/she must have a little bit of conscience.

不管是怎样的坏人，多少还是有点儿良心的。

어떤 악인이든, 다소의 양심은 가지고 있다.

逆 ～といえども

even ～

即便～也；虽然

～라 하더라도

～であっても

even ～

即便是什么样的程度

～이라도

それほどの～であっても

even that much of ～

即便是什么样的程度

그 정도의 ～이라도

① 家族といえども、言えないこともある。

There are things that you cannot tell even to your family member.

即便是对家人，也有不能讲的事情。

가족이라고 해도, 말할 수 없는 일도 있다.

② 大企業といえども、倒産するのが珍しくない時代になった。

Now that we are in the era that even a big company would go bankrupt.

即便是大企业也会破产，在这个时代已经不是什么稀罕事了。

대기업이라고 해도, 도산하는 것이 드문 일이 아닌 시대가 되었다.

③ いかなる優秀な技術者といえども、短期間で研究の成果を上げることはできないだろう。

However an excellent technical expert one may be, he/she wouldn't probably be able to achieve something from his/her study within a short period of time.

不管是多么优秀的技术员，也不可能在短期内取得研究成果。

어떠한 우수한 기술자라고 하더라도, 단기간에 연구 성과를 올릴 수 없을 것이다.

逆 **～と思いきや** while believing that ～ 以为～，哪曾想～ ～라고 생각했지만 ～と思っていたところが、意外にも… think it is ～ but surprisingly it is… 完全出乎意料之外～ ～라고 생각하고 있었지만, 이외에도…	①今日の会議はすぐ終わると思いきや、予定を２時間もオーバーした。 I thought the meeting would be over soon, but it went two hours longer than the plan. 以为今天的会议会很快结束，哪曾想都超过了两个小时。 오늘 회의는 금방 끝날 것이라고 생각했지만, 예정을 2시간이나 넘겨버렸다. ②悪い病気かと思いきや、ただの食べすぎだった。 I first thought I got bad illness, but it was only that I ate too much. 以为是什么重病，其实只是过食而已。 큰 병이라고 생각했지만, 단지 과식이었다.
逆 **～としても／ ～としたって** if ～ 即使～也 ～라고 해도 ～と仮定しても if ～ is presumed 假定～ ～라고 가정해도	①今、会社を出たとしても、パーティー会場に着くのは１時間後だ。 Even if I leave the office now, it will be one hour later when I can arrive at the party hall. 即使现在从公司出发，到达聚会会场也是１小时之后了。 지금, 회사를 나간다고 해도, 파티 회장에 도착하는 것은 1시간 후이다. ②私が注意したとしたって、あの人が聞くわけないよ。 Even if I warned him/her, he/she would never listen to me. 即使是我给他忠告，那个人也不会听的。 내가 주의 준다고 해도, 저 사람이 들을 리가 없어요.
逆 **～にしても／ ～にしたって／ ～にしたところで** even for ～ 即使～也～ ～에게 있어서도 ～조차도 ～の立場・場合でも in case of ～, in case of being in the position of ～ 在～立场，在～情况下 ～의 입장, 경우에도	①自分の発言が問題になるなんて、本人にしても思っていなかっただろう。 I assume he / she would never have expected that what he / she said would cause a problem. 即使是本人也可能没有想到过自己的发言会成为问题。 자신의 발언이 문제가 되다니, 본인도 생각하고 있지 않았겠지. ②人に注意するのはいやなものだ。教師にしたって同じだ。 People usually don't enjoy giving warning to someone. It is the same even for a teacher. 警告别人事是谁都不愿意做的事，即使是老师也是相同的。 타인에게 주의하는 것은 싫은 일이다. 교사에게도 마찬가지이다. ③ある小説が大評判となっているが、作家にしたところで、まさかここまで反響があるとは想像していなかっただろう。 Some novel is very popular now but even the author would never have expected that his/her novel would receive such great responses. 一本小说现在的评价这样高，即使是作家也没曾料到有此反响。 어느 소설이 대단히 평판이 좋지만, 작가조차도 설마 여기까지 반향이 있을 것이라고는 상상하고 있지 않았을 것이다.

逆 **〜とはいえ** even though it is 〜 虽然那么说 〜라고는 하나 **〜ではあるけれども** even though it is 〜 尽管那样 〜이기는 하지만	① 4月とはいえ、寒い日が続いている。 Even though it is already April but it has been cold for days. 虽然说是4月，但还仍然寒冷。 4월이라고는 하나, 추운 날이 계속되고 있다. ② 彼は政界を引退したとはいえ、影響力はまだ大きい。 Even though he retired from his political career, he is still influential. 他虽然退出了政界，但影响力还是很大的。 그는 정계를 은퇴했다고는 하나, 영향력은 아직 크다.
〜ともなると／ **〜ともなれば** as 〜 一旦到了〜；一旦成为〜 〜하게 되면 **〜という特定の状況になると** in case of a particular situation of 〜 一旦成了特定状况〜 〜라는 특정의 상황이 되면	① 結婚するともなると、準備が大変だ。 As we are getting married, we have to do a lot of things for preparation. 一旦要结婚，需要准备的事非常多。 결혼을 하게 되면, 준비는 매우 힘들다. ② 普段はすいているが、連休ともなれば高速道路は大混雑となる。 There are usually only a few cars on highways but they are packed on consecutive holidays. 高速公路平时的车流量不太多，但一旦到了连休就变为大混乱。 평소에는 한산하지만, 연휴가 되면 고속도로는 매우 혼잡하게 된다. 平日　　連休
逆 **〜にひきかえ** 〜, in contrast 与〜正好相反，〜； 与〜完全不同，〜 〜에 반하여 **〜とは対照的に** contrary to 〜 与〜相对照 〜와 대조적으로	① となりの子はよく勉強しているらしい。それにひきかえ、うちの子は遊んでばかりいる。 The child next door is studying very hard. On the contrary our child is always playing around. 邻家的孩子像是很努力学习的。与此相反，我家的孩子只是贪玩。 옆집 애는 열심히 공부하고 있는 모양이다. 그것에 반하여, 우리집 애는 놀기만 한다. ② 郊外のショッピングセンターがにぎわっているのにひきかえ、駅前商店街は閑散としている。 The shopping centers in suburb are busy, but shopping streets near the station are deserted. 与郊外购物中心的热闹场面相反，站前商店街显得很冷清。 교외 쇼핑 센터가 붐비고 있는 것에 반하여, 역 앞 상점가는 한가하다.

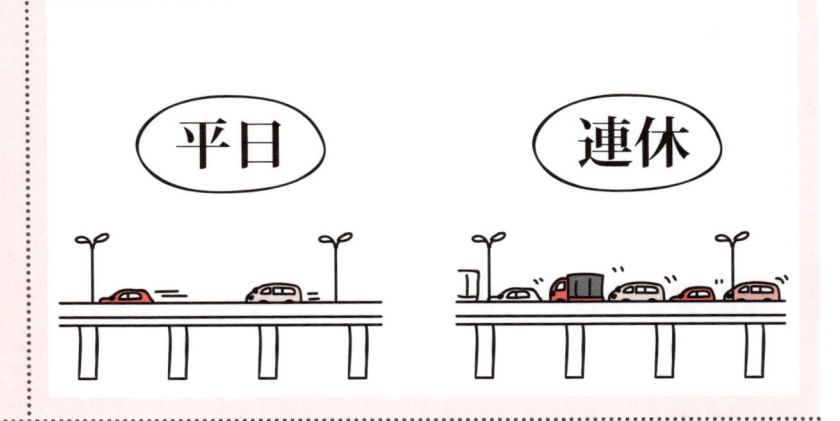

第2章 文法 〈接続の表現〉

〈接続の表現〉 99

～もさることながら

not only ～

不用说～，～也～

～도 말할 것도 없지만

～もそうであるが、…（も）

～ is true but … is also true

～也是那样，但是～也

～도 그렇지만, …（도）

① 彼女のスケートの演技は、技術もさることながら、表現力がすばらしい。
Her skating performance is great not only in her technical skills but also in her expression.
她的滑冰表演技术方面不用说，表现力也非常棒。
그녀의 스케이트 연기는, 기술도 말할 것도 없지만, 표현력이 훌륭하다.

② このドラマはストーリーのおもしろさもさることながら、音楽もいい。
This drama has not only an interesting story but also good music.
这个电视剧内容很有趣不用说，音乐也很好。
이 드라마는 스토리도 재미있지만, 음악도 좋다.

～といったら…ない

～ is nothing but …

要说～没法～

～한 것은 …없다
정말이지 …없다

① 彼女の美しさといったら、言葉では表せないほどだ。
She is so beautiful that her beauty cannot be described in words.
要说她的美丽，是无法用语言来表达的。
그녀의 아름다움은 정말이지, 말로는 표현할 수 없을 정도이다.

② 風呂上がりのビールのうまさといったらない。
There is nothing greater than the taste of beer after taking a bath.
泡澡之后来一杯啤酒，那口感真是好极了。
목욕 후 마시는 맥주처럼 맛있는 것은 없다.

> **Point** ～の程度が大きいことを表す　　showing that the degree of ～ is great
> 表示～的程度非常大　　～의 정도가 큰 것을 나타낸다

逆 ～といっても

SB/STH is ～ (but)

虽说是～也只是～

～라고 해도

～と言ったが（～の実情は想像されるほどのものではない）

said ～ but (the situation of ～is not as good as expected)

虽说是～（～的事情也不是什么超过想象之外）

～라고 했지만（～의 실정은 상상할 정도 만큼은 아니다）

① 彼は社長といっても、社員は二人しかいない。
He is president but only has two employees.
虽说他是总经理，职员只有两个人而已。
그가 사장이라고 해도, 사원은 두 명 밖에 없다.

② 中国語ができるといっても、日常会話程度です。
I can speak Chinese but I can only handle daily conversations.
虽说会汉语，也只是日常会话程度。
중국어를 할 수 있다고 해도, 일상회화 정도 입니다.

③ 留学したといっても、たった3ヵ月だけだったんです。
I studied abroad but it was only for three months.
说是留学，其实也就是三个月而已。
유학했다고 해도, 단지 3개월뿐이었어요.

~としたら／~とすれば	①結婚するとしたら優しい人がいい。
if ~, even if ~	If I ever marry, I would like to marry a gentle person.
如果~就~；要是~	假如要結婚，最好是跟懂得体貼的人。
~한다고 하면	결혼한다고 하면 다정한 사람이 좋다.
~と仮定したら／すれば	②新案を採用するとすれば、最初の計画より5万円多くかかる。
if ~ is assumed / if ~ is done	If we adopt a new idea, it will cost fifty thousand yen more than the first plan.
假如要~　~라고 가정하면	如果採用新的提案，就比最初的預算多出5万日元。
	새로운 제안을 채택한다고 하면, 처음 계획보다 5만엔이 더 든다.

~そばから	①最近物忘れがひどく、何事も聞いたそばから忘れていく。
as soon as ~	I forget a lot of things these day, and I forget things one after another.
剛~就~；隨~隨~	最近容易忘事，什么都是隨听隨忘。
~곧, 즉시	최근 건망증이 심해져서, 어떤 것이라도 들은 즉시 잊어버린다.
~すると、その場で次々と	②バーゲン品は、並べるそばからどんどん売れていった。
as soon as ~, happening there one after another	Bargain items are quickly sold one after another.
如果做~，就緊接着~	減价销售的商品，剛摆上柜台就连续不断地被买走了。
~하면, 그 자리에서 바로 바로	바겐세일 상품은, 진열하자마자 속속 팔렸나갔다.

第2章 文法
〈接続の表現〉

トレーニングテスト

[　　]の中から正しいものを選びなさい。
　[といえども　にかかわらず　にもかかわらず　にしては　とはいえ
　　もさることながら　限り　に限って]

1．この仕事は、国籍や性別（　　　）だれでも応募できる。
2．両親が大反対した（　　　）二人は結婚した。
3．日本に10年も住んでいる（　　　）まだ日本語が上手ではない。
4．当社では、社長（　　　）社員食堂で食事をし、電車で通勤する。
5．彼は、退院した（　　　）、まだ一人で外を歩くのは無理だ。
6．この地域は、大地震の後、住宅（　　　）、インフラも復旧していない。
7．急いでいる時（　　　）、電車が遅れるんだから、いやになるよ。
8．病気とはいっても、お酒は、飲みすぎない（　　　）大丈夫だ。

解答　1　にかかわらず　2　にもかかわらず　3　にしては　4　といえども　5　とはいえ　6　もさることながら
　　　7　に限って　8　限り

Chapter 2

法 読 聴

6 文末の表現
ぶんまつ ひょうげん

Expressions at the end of a phrase　　文末的用法　　문장끝 표현

買わずには
いられない

　文章の終わりにくる表現です。「～ない」で終わるものが多くあります。日本語は文末に言いたいことがくる場合が多いので、これらは重要な項目です。

These are the expressions that go at the end of phrases. There are many that end with "～nai." In Japanese, the main message usually comes at the end of phrases, so they are important.

接在文章的尾部的用法。以「～ない」来结束的比较多。在日本语中，想要说的往往出现在文章的尾部，所以这些都是很重要的项目。

문장의 뒷부분에 오는 표현입니다.「～ない」로 끝나는 것이 많습니다. 일본어는 문장 뒷부분에서 하고 싶은 말을 하는 경우가 많기 때문에, 이 표현들은 매우 중요합니다.

～ざるを得ない

be forced to ～

不得不～

어쩔 수 없이,
～할 수 밖에 없다

(意に反して)～しなければならない

have to ～, must ～

不可以不做～（与自己的意思相反）

～(뜻과는 달리) 하지 않으면 안된다

※～＝Vナイ形
※～＝V nai form
※～＝动词＋ない形
※～＝Ｖナイ형

① 経済の現状をみると、しばらくは低迷が続くと言わざるを得ない。

Looking at the economic situation, I must say that the weak economy will continue for a while.

看经济的现状，不得不说低迷会持续一段时间。

경제의 현재를 보면, 당분간은 침체가 계속 된다고 말할 수 밖에 없다.

② 開演初日に事故で死傷者が出たので、この公演は中止せざるを得ない。

Since there were casualties on the first day of the public performance, the show will have to be cancelled.

初演当日，因事故出了死伤者，所以演出不得不终止。

공연 첫 날에 사고로 사상자가 나왔기 때문에, 이 공연은 중지할 수 밖에 없다.

～ずにはいられない／
～ないではいられない

cannot help doing

不～受不了；不～就不死心

～하지 않고서는 못 배긴다

① かわいいデザインのアクセサリーを見ると、買わずにはいられない。

When I see accessories with cute designs, I cannot help buying them.

一旦看到设计得非常可爱的饰品，不买就受不了。

예쁜 디자인의 악세사리를 보면, 사지 않고는 못 배긴다.

どうしても（我慢できなくて/つい）～てしまう have to ~ (because so hard to hold back/inadvertently) do ~ 怎样也（受不了，最终还是）做～ 어떻게 해도 (참을 수가 없어서 / 마침내) ~해버린다 ※～＝Ｖナイ形 ※～＝V nai form ※～＝动词＋ない形 ※～＝Ｖナイ형	②新入社員がだらしがない格好をしていたので、注意せずにはいられなかった。 I cannot help admonishing him/her, because I saw a new employee wearing clothes untidily. 因新入职员的样子衣冠不整，所以忍不住提醒他注意。 신입사원이 칠칠맞지 못한 복장을 하고 있었기 때문에, 주의를 줄 수밖에 없었다. ③慎重な彼は、一度確かめたことも、もう一度確認せずにはいられないらしい。 Even though he makes sure of something once, he cannot help checking once more. 他极为慎重，即便是确认过的事，也非要再次确认不可。 신중한 그는, 한번 확인한 것도, 다시 한번 확인하지 않고서는 못배기는 듯 하다.
～ずにはすまない it is not OK without ~ 不能不～；必须得～ ～하지 않을 수 없다 ～は避けられない ~ is inevitable ～无法避免 ～하지 않을 수 없다 ※～＝Ｖナイ形 ※～＝V nai form ※～＝动词＋ナイ形 ※～＝Ｖナイ형	①業績がここまで悪化したのでは、社長が辞任せずにはすまないだろう。 It is inevitable that the president will resign with the the business performance declining like this. 业绩如此恶化，总经理恐怕不能不辞职了。 회사의 실적이 이 지경까지 악화된 이상, 사장은 사임하지 않을 수 없다. ②相手にこれだけの大きい損失を与えてしまったのだから、弁償せずにはすまないだろう。 It is not OK without paying for the damage, because he/she had caused such a serious damage. 给对方造成了如此重大的损失，不赔偿是不行的啰。 상대에게 이만큼의 큰 손실을 끼쳤기 때문에, 변상하지 않을 수 없다.
～にすぎない it is not more than ~ 仅仅～；只不过～罢了；～而已 ～에 지나지 않는다 ～以上ではない（たいしたことはない、それだけ） It is not more than (it is not so great, just like that) 仅仅～（没有什么大不了的，仅此而已） ～이상은 아닌 (별다른 일은 아닌, 그것만)	①これは私の意志ではなく、命令されたからやったにすぎません。 This was not my intension, I was only ordered to do so. 这不是我的意向，只不过是按照命令做的而已。 이것은 내 의지가 아니고, 명령에 따른 것에 지나지 않는다. ②最近、子供の虐待の記事をよく見るが、これは氷山の一角にすぎない。 Recently, there have been a lot of articles on child abuse but they are just the tip of the iceberg. 最近，经常看得到虐待孩子的报道，但这仅仅是冰山的一角而已。 최근, 아동 학대 기사를 자주 보지만, 이것은 빙산의 일각에 지나지 않는다. ③あの週刊誌は、単なるうわさにすぎないことをいかにも真実のように書いている。 That weekly magazine publishes stories that are not more than just rumors making them sound like real stories. 那只不过是一个小道消息，可那本周刊杂志却把它写成仿佛是一件真事。 그 주간지는, 단순한 소문에 지나지 않는 것을 그야말로 사실처럼 쓰고 있다.

〜てやまない cannot help doing 永远〜；〜不止 〜하여 마지않다 とても〜している(スピーチや手紙文など) do 〜 very much (speeches and letters) 非常〜（演讲或信件的文章等） 매우 〜하고 있다(스피치나 편지에서)	①（結婚式のあいさつ）お二人の末永いお幸せを願っ**てやみません**。 (Speech at a wedding ceremony)I cannot help praying for the happiness of the two. (结婚典礼上的祝福）衷心祝愿两人永远幸福。 (결혼식 인사) 두 사람의 영원한 행복을 빌어 마지않습니다. ②故人が愛し**てやまなかった**故郷は今も昔のままの姿を残している。 The hometown that the deceased loved so much looks the same as before. 故人曾经热爱的故乡，现在还保留着以前的样子。 고인이 사랑해 마지 않던 고향은 지금도 예전과 같은 모습으로 남아 있다.
〜と言ったら(ありゃ)しない it was so 〜 〜不得了；〜极了；没有比〜更〜 〜정말이지 〜하다 とても〜だ it was very 〜 非常得〜 대단히 〜다	①もう春なのに、今朝の寒さ**といったらなかった**。 It is already spring but it was so cold this morning. 已经是春天了，但今早冷得不得了。 벌써 봄인데도, 오늘 아침은 지독히 추웠다. ②私のすることにいちいち文句を言って、うるさい**ったらありゃしない**。 You complain about everything I am doing. That annoys me very much. 对于我做的每一件事都发牢骚，讨厌极了。 내가 하는 일에 일일이 참견해서, 정말이지 시끄럽다.
〜限りだ it was so 〜 真是〜；非常地〜；〜极了 너무 〜하다 **最高に〜だ** it was extremely 〜 最〜 최고로 〜이다 ※〜＝(感情を表すイ形容詞) ※〜＝(adjective of feelings) ※〜＝（表示感情的形容词） ※〜＝（감정을 나타내는 イ형용사）	①留学したときが初めての一人暮らしだったので、心細い**限りだった**。 I first lived alone when I studied abroad, so I was extremely lonely. 留学时，因为是第一次的一个人生活，所以心里非常没底。 유학할 때가 처음 자취하는 것이라서, 불안하기 짝이 없었다. ②才能にも環境にも恵まれ、一流ピアニストとして活躍しているなんて、うらやましい**限りだ**。 He/She comes from a nice background and he/she is so talented. Now he/she became one of the top pianists and is doing very well. I envy him/her very much. 既有才能又有好的环境，能作为一流的钢琴师从事活动，真是令人羡慕极了。 타고난 재능과, 좋은 환경에서 태어나, 일류 피아니스트로서 활약하고 있다니, 부러울 따름이다.

～に(は)あたらない

～ is not true, ～do not apply,
it is not surprising that～

不必～；用不着～

～할 것까지（는）없다

～は適当ではない
～ is inappropriate

～不是很适当

～는 적당하지 않다

※ ～ = V 辞書形
※ ～ = V dictionary form
※ ～ = 动词的字典形
※ ～ = V 사전형

① 豊かで平和な社会に育った若者が政治に興味がなくても驚くにはあたらない。

It is not surprising to learn that young people who were brought up in a rich society are losing interest in politics.

在富裕及和平的社会里成长的年轻人，对政治不感兴趣是用不着惊讶的。

풍요롭고 평화로운 사회에서 자란 젊은이가 정치에 흥미가 없어도 놀랄 것 까지는 없다．

～を余儀なくされる

be forced to ～

不得不～；被迫～

부득이하다

しかたなく～という苦しい選択をしなければならない

have to make a tough decision to do ～ under unavoidable circumstances

没有办法只能作出～痛苦的选择

어쩔수없이 ～라는 난처한 선택을 하지 않으면 안된다

① 地震の被害者は不自由な生活を余儀なくされている。

Victims of the earthquake are forced to live with restrictions.

地震后的灾民，不得不过着不便的生活。

지진 피해자는 불편한 생활을 부득이하게 하고 있다．

② ヨーロッパに進出したが、業績が伸びず、とうとう撤退を余儀なくされた。

We went into the European market but the business performance did not improve, so eventually we had to pull back.

虽然打入了欧洲，但业绩没有得到扩展，结果被迫撤退了。

유럽에 진출하였지만, 실적이 부진해서, 끝내는 부득이하게 철회할 수 밖에 없었다．

トレーニングテスト

正しいものに○をつけなさい。

1．円高が続く状況から、当社の収益が減ることを覚悟せ { ざるを得ない。 / ずにはいられない。 }

2．心優しい彼女は、困っている人を見ると、声をかけ { ざるを得ない。 / ずにはいられない。 }

3．英語が話せるといっても、日常会話ができる { にすぎない。 / 限りだ。 }

4．育児のために休暇をとる男性がいたとしても、非難する { 限りだ。 / にはあたらない。 }

解答　1　ざるを得ない　2　ずにはいられない　3　にすぎない　4　にはあたらない

〈文末の表現〉

第2章　文法

Chapter 2

7 複合語 Compound word 复合语 복합어
名詞または動詞マス形といっしょに使われる表現

Expressions used with nouns or the masu form verbs
与名词或动词マス形连用的形式
명사 또는 동사マス형과 함께 사용되는 표현

「言い＋かける」「信じ＋がたい」「病気＋がち」のように、名詞や動詞のマス形について、ある意味をもつ表現です。「倒産しかねない」＝「倒産する可能性がある」、「わかりかねる」＝「わからない」という表現に注意してください。

These are expressions used with a noun or a masu form verb such as "ii + kakeru," "shinji + gatai," and "byoki + gachi" and have certain meanings. Please be careful with expressions like "tousan shikanenai" = "tosan suru kanouseiga aru (possible to go bankrupt)," "wakari kaneru" = "wakaranai (not understand)."

像「言い＋かける」「信じ＋がたい」「病気＋がち」一样，接在名词或动词＋マス的形式上而持某种意思的用法。请注意「倒産しかねない」＝「倒産する可能性がある」、「わかりかねる」＝「わからない」的用法。

「言い＋かける」「信じ＋がたい」「病気＋がち」처럼, 명사나 동사의 マス형에 붙어서, 의미를 가지는 표현입니다. 「倒産しかねない」＝「도산할 가능성이 있다」, 「わかりかねる」＝「わからない」의 표현에 주의하여 주세요.

～まみれ

with full of ～, covered with ～, ～ all over

浑身～；满身～

～투성이

～（細かく小さいもの）が表面全体を覆っている

～(small things)is covering the overall surface

～（细小的东西）覆盖了全体表面

～（작고 잘잘한 것）이 표면을 덮고 있다

※～＝名詞
※～=noun
※～＝名词
※～＝명사

① 交通事故の現場には、血まみれの被害者が倒れていた。
The victim covered with blood all over was lying down at the site of a traffic accident.
浑身都是血的被害者倒在交通事故现场。
교통사고 현장에는, 피투성이의 피해자가 쓰러져 있다.

② 選手たちは、全国大会出場を目指して、汗まみれになって練習している。
Players becoming sweaty all over are practicing to compete in the national tournament.
选手们为了能够参加全国比赛大会而挥洒汗水。
선수들은, 전국대회 출전을 목표로, 땀투성이가 되어 연습하고 있다.

～ずくめ

filled with ～

净是～；完全是～

～만, ～일색, ～투성이

何(なに)から何(なに)まで全部(ぜんぶ)～

everything is ～ from first to last

从什么到什么的全部

온통 그것만～

※～＝名詞(めいし)
※～＝noun
※～＝名词
※～＝명사

①去年(きょねん)は就職(しゅうしょく)も決(き)まったし、恋人(こいびと)もできたし、いいことずくめだった。

Last year, I was able to find a job and got a girlfriend/boyfriend, so everything was good.

去年找到了工作单位，又谈上了恋爱，净是好事了。

작년은 취직도 결정되었고, 애인도 생겼고, 좋은 일만 가득했다.

②会社(かいしゃ)組織(そしき)の改正(かいせい)の結果(けっか)、今回(こんかい)の人事(じんじ)は異例(いれい)ずくめとなった。

As a result of the reformation of the company structure, personnel appointments made this time are filled with exceptions.

公司改组的结果，这次的人事调动完全是没有前例的。

회사의 조직 개정 결과, 이번의 인사는 이례 투성이였다.

～だらけ

filled with ～

满～；净～；全～

～투성이

～がいっぱいだ（よくないことに使(つか)う）

full of ～ (used for something bad)

～很多（多使用于不好的事情）

～가 가득하다 (좋지 않은 일에 사용한다)

①学生(がくせい)の間違(まちが)いだらけの作文(さくぶん)を見(み)て、先生(せんせい)はがっかりした。

The teacher was disappointed to see student's essays filled with mistakes.

看到学生满是错误的作文，老师很失望。

학생의 틀린 것 투성이 작문을 보고, 선생님은 낙심하였다.

②何回(なんかい)も引(ひ)っ越(こ)しをしているので、家具(かぐ)が傷(きず)だらけだ。

Our furniture has a lot of scratches because we moved many times.

因为搬家搬了很多次，所以家具净是伤痕。

몇 번이나 이사를 다녔기 때문에, 가구가 흠집투성이다.

～がたい

cannot ～ easily

难以～；不容易～

～하기 어렵다,
좀처럼 ～할 수 없다

簡単(かんたん)には～できない
（許容(きょよう)できないという意味(いみ)で使(つか)う）

cannot ～ easily
(used when it is not acceptable)

易就可以
（带有不容许的意思）

간단하게 ～할 수 없다
(허용할 수 없다는 의미로 사용)

※～＝Vマス形(けい)
※～＝V masu form
※～＝动词＋マス形
※～＝Vマス형

①不況(ふきょう)でも会社(かいしゃ)の「昇給(しょうきゅう)ゼロ」という回答(かいとう)は、組合(くみあい)として受(う)け入(い)れがたい。

Even with the recession, the union cannot accept the answer of the company being "no pay raise."

尽管不景气，对于公司「不能调升工资」的回答，作为工会是难以接受的。

불황이라도, 회사의 「승급 없음」이라는 회답은, 노동조합으로서 받아들이기 어렵다.

②強(つよ)い者(もの)が勝(か)つという自由競争(じゆうきょうそう)がいいなんて、理解(りかい)しがたい。

It is hard to understand why the free competition where the strong ones win is good.

有人认为"强者必胜"的自由竞争很好，真是难以理解。

강한 사람이 이긴다라는 자유경쟁이 좋다니 이해할 수 없다.

③我々(われわれ)は、経済的(けいざいてき)には発達(はったつ)しているが精神的(せいしんてき)に豊(ゆた)かだとは言(い)いがたい社会(しゃかい)に生(い)きている。

We live in an economically developed society, which cannot be regarded as a spiritually rich society.

我们生活在一个经济虽然发展，但很难说在精神方面也很丰富的社会里。

우리들은, 경제적으로는 발달해 있지만 정신적으로 풍요하다고는 하기 어려운 사회에 살고 있다.

～がちだ

tend to ~

容易～；常常～

~경향이다

~という（よくない）傾向がある
there is a (bad) tendency of ~

一般用于不好或者消极的场合

~인 (좋지 않은) 경향이 있다

※～＝Ｖマス形・名詞
※～＝V masu form・noun
※～＝动词＋マス形・名词
※～＝Ｖ마스형・명사

①父は年をとってから病気がちで、家に引きこもっていることが多い。

As my father has become older, he is prone to be sick and he often stays home.

父亲上了年纪之后经常得病，所以总是呆在家里。

아버지는 연세가 들면서 병치레가 잦아져서, 집에 틀어박혀 있는 경우가 많다.

②ファストフードで食事をすませてしまうことが多いので、栄養が偏りがちだ。

I often eat fast food for dinner, so I tend to take in only limited kinds of nutrients.

吃快餐的时候比较多，所以容易营养不均衡。

패스트 푸드로 식사를 끝내는 일이 많기 때문에, 영양이 불균형해지기 쉽다.

③コメディアンはいつも人を笑わせていると思われがちだが、決してそうではない。

People tend to think that comedians are always making others laugh but that is not true.

喜剧演员常容易被认为是逗人笑的，其实决不是这样。

코메디언은 항상 남을 웃겨야한다고 생각하기 쉽상이지만, 결코 그렇지 않다.

～かねる

cannot ~

难以～；不便～；不会～；不好意识～

~할 수 없다, ~하기 어렵다

～できない
cannot ~

难以～

~할 수 없다

※～＝Ｖマス形
※～＝V masu form
※～＝动词＋マス形
※～＝Ｖ마스형

①今週中に納入ということでしたら、お引き受けいたしかねます。

We cannot take the order if we are to deliver within this week.

如果是本周交货的话，我们难以承办。

이번주 중으로 납입해야하는 것이라면, 맡을 수 없습니다.

②どちらも一長一短なので、どちらを選ぶか決めかねている。

I cannot decide on which one to choose because each of them has its advantage and disadvantage.

哪一个都有长有短，难以决定要选择哪一个。

어느쪽도 장단점이 있기 때문에, 어느 한쪽을 선택하기 어렵다.

③商品交換につきましては、こちらではわかりかねます。

We cannot exchange products, here.

关于商品交换的事宜，我们不太清楚。

상품교환에 대해서는, 저희쪽에서는 알 수 없습니다.

～かねない

can ~

很有可能～；说不定会～；不一定不～

～할 지도 모른다

～という(悪い)可能性がある

there is a possibility of ~ (for a bad thing)

很可能（坏的）～

～라는 (나쁜) 가능성이 있다

※～＝Ｖマス形
※～＝V masu form
※～＝动词＋マス形
※～＝Ｖマス형

① A：彼、飲みすぎて、公園のベンチで寝ちゃったんだって。
　 B：あいつだったら、やり**かねない**よ。

A: He drank a lot and he slept on a park bench.
B: I know he can do that.

A：听说他因喝多睡在公园的椅子上了。
B：要是他，很有可能做得出来哟。

A：그 사람, 술을 너무 마셔서, 공원 벤치에서 잤대.
B：그 녀석이라면 있을 수 있는 일이야.

② 最近の新入社員は精神的に弱いから、ちょっと叱っただけで、会社を辞め**かねない**。

These days, new employees are mentally weak, so if you scold them just a little, they may quit the company.

最近的新入职员精神上比较脆弱，只要稍微说他，他就可能辞掉公司。

최근의 신입사원은 정신력이 약해서, 조금 나무랐다고 회사를 그만 둘지도 모른다.

トレーニングテスト

正しいものに○をつけなさい。

1. 彼が会社を辞めたいと言っているなんて、信じ { がちだ。／がたい。／かねない。 }

2. 朝は乗客が多いので、電車が遅れ { がちだ。／かねる。／がたい。 }

3. いきなりリストラをするという考えには、賛成し { がちだ。／かねる。／かねない。 }

4. 円高がこのまま続けば、より多くの会社が倒産し { がたい。／かねる。／かねない。 }

解答　1　がたい　　2　がちだ　　3　かねる　　4　かねない

Chapter 2

8 「～において」「～に応じて」「～に即して」「～にわたって」などの表現

Expressions such as "～nioite," "～nioujite," "～sokushite," "～niwatatte"
「～において」「～に応じて」「～即して」「～にわたって」等用法
「～において」「～에 응じて」「～即して」「～にわたって」등의 표현

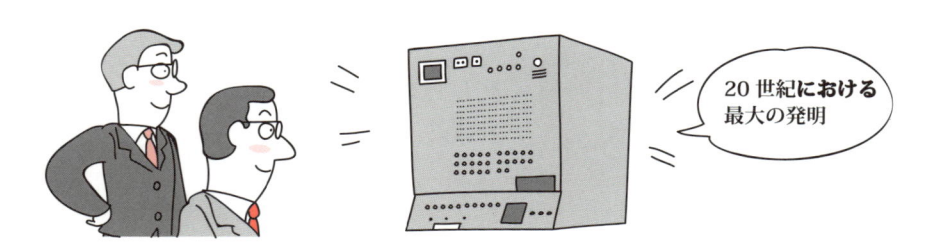

（20世紀における最大の発明）

これらの表現は名詞について、多くは助詞に相当する役割をします。使い方を覚えるには、例文を記憶するのが一番よい方法です。覚えやすい例文を選んで暗記しましょう。

These expressions are connected with a noun and many of them work like a particle. To remember how to use them, it is best to remember the example phrases. Choose easy phrases to remember and memorize them.

这些用法接在名词后面，多数具有相当于助词的功能。想掌握好其使用方法，最好的方法是记住例句。请挑选容易记住的例句来背。

이 표현들은 명사에 붙어서, 대부분 조사에 해당하는 역할을 합니다. 사용법을 외우기 위해서는, 예문을 암기하는 것이 가장 좋은 방법입니다. 외우기 쉬운 예문을 골라서 암기하세요.

～において
at ～, in ～
在～；于～
～에서, 있어서

～で
at ～
在～
～에서

①次の国際会議は、東京において行われることになった。
It is decided that the next international meeting will be held in Tokyo.
下次的国际会议，已决定在东京举行。
다음 국제회의는, 동경에서 행해진다.

②20世紀における最大の発明はコンピューターだろう。
I think the greatest invention of the 20th century is computer.
属于20世纪最大的发明应该是电脑了。
20세기에 있어서 최대의 발명은 컴퓨터일 것이다.

> **Point** ▶ 場所、時、機会、状況、領域を表す言葉につく
> Used with words meaning place, time, occasion, situation, or area
> 通常接表示场所、时间、机会、状况、领域等语言
> 장소, 시간, 기회, 상황, 영역을 나타내는 단어에 붙는다.

～に応じて
making it fit for ～, appropriate for ～
按照～；根据～；随着～；答应～
～에 응해서

①このジムでは、会員一人一人のニーズに応じた方法を考えている。
In this gym, we think about the best methods fit for the needs of each member.
这个拳击练习场，正在考虑适应每一个会员需要的方法。
이 헬스 클럽은, 회원 한 사람 한 사람의 요구에 대응해서 운동 방법을 생각하고 있다.

~に合わせて making it fit for ~ 按照~ ~에 맞춰서 ~にふさわしく appropriate for ~ 相应~ ~에 어울리게	②今度のドライブは、必要に応じて休憩を取るようにしましょう。 When we are going out for a drive next time, let's take breaks when necessary. 这次的兜风时，适当地安排一些休息吧。 이번 드라이브는, 필요에 의해서 휴식을 취할 수 있도록 합시다.
~に即して making it fit for ~ 就~；基于~ ~에 들어맞게 ~に合わせて making it fit for ~ 按照~ ~에 맞춰서	①法律は、現状に即して改めていく必要がある。 We need to change laws to make them fit for the reality. 法律有必要根据现状而改善。 법률은, 현재 상황에 들어맞게 개선할 필요가 있다. ②災害時は、状況に即した臨機応変の対応が求められる。 At the time of disaster, appropriate actions for the situation are needed depending on the time and situation. 受到灾害时，需要的是符合状况的临机应变的措施。 재해시에는, 상황에 맞는 임기응변의 대응이 요구되어진다.
~にわたって during ~, while ~ 历经~；涉及到~ ~에 걸쳐서 時間的、空間的範囲の広がりを示す meaning the extent of time or space 表示时间、空间范围的扩展 시간적, 공간적 범위의 퍼짐을 나타낸다	①東北から関東にかけての広い範囲にわたって地震があった。 There was an earthquake in the wide areas stretching from the Tohoku area to the Kanto area. 从东北到关东的广泛的范围内发生了地震。 동북에서 관동에 걸쳐서 넓은 범위에 이르러 지진이 발생하였다. ②10年にわたる研究の結果、介護ロボットが生み出された。 As a result of a 10-year study, a nursing care robot has been created. 历经10年的研究，最终制作出了看护机器人。 10년에 걸친 연구의 성과, 케어로봇이 탄생되었다.
~(から)~に至る from ~ to ~, stretching to ~, reaching ~ 从~到~ ~(에서)~에 달하다 ~までとどく reach~ 到~ ~까지 닿는다 ~まで達する reach~ 到达~ ~까지 달하다	①彼は、北海道から南九州に至る長い距離を自転車で走り抜いた。 He cycled through the long distance from Hokkaido to Minami-Kyushu. 他骑自行车跑完了从北海道到南久州的长距离。 그는 홋카이도에서 남규슈까지의 장거리를 자전거로 일주하였다. ②この本屋には漫画から専門書に至るまで、すべてそろっている。 This book store has a wide range of books including manga and specialized books. 这个书店从漫画到专门书籍，种类非常齐全。 이 서점에는 만화에서 전문서적에 이르기까지, 모두 갖춰져 있다.

〜に至って becoming 〜 到达〜；直到〜；至〜 〜에 이르러서 **〜という状況にまでなって** with the situation becoming 〜 事已至此〜 〜라는 상황까지 되서	①倒産寸前という事態に至って、会社はやっと対策を考え始めた。 The company finally started to think about actions, as they came very close to bankruptcy. 到了快要破产，公司才开始考虑对策。 도산 직전 사태에 이르러서야, 회사는 가까스로 대책을 생각하기 시작하기 시작했다. ②政府は、大地震で何千人もの犠牲者が出るに至って、ようやく危機管理の重要性に気づいた。 The goverment finally realized the importance of crisis management as the country suffered from a major earthquake causing thousands of causalities. 直到大地震中出了数千人的牺牲者之后，政府才注意到了对危机进行管理的重要性。 정부는, 대지진으로 몇 천명의 희생자가 나오자, 가까스로 위기관리의 중요성을 깨달았다.
〜を皮切りに／ **〜を皮切りにして** with 〜 going first 以〜起点；以〜开端 〜을 시작으로 〜을 시작으로 해서 **〜を最初にして** with 〜 going first 以〜为最初 〜을 최초로 해서	①このコンサートは東京を皮切りにして、全国で行われる。 This series of concerts starts in Tokyo and goes on in many areas in Japan. 这个演唱会以东京为起点，将在全国范围内举行。 이 콘서트는 동경을 시작으로 해서, 전국에서 열린다. ②留学生との交流会は、この留学生による音楽会を皮切りに、いろいろな催しを計画している。 There are many events planned for the cultural exchange meeting with foreign students starting with this concert given by foreign students. 与留学生的交流会，计划以留学生演奏音乐会为开端，举行各种活动。 유학생과의 교류회는, 이 유학생에 의한 음악회를 시작으로, 다양한 행사를 계획하고 있다.
〜をもって at 〜, on 〜, as of 〜 以〜；用〜；拿〜；到〜；凭〜；根据〜 〜로써 **〜で** at 〜 以〜 〜로	①当店は本日をもって閉店いたします。 This shop closes down today. 本店以今日为限将停止营业。 본 점은 오늘로써 폐점합니다. ②この計画は、みんなの協力をもってすれば成功するはずだ。 This plan must succeed with everyone's support. 这个计划，凭着大家的协力合作一定会成功的。 이 계획은, 여러분의 협력으로써 성공할 것이다.
〜をよそに ignoring 〜 不顾〜；漠不关心 아랑곳하지 않고 **〜を無視して** ignoring 〜 不理会〜 〜을 무시하고	①親の心配をよそに、彼は悪い仲間と遊んでばかりいる。 Ignoring worries of his parents, he is just going around with bad company. 他不顾父母的担心，只顾着跟坏朋友玩。 부모님의 걱정에도 아랑곳하지 않고, 그는 나쁜 친구들과 어울려 놀기만 하고 있다. ②市民の反対をよそに、市長は立派な市庁舎を建てた。 Ignoring the opposition from the residents of the city, the mayor built a great city hall. 不顾市民的反对，市长建了漂亮的办公大楼。 시민의 반대에도 아랑곳하지 않고, 시장은 많은 돈을 들여 시청사를 세웠다.

～と相まって

with ～

与～相互作用；～再加上～；相互结合

서로 어울려서

(二つ以上のものが) いっしょになって

(more than two things) getting together

（两种以上的东西）合为一起

(두 개 이상의 것이) 함께 작용하여

①あのピアニストは努力と才能が相まって、世界的なコンクールで優勝した。

That pianist won a global competition with his / her efforts and talent.

那位钢琴手凭借着才能和努力, 在世界性的比赛中取得了优胜。

저 피아니스트는 노력과 재능이 어우러져, 세계적인 콩쿨에서 우승하였다.

②この映画は、日本独特の雰囲気が異国的なものと相まって、不思議な世界をつくり出している。

This movie creates a mysterious world combining unique Japanese atmospheres with exotic touch.

这个电影把日本独特的气氛与异国的东西相互结合, 创作出了一个不可思议的世界。

이 영화는, 일본의 독특한 분위기와 이국적인 부분이 어우러져, 불가사의한 세계를 만들어 내고 있다.

～あっての

thanks to ～, with ～ thanks to ～

有了～才有～

～가 있고나서

～があるからこそ（…がある）

with ～ (there is …)

因有～才会有～

～가 있기 때문에 (…가 있다)

①周りの協力あっての成功です。私一人の力ではありません。

The success happened with support from people around me. This success is not brought only by me.

有了各位的帮助才有了成功。不是靠了我一个人的力量。

주위의 협력이 있었기 때문에 성공입니다. 저 혼자의 힘이 아닙니다.

②お客様あっての商売です。お客様のことを第一に考えなければなりません。

With our customers, we can do our business. We must put customers first.

有了顾客才有销售。应该以顾客为至上。

고객이 있고나서의 장사입니다. 고객을 제일로 생각하지 않으면 안됩니다.

～たりとも

not even ～

即使～也；就是～也

～일지라도

一～だけでも…ない

not even one ～ or …

哪怕是～, 也不…

일 ～만이라도…없다

①苦労して貯めたお金だ。一円たりとも無駄にはしたくない。

I worked hard to save this money. I cannot waste it even one yen.

辛辛苦苦攒下来的钱。即使是 1 元也不想浪费。

고생해서 모은 돈이다. 일 엔이라도 헛되게 쓰고 싶지 않다.

②サッカーの試合の最中は一瞬たりともぼんやりできない。

During the game of soccor, you can never go spaced out even one moment. (You have to stay alert the whole time.)

足球比赛当中, 即使是一瞬间也不能掉以轻心。

축구 시합이 한창일때는 한순간이라도 방심할 수 없다.

第2章 文法

〈～において・～に応じて・～に即して・～にわたって〉

〈～において・～に応じて・～に即して・～にわたって〉 113

〜とあって

therefore 〜, so 〜

因为〜所以〜

〜인 만큼

〜（という場合）だから

(the situation being) 〜 therefore, 〜 so

因为是〜场合

〜（인 경우）이기 때문에

① 人気グループのコンサートとあって、チケットはあっという間に売り切れた。
It was a concert of a popular group; therefore, the tickets got sold out very quickly.
因是人气组合的演唱会，所以入场券马上就卖完了。
인기 그룹의 콘서트인 만큼, 티켓은 눈깜짝할 사이 매진되었다.

② ボーナスが出たばかりとあって、街はどこも込んでいる。
People get paid their bonus around this time of year, so everywhere in town is crowded.
因为刚发过奖金，所以大街上到处都是人。
보너스를 받은 직후인 만큼, 마을은 어디를 가더라도 복작거린다.

〜とあれば

if 〜

因说是〜所以〜；如果说是〜

〜라고 하면

〜ならば…（どんなことでもする）

if 〜, … (do whatever things)

如果说是〜则〜（不管什么事多可以做）

〜라면 …（어떤 것이라도 한다）

① お世話になったあの方の頼みとあれば、どんなことでもしたいと思う。
You who are one of those who supported me very much are now asking me something, so I would like to do whatever possible for you.
如果是关照过我的那位先生委托我的话，不论什么事我都要做。
신세졌던 분의 부탁이라면, 어떤 것이라도 하고 싶다고 생각한다.

② 彼は、選挙で当選するためとあれば、何でもするだろう。
He would do whatever he can to get chosen in the election.
如果说是为了能够在选举中当选，他可能什么都做的。
그는, 선거에서 당선되기 위해서라면, 무엇이라도 할 것이다.

〜ときたら

speaking of 〜

提到〜的话；提起〜来；要说〜；至于〜

〜로 말할 것 같으면

〜は（困ったものだという不満の気持ち）

(thinking that)〜 is (a pain in the neck)

〜是表示困惑的不满的情绪

〜은（곤란하다라는 불만의 기분）

① うちの子ときたら、勉強しないでゲームばかりしているんです。本当に困ったものです。
Our son/daughter does not study but is always playing games. It is really a pain in the neck.
要说我家孩子，不学习就知道玩游戏。真是伤脑筋。
우리 집 애로 말할 것 같으면, 공부 안하고 게임만 하고 있어요. 정말 곤란한 일이에요.

② このコピー機ときたら、すぐ故障するんだからいやになるよ。
This copy machine always gets broken, really a pain in the neck.
要说这个复印机，很容易坏，真是让人讨厌。
이 복사기로 말할 것 같으면, 금방 고장 나기 때문에 사용하기 싫어요.

〜なくして…ない

without 〜, there is no …

没有〜就〜；如果没有了〜就没有〜

〜없이 …없다

〜がなかったら…ない

without 〜, there is no …

如果没有了〜就没有〜

〜가 없다면 …없다

① みんなの協力なくして、この計画の成功はありえない。
Without everyone's cooperation, this plan would not succeed.
没有大家的协力合作，这个计划就不可能成功。
여러분의 협력없이, 이 계획의 성공은 있을 수 없다.

② どんな職業であれ、努力なくして一流にはなれない。
Whatever job one may have, he/she cannot become the first class worker without hard work.
无论什么职业，没有努力就不可能达到一流水平。
어떤 직업이라도, 노력없이 일류가 될 수 없다.

～ならでは

unique to ～

只有～；除非～；除～之外

～이 아니고는

～でなければ…ない

if not ～, there is no …

若不是～就不～

～아니고는 …없다

① 旅行先ではその土地ならではの料理を食べるのが楽しみだ。

When I travel, it is fun for me to enjoy food unique to the area.

在旅行所到之处，能够吃到只有在当地才能吃到的菜肴是一种快乐。

여행지에서는 그 지역이 아니고는 먹을 수 없는 요리를 먹는 것이 즐거움이다.

② この宿は日本旅館ならではのサービスでもてなしてくれる。

This inn welcomes its guests with services unique to Japanese traditional inn.

在这个住宿地，按照只有日本旅馆才有的服务方式来接待客人。

이 여관은 일본 여관이 아니고는 받을 수 없는 서비스로 대접하여 준다.

～にあって

in ～

当～时候；处于～

～에 있어서

～状態のときに

when the situation is ～

在～时候

～상태에 (시간)

① どんな逆境にあっても、彼女は夢を忘れなかった。

However hard the situation goes against her, she never gave in her dream.

无论处在怎样的逆境里，她都没有忘却梦想。

어떤 역경에서도, 그녀는 꿈을 잃지 않았다.

② ものの豊かな時代にあって、子供たちにものの大切さを教えるのは難しい。

Now that we are living in the era of material richness, it is difficult to teach children how things are valuable.

处于物质丰富的时代，教会孩子们珍惜财物是非常困难的。

풍족한 시대에, 어린아이들에게 물건의 소중함을 가르치는 것은 어렵다.

～に至っては

go as far as ～

直到～才～；到～；及～

～와 같은 경우에는

特にひどい～は

for an especially bad example of ～

最离谱的是～

특히 심한 ～은

① この会社の男性は、時代錯誤の人がそろっている。田中さんに至っては、女性は家にいるべきだなんて言っている。

There are many men in this company who are anachronistic. Worst of all, Mr. Tanaka says women should be staying home.

这个公司聚集了具有陈旧思想观念的男性。说到了田中，他竟然说女性是应该呆在家里的。

이 회사의 남성은, 시대착오적인 사람이 모여있다. 다나카씨 같은 경우에는, 여성은 집에서 살림해야 한다는 등 얘기하고 있다.

② 勉強しない大学生も多いが、ひどい人に至っては基本的な漢字も書けないそうだ。。

There are many university students who don't study. One of the worst examples is that some cannot even write basic kanji.

不学习的大学生也很多，甚至有的连基本的汉字也写不了。

공부 하지 않는 대학생도 많지만, 심한 사람의 경우에는 기본적인 한자도 쓰지 못한다고 한다.

〜にかかわる related to 〜, influencing 〜 关于〜；关系到〜 〜에 관계되다 〜に重大な影響を与える give a serious influence to 〜 给予〜重大影响 〜에 중대한 영향을 미치다	①売った品物が傷んでいたとなると、店の信用にかかわる。 If the products sold are damaged, it is the matter of the trust of our customers to our shop. 出售残损商品，影响商家的信誉。 팔린 물건이 망가져 있다고 하면, 가게의 신용에 관계된다. ②事故でけがをしたが、命にかかわるほどではなかった。 He was injured in an accident, but it was not as serious as life threatening. 虽然在事故中受了伤，但不到危及生命的程度。 사고로 다쳤지만, 생명에 관계될 정도까지는 아니었다.
〜に（も）たえる withstanding 〜 经得住〜；经得起〜 〜을 견디다 〜の圧迫に負けないで withstand while not giving in to the pressure of 〜 不屈服于〜压力而坚持到底 〜의 압박에 지지 않고 지속한다	①この建物は震度7の地震にもたえるように設計されている。 This building is designed to withstand an earthquake of level 7. 这个建筑物是按照成能经得住7级地震的要求设计的。 이 건물은 지진강도 7의 지진에도 견딜 수 있도록 설계되어 있다. ②雪国の住宅は、雪の重さにたえるように造られている。 Houses in the snowy areas are built to withstand the weight of snow. 雪国房子的构造能经得住雪的重量。 눈이 많이 오는 지방의 주택은, 눈의 무게에 견딜 수 있도록 지어져 있다.
〜にたえる withstanding 〜 经得住〜；经得起〜 〜을 견디다 〜するだけの価値がある as valuable as doing 〜, worth doing 〜 值得〜 〜할 가치가 있다	①この展覧会の出品作品には、鑑賞にたえるものは少ない。 There are only a few exhibited artworks that are worth watching. 这个展览会的出展作品，值得鉴赏的很少。 이 전람회의 출품 작품에는, 감상할 가치가 있는 작품이 적다. ②この本は、一読にたえるようなものではない。 This book is not worth reading. 这本书，不值得一读。 이 책은, 읽을 가치가 없다.
〜にたえない cannot stand 〜 不堪〜 차마 〜할 수 없는 （あまりにもひどくて）〜していることができない (so bad and) cannot be doing 〜 （因为非常过分，简直无法〜） （너무나도 심해서）〜하고 있는 것이 불가능하다	①電車の中で女子高校生が話していたが、その言葉遣いは聞くにたえないものだった。 High school girls are talking on the train but their language is so bad and I cannot stand hearing them speaking. 电车上有女高中生在说话，但那话语真是不堪入耳。 전철 안에서 여고생이 이야기하고 있었지만, 그 말투는 차마 들을 수 없었다. ②あまりにばかばかしく、見るにたえないテレビ番組も多い。 There are so many TV programs that are stupid and unbearable to watch. 有很多电视节目很无聊并且不堪入目。 너무나 어처구니 없어서, 차마 눈 뜨고 볼 수 없는 텔레비전 방송이 많다.

～にもまして

more than ～
比～
한층 더, 더욱

～以上に
more than ～
胜过～
～이상으로

① 久しぶりに会った彼女は以前にもまして美しくなっていた。
I saw her after a long time and she had become more beautiful than ever.
久违的她变得比以前漂亮了。
오랜만에 만난 그녀는 이전보다 한층 더 아름다웠다.

② 仕事も大変だが、何にもまして面倒なのは人間関係だ。
Work is tough but even harder is the relationship with people.
虽然工作也是够受的，但比什么都麻烦的还是人际关系。
일도 힘들지만, 무엇보다 더더욱 성가신 것은 인간관계이다.

～をおいて…ない

no other ～
除～以外，没有～
～을 제외하고

～以外にない／
～を除いてない
no ～ other than,
not excluding ～
仅此而已；
～除～以外；没有～
～이외에 없다,
～을 빼고 없다

① 彼をおいてほかにはリーダーにふさわしい人物はいない。
There is no other person who is fit for a leader other than him.
除了他以外没有更符合做领导的人物。
그를 제외하고 리더에 어울리는 인물은 없다.

② これだけの観客を収容できるところは東京ドームをおいてない。
There is no other place that can hold as many spectators as Tokyo Dome.
除了东京体育场以外，没有能够容纳这么多观众的地方。
이 정도의 관객을 수용할 수 있는 곳은 동경돔 이외에 없다.

トレーニングテスト

正しいものに○をつけなさい。

1　彼は、この分野 {における / にいたる} 最高権威だ。

2　お客さんの希望 {にわたって / に応じて} 新製品のキャンペーン期間を延長した。

3　自殺者が出る事態 {に至って / に至っては} 初めて、事の重大性を認識した。

4　連休の最終日 {あっての / とあって} 観光地は家族連れでにぎわっている。

5　お客さん {あっての / とあって} サービス業なんだから、顧客第一主義でいこう。

6　卒業生の結婚式に招かれるというのは、学校の先生 {ならでは / ときたら} の喜びだ。

7　日本語の文字は本当に難しい。漢字 {に至って / に至っては} 絵にしか見えない。

解答　1　における　2　に応じて　3　に至って　4　とあって　5　あっての　6　ならでは　7　に至っては

その他の試験に出やすい項目

Other points that frequently appears in the test　　其他考试中容易出现的考题项目　　기타 시험에 출제되기 쉬운 항목

～はしない

not do ～

绝对不…，根本不…

～할 수 없다

① 今の経営方法では、競争に勝てはしない。
We will never win competition with our current management method.
按照现在的经营方法，是绝对不会在竞争中取胜的。
지금의 경영 방법으로는, 경쟁에 이길 수 없다.

② 私は彼の裏切り行為を、決して許しはしない。
I will never forgive his action of betrayal.
我决不原谅他的背叛行为。
나는 그의 배신 행위를, 절대 용서할 수 없다.

～でもしたら

happen to

假如～，要是～，一旦～

～라도 한다면

① 紛争地帯に行って、戦いに巻き込まれでもしたら大変だ。
If you go to a battle zone and happen to be caught in a battle, you will be in big trouble.
去有争端的地区，一旦被卷入战事的话，那可是非同小可。
분쟁지대에 가서, 싸움에 휘말리기라도 한다면 큰일이다.

② お年寄りがインフルエンザに感染でもしたら、命にかかわる。
Older people can lose their life for catching influenza.
如果老年人染上了流感，就会与性命相关。
나이 많으신 분이 인플루엔자에 감염되기라도 한다면, 목숨과 관계된다.

～さえしなければ

as long as ～ not

只要不～

～만 하지 않는다면

① 悪いことをしても見つかりさえしなければ大丈夫というのは間違いだ。
It is wrong to think that it is OK as long as you don't get caught even though you do bad things.
那种即便做了坏事，只要没有人看见就没关系的意识是错误的。
나쁜 일을 하고도 발각되지만 않는다면 괜찮다고 하는 것은 오산이다.

② あの時、会社を辞めさえしなければ、こんなに苦労することはなかったのに。
I never had to go through all this hardship, as long as I didn't quit the company that time.
要是那时没有辞掉公司的工作，也不至于后来吃这么多的苦头。
그 때, 회사를 그만두지만 않았다면, 이렇게 고생할 일은 없었을 텐데.

～そうなものだ

should, should be able to

好像是…，应该是…（表示对事物的进展，情况，状态进行推断的语气）

～할 것 같은 것이다.

① 遅れるなら、連絡してきてもよさそうなものだ。
If he/she is late, he/she should contact us.
如果来迟的话，应该有个联系啊。
늦는다면, 연락하고 온다면 좋을 것이다.

②親なんだから、子どもが何を考えているかぐらいわかりそうなものなのに。

Being a parent that you are, you should be able to understand what your child is thinking about.

按理说，做父母的应该了解孩子在想些什么。

부모이기 때문에, 자녀가 무엇을 생각하고 있는지 정도는 알 수 있을 것인데.

～くらいなら

if ... (just) ～

与其…不如…，假如…还不如…

～정도라면

①こんな辛い思いをするくらいなら、いっそ辞めてしまったほうがいい。

If I have to go through such a tough time, it is rather better to quit.

假如你感觉如此痛苦的话，那还不如干脆辞掉好了。

이렇게 괴로워할 정도라면, 차라리 그만둬 버리는 편이 낫다.

②その洋服、捨てるくらいなら施設に寄付したらどうですか。

How about giving that clothes to an institution, if you are just throwing that away.

假如你要扔掉那件衣服的话，不如把它捐送给救济设施呢。

그 옷, 버릴 정도라면 시설에 기부하는 것이 어떻습니까?

～だけ

only

仅，只（表示范围和程度）

～만으로

①こんなに就職が難しい時に、正社員になれただけでもラッキーだった。

You are lucky only to get employed fulltime during the time when it is so difficult to find a job.

在如此就职困难的时期，能当了个正式职员就很幸运了。

이렇게 취직이 어려운 시기에, 정사원이 되었다는 것만으로도 운이 좋았다.

②A社もB社も給料は少ないけれども、A社のほうは社宅があるだけましです。

The salary of both Company A and Company B is low but Company A is only better because it has company housing.

A公司和B公司的工资都很低，只是A公司有员工宿舍更好一点儿而已。

A회사도 B회사도 월급은 적지만, A회사의 경우는 사택이 있는 것만으로 다행이다.

～かというと

people may think that ～ /
people may say that ～

要说…，说起…

～인가 하면

①この学校は超一流校だが、入試が難しいかというと、特にそうではない。

This school is one of the top, so people may think that its entrance exam is difficult but it is not so difficult.

这个学校很有名，但说到入学考试，也并不是那么很难。

이 학교는 정말 일류학교 이지만, 입시가 어려운가 하면, 특별히 그렇지는 않다.

②日本の技術は特殊化しているとよく言われるが、全く外国では使えないかというと、そうとばかりは言い切れない。

It is often said that Japanese technologies have been particularized so people may think that they are totally unusable abroad but it is not always so.

日本的技术被认为已经特殊化了，是不是在外国不能应用呢，说起来倒也不一定都不能用。

일본의 기술은 특수화 되어 있다고 자주 얘기되어지지만, 외국에서는 전혀 사용할 수 없는가 하면, 그렇게만 단언할 수 없다.

練習問題

文法（文の中）

問題 次の文の（　　）に入る最もよいものを、1・2・3・4から一つ選びなさい。

[1] 仕事熱心な彼は、朝席に着いた（　　）、もう書類に目を通している。
1　なり　　　　2　や否や　　　　3　とたん　　　　4　早いか

[2] 会社の業績は悪化するばかりで、ついに社長は退任（　　）。
1　をおいてない　　　　　　　2　にほかならない
3　を余儀なくされた　　　　　4　でなくてなんだろう

[3] お世話になった上司の歓送会なので、忙しくても（　　）。
1　行くわけにはいかない　　　2　行かないわけにはいかない
3　行くわけではない　　　　　4　行かないわけもない。

[4] わたし（　　）できることが、あなた（　　）できないわけがありません。
1　に／に　　　　　　　　　　2　は／は
3　こそ／こそ　　　　　　　　4　さえ／さえ

[5] 私は日本に長くいるんだ（　　）、当然日本のことよく知ってるよ。
1　なんて　　　2　もの　　　3　とか　　　4　とは

[6] 日本人は親切だと思います。私たち外国人によく話しかけて（　　）。
1　あげます　　　　　　　　　2　くれます
3　もらいます　　　　　　　　4　いただきます

[7] 今朝寝坊してしまった。夕べもっと早く（　　）のに。
1　寝ればよかった　　　　　　2　寝なくてよかった
3　寝てしまった　　　　　　　4　寝ずにすんだ

[8] 今経済状況は最悪だ。来年は少しでも景気が良く（　　）。
1　なるものか　　　　　　　　2　ならないものか
3　なることか　　　　　　　　4　ならないことか

9 会社の倉庫に入ると古いほこり（　　　）ダンボール箱がたくさんおいてあった。
　1　がちの　　　2　めいた　　　3　気味の　　　4　まみれの

10 基本的な知識（　　　）、新たなものを創造することなどできない。
　1　と相まって　2　といえども　3　なくして　　4　あればこそ

11 面接で失敗さえしなければ、入社（　　　）のに…。
　1　したがった　　　　　　　　2　できなかった
　3　するところだった　　　　　4　できた

12 これで事件は解決かと（　　　）、新たな証拠が見つかり再捜査することになった。
　1　思いきや　　2　思わず　　　3　言うものの　4　言わず

13 一人でも多くの命を助ける（　　　）、救助隊が被災地に向かった。
　1　なり　　　　2　からこそ　　3　ゆえ　　　　4　べく

14 彼女はさんざん親に心配をかけた（　　　）、家出してしまった。
　1　だけあって　2　とあれば　　3　あげく　　　4　あまり

15 少し（　　　）遅れても、大丈夫ですよ。
　1　まで　　　　2　のみ　　　　3　ほど　　　　4　ぐらい

文法（文の組み立て）

問題　次の文の　★　に入る最もよいものを、1・2・3・4から一つ選びなさい。

1 先生は遅刻して＿＿＿＿＿＿＿＿＿＿★＿＿大声で叱った。
　1　学生の顔を　2　みる　　　　3　きた　　　　4　なり

2 飛行機から＿＿＿★＿＿＿＿＿＿＿なかった。
　1　富士山の　　2　いったら　　3　ながめた　　4　美しさと

3 近代化＿＿＿★＿＿＿＿＿＿＿があると私は考えている。
　1　伝統文化を守る　2　の陰で　　3　必要　　　　4　失われつつある

4 少子化 ＿＿＿ ＿＿＿ ★ ＿＿＿ している大学では、さまざまな対策を講じている。
　　1 により　　　2 に　　　3 直面　　　4 経営上の危機

5 子供のときに ★ ＿＿＿ ＿＿＿ ＿＿＿ 嫌いな場合が多い。
　　1 大人になっても　　　2 ことは
　　3 させられた　　　　　4 無理に

6 宣伝のやり方 ＿＿＿ ＿＿＿ ★ ＿＿＿ 、当社には数多くある。
　　1 可能性のある　　　　2 売り上げを伸ばす
　　3 次第で　　　　　　　4 商品が

7 仕事を ＿＿＿ ★ ＿＿＿ ＿＿＿ という現状が、少子化の一原因である。
　　1 やめない　　　　　　2 持つことができない
　　3 ことには　　　　　　4 子供を

8 戦争で多くの友をなくした ＿＿＿ ★ ＿＿＿ ＿＿＿ 知っているに違いない。
　　1 生きる　　　2 こそ　　　3 意味を　　　4 彼

9 説明した ＿＿＿ ＿＿＿ ★ ＿＿＿ とは限らない。
　　1 わかっている　　　　2 相手が
　　3 といって　　　　　　4 から

10 出来高制というのは ＿＿＿ ＿＿＿ ★ ＿＿＿ 分に対して、賃金が支払われる仕組みだ。
　　1 かかわらず　　　2 時間に　　　3 かかった　　　4 できた

11 私が ★ ＿＿＿ ＿＿＿ ＿＿＿ していないはずだ。
　　1 あの会社は　　　2 違法行為は　　　3 限りでは　　　4 知っている

12 技術が ＿＿＿ ★ ＿＿＿ ＿＿＿ 心はあまり変わらないのではあるまいか。
　　1 変わっても　　　2 人の　　　3 世の中が　　　4 進み

文法（文章の文法）

問題 次の文章を読んで、 1 から 5 に入る最もよいものを、1・2・3・4から一つ選びなさい。

【A】

　一説によると、日本のサラリーマンは歩くスピードが世界一速いそうだが、確かに"忙しい"は日本人の口ぐせのようになっている。

　たくさんの案件を抱えた課長、数ヶ月後に入試をひかえた受験生、国会審議の資料を作成する役人など、誰もかれもが期日を突きつけられて"忙しい"を連発している。しかし、本当に忙しいのだろうか、胸に手を当てて考えてみた方がいい。

　たとえば、受験生、早く勉強を 1 、一日一日と先送りしてだらだらした生活を送り、受験部間近になってようやく慌て始めて徹夜でがんばろうとする。また、役人は、かりに期日の1週間前に資料ができあがったとしたら、果たしてすぐ国会議員に提出するだろうか。いや、おそらく、見直しとか、追加とかいろいろな言い訳をして期日ぎりぎりまで出さないに違いない。早く提出したら、また、次の仕事を 2 かもしれない、ぎりぎりに提出して苦労をアピールしようなどとつい思ってしまうのだろう。

　このように日本人は実際には今までの半分以下の時間でできることも、時間いっぱい使ってやっているのではないだろうか。もちろん、これは日本人に 3 ことではなく、世界共通の人間の愚かな心理なのかもしれない。

　ある若いサラリーマンが取引先の社長を訪問した。「忙しいですか。」とあいさつ 4 、「大変忙しくしております。」と答えたら、「忙しいという言葉を自分に使ってはいけません、 5 ことは恥ずかしいことですよ。」と言われたそうである。

　この社長の言葉を胸に刻みたい。

1	1　始めたにもかかわらず	2　始めればいいものを
	3　始めているから	4　始めない限り

2	1　押しつけたくない	2　押しつけられる
	3　押しつけられない	4　押しつけさせる

| 3 | 1　即した | 2　限った | 3　即さない | 4　限らない |

| 4 | 1　して | 2　しつつ | 3　されて | 4　させられて |

|5| 1 忙しくなさそうに見える　　2 忙しいことをいやがる
　　3 忙しくない　　　　　　　　4 忙しがる

【B】

　　日本人の台所とも言うべき中央市場を訪れる外国人観光客が増え、市場関係者から何とかしてほしいという声が上がっている。「見学者の殺到で安全や衛生が確保できない」「マナーが悪い」など。市場で働く人々＿＿1＿＿、これはショーではないのだから、邪魔はしないでほしいと思うのは、無理もない。しかし、市場に魅力を＿＿2＿＿観光客には、ぜひ日本の台所をじっくり見てほしい。＿＿3＿＿、故郷に帰った彼らは「日本の食文化」の素晴らしさを伝えてくれるに違いない。他国とは違う食文化を認めてもらうには、これこそ最善の方法なのではないだろうか。

　　外国を旅していて、その国の実情が一番よく分かるのは、市場を訪ねることである。各地から集まった食べ物や身の回りの品々を見れば、その国の人々の普段の生活が見えてくる。外国に自国の文化を理解＿＿4＿＿と思うなら、こんな都合のいい場所を利用＿＿5＿＿のはもったいない限りだ。

|1| 1 からして　　2 にしてみれば　　3 にしては　　4 ともなると

|2| 1 感じさせる　　2 感じさせない　　3 感じてくれる　　4 感じてあげる

|3| 1 そうすれば　　2 そのため　　3 それなら　　4 そのように

|4| 1 してあげる　　2 してあげよう　　3 してもらう　　4 してもらおう

|5| 1 する　　2 しない　　3 できる　　4 されない

練習問題　解答・解説

文法（文の中）

| 1 | 3 | どれも「〜たらすぐ」という意味であるが、動詞タ形につくのは「とたん」のみ。 |

| 2 | 3 | 「意志に反して退任しなければならなくなった」という意味。 |

| 3 | 2 | 「行かないことは気持ちが許さない」⇒つまり「行く」という意味。 |

| 4 | 1 | 可能形の主語に「に」が使われることがある。 |

| 5 | 2 | 「〜もの」は言い訳や理由を表す。口語表現。 |

| 6 | 2 | 「日本人が私たちによく話しかけて<u>くれる</u>」主語は日本人。 |

| 7 | 1 | 事実は、「夕べ早く寝なかったから寝坊した」⇒早く寝ればよかった。 |

| 8 | 2 | 「〜ないものか」は願望の表現。動詞可能形・自動詞のナイ形につきやすい。 |

| 9 | 4 | 「ほこりまみれ」はほこりに包まれている様子。 |

| 10 | 3 | 「〜がなかったら〜はできない」という表現。 |

| 11 | 4 | 「面接で失敗したから入社できなかった」という残念な気持ち。 |

| 12 | 1 | 〜と思ったけれども、意外な展開になった。 |

| 13 | 4 | 「〜ために／〜ように」の意味があるのは、「べく」。 |

| 14 | 3 | いろいろ（好ましくない）ことがあって、最後に…。 |

| 15 | 4 | 少ないという気持ちと量などがはっきりしないという意味を併せ持つのは「ぐらい」のみ。 |

文法（文の組み立て）

　この問題は、まず、最初と最後にどの言葉が入るかを考えると解きやすくなります。名詞修飾、助詞、動詞の形に注意してください。

1	4　（3・1・2・4）		5	4　（4・3・2・1）		9	2　（4・3・2・1）
2	1　（3・1・4・2）		6	1　（3・2・1・4）		10	1　（3・2・1・4）
3	4　（2・4・1・3）		7	3　（1・3・4・2）		11	4　（4・3・1・2）
4	2　（1・4・2・3）		8	2　（4・2・1・3）		12	3　（4・3・1・2）

文法（文章の文法）

【A】

1　2　「早く勉強を始めればいいのに、なかなか始めない」という意味。

2　2　「上司が私に仕事を押し付ける」⇒「私は上司に仕事を押し付けられる」。

3　2　「～に限ったことではない」は、「～だけではない」という意味。

4　3　取引先の社長が若いサラリーマンにあいさつした⇒若いサラリーマンの立場では「挨拶された」ということになる。

5　4　「忙しいという言葉を自分に使ってはいけません」という言葉から判断すると、「忙しがる」が適当。

【B】

1　2　「～にしてみれば」⇒「市場で働く人々の立場では」という意味。

2　3　「観光客が市場に魅力を感じてくれる」⇒「～くれる観光客」。

3　1　「日本の台所をじっくり見れば…」⇒「そうすれば…」。

4　4　「外国に理解してもらおう」⇒「～に…てもらう」の表現。

5　2　「もったいない」のは、「こんな都合のいい場所を利用しない」こと。

第3章

読解
どっかい

「読解」は多くの問題がありますから、できるだけ時間をかけないで読まなければなりません。そのためにも、いくつかのポイントを決めて練習しておきましょう。「読解」の問題だけではなく、「文章の文法」も一種の読解ですから、このパートでよくトレーニングしてください。

There are many questions in the "dokkai (reading comprehension)section," so you need to read through as quickly as possible. It is important to pick certain points and exercise them. Not just "dokkai," but also "bunsho no bunpo (grammar of sentences)" is a type of dokkai questions, so I hope you will study this part carefully.

"读解"的考题数量很多，阅读时须尽可能地节省时间。我们在这里做一些练习，以便掌握一些基本的要领。"读解"除了的解题之外，还包括"文章的语法"项目。因此请大家在这个部分中做好充分的练习。

"독해"는 문제수가 많기 때문에, 가능한 한 시간을 들이지 않고 읽지 않으면 안됩니다. 그것을 위해서는, 몇 개의 포인트를 정해서 연습해 둡시다. "독해" 문제 뿐 아니라, "문장의 문법"도 일종의 독해이기 때문에, 이 파트에서 잘 연습해 주세요.

Chapter 3

1 内容理解① Understanding the contents① 理解内容① 내용 이해①

「だれが」「だれの」……を理解する

Understanding "dare ga (Who)" and "dare no (Whose)"　正确理解 "谁……"，"谁的……"
"누가" "누구의" ……를 이해한다

　　日本語の文章は主語を書かない場合が多くあります。文章全体の意味や、前後の関係をよく理解して、主語を補いながら読んでいきましょう。そうすれば意味が明確になります。

There are many Japanese sentences with no subjects. You'll need to add subjects in your mind by grasping the whole passage or the context when reading these sentences. By so doing, the meaning will become clear.

　日语里大多没有主语，阅读时，需要很好地了解全文的意思和前后文的关系，通过添加主语，能使文章的意思变得通顺明了。

　일본어 문장은 주어를 쓰지 않는 경우가 많습니다. 문장 전체의 의미나, 전후의 관계를 잘 이해하고, 주어를 보충하면서 읽어나갑시다. 그러면 의미가 명확해 집니다.

例題1

次の文章を読んで、後の問いに答えなさい。

Read the following passage and answer the questions.　　阅读下列文章，回答后面的问题。　　다음의 문장을 읽고, 물음에 답하시오.

　最近知り合った田中太郎氏は大学教授で、長年ロボットの研究をしており、この業界ではかなり知られた人物だ。きっと機械好きだろうと思ったら、農園で野菜を作るのが趣味だと知って驚いた。ブログには日々の野菜作りの様子が書かれていて、思わずうなずき「そうなんだよ」と納得する事柄がたくさんある。

Mr. Tanaka whom I recently got acquainted with is a college professor that has been studying robotics for years and he is a well-known man in the field. I imagined he would be a machine lover but I was surprised to learn that his hobby is to grow vegetables in the farm. In his blog, there are many things written about his daily vegetable-growing and there are many things to which I nod saying "sounandayo, (that is right)" in agreement.

　我最近认识的田中太郎先生是大学的教授，多年研究机器人，在这个业界是位相当知名的人物。我想他一定是个机器迷，当我得知他的爱好竟是在菜园种蔬菜时惊讶不已。他在博客上写下每天种蔬菜的情况，很多的事情我看后禁不住点头称道。

　최근 알게 된 다나카 타로씨는 대학 교수이자, 오랫동안 로봇 연구를 하고 있고, 이 업계에서 알려진 인물이다. 틀림없이 기계를 좋아할 것이라고 생각했더니, 농원에서 야채를 기르는 것이 취미라는 것을 알고 놀랐다. 블로그에는 매일 야채 기르기 상황이 적혀 있어, 나도 모르게 고개를 끄덕이며 "그렇구나" 라고 납득하는 일이 많이 있다.

問1　だれが「知り合った」のか。　_____

Who "got acquainted" (with Mr. Tanaka)?　　"认识了"谁?　　누가 "알게 되었다" 인가?

問2　だれが「知られた人物」か。　_____

Who is "a well-known person"?　　"被认识的人"是谁?　　누가 "알려진 인물" 인가?

128　Chapter 3　読解

問3　だれが「思った」のか。　_____
　　　Who "thought so"?　　谁"想"?　　누가 "생각했다" 인가?

問4　だれが「野菜を作るのが趣味」か。　_____
　　　Whose "hobby is to grow vegetables"?　　谁有种蔬菜的爱好?　　누가 "야채를 만드는 것이 취미" 인가?

問5　だれが「驚いた」のか。　_____
　　　Who "got surprised"?　　谁感到惊讶不已?　　누가 "놀랐다" 인가?

問6　だれの「ブログ」か。　_____
　　　Whose "blog" is it?　　谁的"博客"?　　누구의 "블로그" 인가?

問7　だれが「納得する」のか。　_____
　　　Who "agreed"?　　谁"点头称道"?　　누가 "납득한다" 인가?

解説　Comments　解说　해설

まず全体を読んで、筆者が「田中太郎氏」について書いているということを理解してください。最初の部分「最近（私が）知り合った田中太郎氏は、……」というように主語を補って読むことができます。

First read through the whole passage and get the main idea that the author is writing about Mr. Tanaka. You'll need to add the subject when you read the first sentence. Thus it goes "Saikin (watashi ga) shiriatta tanaka taro shi wa…"

首先阅读全文，了解作者是在描述"田中太郎先生"。在开始的部分可以加入主语，读成"最近（私が）知り合った田中太郎氏は……"（我最近认识的田中太郎先生……）。

우선 전체를 읽고, 필자가 "다나카 타로씨"에 대해서 적혀 있다고 하는 것을 이해하세요. 처음 부분 "최근 (내가) 알게 된 다나카 타로씨는…" 라고 하는 주어를 보충하면서 읽을 수 있습니다.

答え　Answers　答案　정답

問1、3、5、7　**筆者**　　問2、4、6　**田中太郎氏**
Question1, 3, 5, 7　the author　　Question2, 4, 6　Mr. Taro Tanaka's
问1、3、5、7　作者　　问2、4、6　田中太郎先生
문제1、3、5、7　필자　　문제2、4、6　다나카씨 타로씨

例題2

下の文章は、スポーツ大会の結果を伝える記事である。これを読んで、後の問いに答えなさい。

The following is an article reporting the results of a sports competition. Read the article and answer the following questions.

下面是一篇关于运动会结果的报道，阅读后请回答后面的问题。

다음 문장은, 스포츠대회의 결과를 전하는 기사이다. 이것을 읽고, 다음 물음에 답하시오.

　　女子1万メートルは、昨年の優勝者川村がレースのほとんどを先頭で走り、そのままゴールインした。2位の村田にずっと後ろにつかれていたが、最後の600メートルでスパートし、引き離した。「一等賞はうれしいですね」。6月の全日本大会に合わせるため、今大会は「まだ十分ではない」という状態。とはいえ、自己最高記録よりずっ

と悪い記録に「もっと速いタイムが出ると思っていたんですが」と嘆く。今季の目標は自己記録の更新で、山田の持つ日本記録の更新もねらっている。昨年失敗したマラソンへの再挑戦については「考えていない」と言う。今は1万メートルに集中する。

As for the women's 10,000 meters, Ms. Kawamura, the last year's winner, lead the most parts of the race and so she crossed the goal line. During the most part of the race, she was followed by Ms. Murata who was running second, but she spurted the last 600 meters and pulled away. "It's nice to be in the first place." She is still adjusting her conditions for the all Japan competition in June, and said "(Her condition is) not perfect yet." But she still regrets the record that was far worse than her best time, saying "I thought I was able to set a faster time." Her aim for this season is to break her best time and she also aims to break the Japanese record held by Ms. Yamada. She said "I am not thinking about trying another marathon race." which she failed at last year. She said she would concentrate on the 10,000 meters for now.

在女子1万米径赛中，去年获得冠军的选手川村几乎一直保持领先，直到到达终点。虽然获亚军的选手村田一直在后面穷追不舍，不过还是被川村以最后的600米冲刺甩开。为参加6月举行的全日本大赛做准备，这次比赛的状况还"不够满意"，但"获得一等奖很高兴"。尽管如此，对于比自己的最高记录坏得多的成绩，川村发出了叹息："我本以为能跑出更快的速度"。本季的目标是刷新自己的最高纪录，还瞄上了刷新山田选手创下的日本最高记录。至于是否再次挑战去年失败了的马拉松赛，她的回答是"还没有考虑"，现在把精力都集中在1万米上。

여자 10,000 미터는, 작년 우승자 가와무라가 레이스의 대부분을 선두로 달려, 그대로 골인했다.
2위 무라타가 계속 뒤를 쫓아왔지만, 마지막 600 미터에서 마지막 전속력을 다해, 떼어놓았다. "1 등상은 기쁘죠 "6월 전 일본대회에 맞추기위해, 이번 대회는 "아직 충분하지않다"라고 하는 상태. 라고 말하지만, 자기 최고기록 보다 훨씬 나쁜 기록에「 더 빠른 타임이 나올거라고 생각했지만」라고 한탄한다. 이번 시즌의 목표는 자기 기록의 갱신으로, 야마다가 가지고 있는 일본 기록의 갱신도 겨냥하고 있다. 작년 실패한 마라톤에의 재도전에 대해서는「생각하고 있지 않다」라고 말한다. 지금은 10,000 미터에 집중한다.

問1　だれが「ゴールインした」か。

Who "crossed the goal line"?
谁"最后到达终点"?
누가 "골인했다"인가?

川村　村田　山田

Ms. Kawamura, Ms. Murata, Ms. Yamada
川村　村田　山田
가와무라　무라타　야마다

問2　だれが「後ろにつかれていた」か。

Who "was followed" (by someone)?
谁被在"后面穷追不舍"
누가 "뒤를 쫓아왔다"인가?

川村　村田　山田

Ms. Kawamura, Ms. Murata, Ms. Yamada
川村　村田　山田
가와무라　무라타　야마다

問3　だれが「引き離した」か。

Who "pulled away"?
谁"甩开"了?
누가 "떼어놓았다"인가?

川村　村田　山田

Ms. Kawamura, Ms. Murata, Ms. Yamada
川村　村田　山田
가와무라　무라타　야마다

問4　だれの「状態」か。

Whose "condition" was it?
谁的"状况"?
누구의 "상태"인가?

川村　村田　山田

Ms. Kawamura, Ms. Murata, Ms. Yamada
川村　村田　山田
가와무라　무라타　야마다

問5　だれが「嘆く」のか。

Who was "regretting"?
谁"叹息"?
누가 "한탄하다"인가?

川村　村田　山田

Ms. Kawamura, Ms. Murata, Ms. Yamada
川村　村田　山田
가와무라　무라타　야마다

問6　だれが「ねらっている」か。　　　　川村　村田　山田

Who is "aiming"?
谁"瞄上了"？
누가 " 겨냥하고 있다 " 인가?

Ms. Kawamura, Ms. Murata, Ms. Yamada
川村　村田　山田
가와무라　무라타　야마다

問7　だれが「失敗した」か。　　　　　　川村　村田　山田

Who "failed"?
谁"失败了"？
누가 " 실패했다 " 인가?

Ms. Kawamura, Ms. Murata, Ms. Yamada
川村　村田　山田
가와무라　무라타　야마다

問8　だれが「言う」か。　　　　　　　　川村　村田　山田

Who was "saying"?
谁"回答"？
누가 " 말하다 " 인가?

Ms. Kawamura, Ms. Murata, Ms. Yamada
川村　村田　山田
가와무라　무라타　야마다

問9　だれが「集中する」か。　　　　　　川村　村田　山田

Who will "concentrate"?
谁"集中"？
누가 " 집중하다 " 인가?

Ms. Kawamura, Ms. Murata, Ms. Yamada
川村　村田　山田
가와무라　무라타　야마다

解説　Comments　解说　해설

　こうした記事では、だれについて書いているかを最初に理解しましょう。最初の文の主語「昨年の優勝者川村」が、この文章全体の主語になっています。最初に一度しか現れませんので、気をつけて読み取ってください。

　When you see this type of article, focus on who the article is written about first. The subject of the first sentence "Sakunen no yuusho-sha Kawamura (the winner of last year's race)" is the subject of the whole passage. It only appears once, so you need to read carefully to find it.

　像这样的报道文，首先要看懂写的是谁。文章开头的"去年获得冠军的选手川村"构成全文的主语。因为只在开头出现一次，所以应加注意。

　이러한 기사에서는, 누구에 대해서 쓰여져 있는지를 처음에 이해합시다. 첫 문장 주어 " 작년 우승자 가와무라 " 가, 이 문장전체의 주어가 되어 있습니다. 처음에 한번밖에 나타나지 않기 때문에 주의해서 읽으세요.

答え　Answers　答案　정답

問1～9　川村

Question1～9　Ms. Kawamura　　问1～9 川村　　문제1～9 가와무라

例題3

次の文章を読んで、後の問いに答えなさい。

Read the following passage and answer the questions.　阅读下列文章，回答后面的问题。　다음 문장을 읽고, 물음에 답하시오.

　　最近、体が軽い。4歳になった長男が春から幼稚園に通うようになったからだ。「遊ぼう」「本読んで」と足元から離れない感覚がなくなった。今何をしてるのか、遊んでるかな、ご飯を食べてるかな、といろいろ考えてしまう。
　　初めて幼稚園に行くときは大変だった。教室まで連れていって、「じゃあね、バイバイ」と言っても、手をつないだまま離れようとしない。
　　次の日。息子は幼稚園の入り口に立っていたが、友達を見つけ、無事に中に入っていった。三日目からは、とうとう幼稚園へ行くのを楽しみにするようになったのだ。

　I feel my body light, these days, because my oldest son who tuned four years old started to go to a kindergarten this spring. So I no longer have "the sensation of him clinging around my feet," saying "Let's play." and "Read me a book." I cannot help but think about various things such as what he is doing now, whether he is playing or not, or whether he is eating or not.
　When we went to the kindergarten first, it was difficult. I took him to the class room and said "Jaane, baibai (See you later, byebye)," but he was holding my hand and "seemed not to go". On the following day, when he was standing at the gate of the kindergarten, he found friends and went in without trouble. From the third day, he finally started to feel happy about going to the kindergarten.

　最近，我觉得身体变得轻快起来。因为4岁的长子从春天起开始去了幼儿园。不再缠着我说："跟我玩玩吧""给我念书吧"等，那种走到哪儿跟到哪儿的感觉消失了。然而却又这个那个地想他，他现在做什么呢？他是不是正在玩啊？或者正在吃饭？
　第一次去幼儿园的时候可真不容易。我把他带到教室去，跟他说"好了，再见啦，"，可他拉着我的手，就是不愿意离开。
　第二天，虽说儿子还是在幼儿园的门口站了一会儿，但后来看见了小朋友，也就顺利地进去了。从第三天起，儿子终于变得喜欢去幼儿园了。

　최근, 몸이 가볍다. 4살이 된 장남이 봄부터 유치원에 다니게 되었기 때문이다. "놀자""책 읽어줘"라고 발밑에서 떨어지지 않는 감각이 없어졌다. 무엇을 하고있을까?, 놀고 있을까?, 밥을 먹고 있을까?, 라는 여러가지 생각을 해버린다.
　처음 유치원에 갔을때는 굉장했다. 교실까지 데리고 가서, "그럼, 안녕"라고 말하고도, 손을 잡은채 놓지 않으려고 한다.
　다음날. 아들은 유치원 입구에 서있었지만, 친구를 발견해, 무사히 안으로 들어갔다. 3일째부터는, 드디어 유치원에 가는 것을 기대하게 되었다.

問1　だれが「足元から離れない」のか。

　　Who does "not go away from her feet"?　　谁"走到哪儿跟到哪儿"？　　누가 "발밑에서 떨어지지 않는다" 인가?

問2　だれが「感覚がなくなった」のか。

　　Who "lost the sensation"?　　谁的"感觉消失了"？　　누가 "감각이 없어졌다" 인가?

問3　だれが「考えてしまう」のか。

　　Who "cannot help but think"?　　谁"这个那个地想"？　　누가 "생각을 해버린다" 인가?

問4　だれが「行く」のか。

　　Who "goes"?　　谁"去"幼儿园?　　누가 "간다" 인가?

問5　だれがだれを「連れていっ」たのか。

　　Who "took" whom?　　谁"带"谁去幼儿园?　　누가 누구를 "데리고 갔다" 인가?

132　Chapter 3　読解

問6 だれがだれから「離れようとしない」のか。

Who "seemed not to go away"?　谁"不愿意离开"谁?　누가 누구로 부터 "떨어지지 않으려고 한다" 인가?

問7 だれが「入っていった」のか。

Who "went in"?　谁"进去了"?　누가 "들어갔다" 인가?

問8 だれが「楽しみにするようになった」のか。

Who "feel happy about it"?　谁"变得喜欢去幼儿园了"?　누가 "기대하게 되었다" 인가?

解説　Comments　解说　해설

だれとだれの話なのかを最初に理解しましょう。「お母さん」と「4歳の長男」の話です。「体が軽い」とはだれのことで、どうしてなのかをまず考えてください。最初に、「最近、体が軽い」と言っているのは、お母さんです。

Find out who the story is talking about. It is talking about "okaasan (mother)" and "yon sai no chounan (her oldest son who is four years old)" First focus on who "karada ga karui (feeling her body light)" refers to and why. At first, the one who said "feeling her body light" is mother.

首先要理解文章写的是谁和谁。这里是关于"妈妈"和"4岁长子"的事情。请先弄清"身体变得轻快起来"的是谁,为什么会这样。在最开头,说"身体变得轻快起来"的是妈妈。

누구와 누구의 이야기인가를 처음에 이해합시다. "어머니"와 "4살의 장남"의 이야기입니다. "몸이 가볍다"는 누구의 일이며, 왜 그런가를 우선 생각하세요. 처음에, "최근, 몸이 가볍다"라고 말하고 있는 사람은, 어머니입니다.

答え　Answers　答案　정답

問1、4、7、8　4歳の長男　　問2、3　お母さん　　問5　お母さんが4歳の長男を
問6　4歳の長男がお母さんから

Question1,4,7,8　the eldest four-year old son　　Question2,3　mother　　Question5　the mother (took) the eldest four-year-old son (to a kindergarten)　　Question6　the eldest four-year-old son (seems not to go away) from the mother.

问1,4,7,8　4岁的长子　　问2,3　母亲　　问5　母亲带4岁的长子　　问6　4岁的长子不愿意离开母亲

문제1,4,7,8　4살의 장남　　문제2,3　엄마　　문제5　엄마가 4살의 장남을　　문제6　4살의 장남이 엄마로부터

Chapter 3

2 内容理解② Understanding the contents② 理解内容② 내용 이해②

「これ」「それ」が指す内容を理解する

Understanding what "kore" or "sore" is referring to ・ 理解"这个""那个"所指的内容
"이것" "그것"이 가리키는 내용을 이해한다

　文章には、「これ」「それ」という指示詞が必ずといっていいほど出てきます。多くの場合、すぐ前にあるものを指すのですが、そうではない場合もあって、能力試験の問題にされるのは、そうでない場合のものが多いです。内容をよく理解して答えなければなりません。

In a sentence, there almost always appears some demonstrative such as "kore" and "sore." Usually, a demonstrative refers to something that just appeared before, but sometimes not. The kind of demonstrative that often appears in the proficiency test is one that refers to something that did not just appear before. You need to understand the content well to answer questions.

在文章中，可以说肯定会出现"这个""那个"等的指示代词。通常的情况下，它们指的是在前句刚刚提及的事物，不过，有时也不尽相同。能力考试中，有很多指的并不是前句刚刚提及的事物。解答时一定要正确地把握好文章的内容。

문장에는, "이것""그것" 등의 지시어가 반드시 라고 해도 좋을 만큼 나옵니다. 대부분의 경우, 바로 앞에 있는 것을 가리키지만, 그렇지 않은 경우도 있고, 능력 시험 문제에 나오는 것은, 그렇지 않은 경우의 것이 많습니다. 내용을 잘 이해하고 답하지 않으면 안됩니다.

例題 1

次の文章を読んで、後の問いに答えなさい。

Read the following passage and answer the questions.　　阅读下列文章，回答后面的问题。　　다음 문장을 읽고, 물음에 답하시오.

　私は自分の理想のイメージをはっきりともっています。それは、「強い人」であることです。この場合の強い人とは、意見を明確にもち、理論的に話を進め、相手を説得する力をもつ人です。私は今まで、そうなろうと努力をしてきました。しかし私が最近付き合うようになった彼は、ちょっと違っていて、他人に対して自分を強く見せたくないと言います。実は私も、最近になってそうすることを疑問に感じるようになりました。強そうに見える人が本当は弱くて、弱そうに見える人が本当は強いのかもしれないと思うようになったのです。

I have a clear vision of the ideal me. That is to be a "strong person". In this case, what I refer to as a strong person means a person who has clear opinions, talk logically and possess the ability to persuade others. I have always tried hard to become such a person. However, the man who I have been going out with recently says something a little different; he says he does not want to show himself as strong. Actually, I myself began to have some doubt about doing so. I began to think one who appears strong is actually weak and one who looks so (weak) is actually strong.

我对自己心目中的理想形象是很明确的。那就是做一个"强人"。所谓强人，指的是持有自己明确的主见，说话富有逻辑性，具有能说服对方的能力。直到现在我一直努力争取做这样一个人。可是我最近新结交的男朋友却有所不同，他说他不喜欢向别人强直地显示自己。其实，最近我也开始对那种行事的态度感到有了疑问。我开始意识到，看上去很刚强的人其实也许很脆弱，而看上去很脆弱的人也可能会很刚强呢。

나는 자신의 이상적인 이미지를 가지고 있습니다. 그것은 강한 사람이라는 것입니다. 이 경우의 강한 사람이라는 것은, 의견을 명확히 가지고, 이론적으로 이야기를 진행시켜, 상대방을 설득시키는 힘을 가지고 있는 사람입니다. 나는 지금까지, 그렇게 되려고 노력을 해왔습니다. 그러나 내가 최근에 교제하게 된 그는, 조금 차이가 있어, 타인에게 자신을 강하게 보이고 싶지 않다고 합니다. 사실은 나도, 최근에 그것에 대해 의문을 느끼게 되었습니다. 강할 것 같이 보이는 사람이 사실은 약하고, 약할 것 같이 보이는 사람이 강할 지도 모른다고 생각하게 되었습니다.

問1 「それ」は何を指すか。

What does "sore" refer to?　　"那"指的是什么？　　"그것"은 무엇을 가리킵니까?

問2 「そうする」とは、どうすることか。

What does "do so" mean?　　"那种"行事的态度是怎样的态度？　　"그렇게 하다"라는 것은 어떻게 하는 것인가?

1　自分を強く見せないようにする。
Try not to show oneself as strong.　　不强直地显示自己。　　자신을 강하게 보이지 않으려고 한다.

2　最近付き合うようになった彼と違う考えをもつ。
Have a different opinion from the boyfriend who she recently began going out with.
跟最近新结交的男朋友持有不同的看法。　　최근 교제하게 된 그와 다른 생각을 가진다.

3　強い人になろうとする。
Try to be a strong person.　　想成为强人。　　강한 사람이 되려고 한다.

4　強そうに見える人が本当は弱いと考える。
Think that the one who appears strong is actually weak.　　认为"看上去很刚强的人其实很脆弱"。
강할 것 같이 보이는 사람이 실은 약하다라고 생각한다.

解説　Comments　解说　해설

問1はすぐ前にあるものを指しています。"私は、Xをはっきりともっています。Xは、「強い人」であることです。"という文になります。ですから、答えは「自分の理想のイメージ」です。

問2は、すぐ前には答えがありません。話の流れは「Xを理想と考え、Xでありたいと思ってきた。しかし最近、Xに疑問を感じている」ということなので、答えは「3」の「強い人になろうとする」です。

　　Question 1 refers to something that just appeared. The sentence reads "Watashi wa X wo hakkiri to motteimasu. X wa "tsuyoi hito" de arukoto desu (I have a clear X. X means to be a "strong person." Therefore, the answer is "jibun no risou no imeeji (her ideal self-image)."
　　The answer for Question 2 did not appear just before. The flow of the story goes like "X wo riso to kangae, X de aritai to omotte kita. Shikashi, saikin X ni gimon wo kanjite iru. (Thinking that X is ideal and wanted to be X but recently began to have doubt about X.)" so the answer is "Try to be a strong person."

　　问1中的指示词指的是前句提及的事物。即："我明确地持有X，X指的是"强人"，所以答案是"自己心目中的理想形象"。
　　问2，前句话中没有答案，全文的结构是"把X作为理想，打算成为X，但是最近，对X抱有疑问"，答案是3，即："想成为强人"。

　　문제 1은 바로 앞에 있는 것을 가리키고 있습니다."나는 X를 분명히 가지고 있습니다. X는," 강한 사람"이라는 것입니다."라고 하는 문장이 됩니다"때문에, 정답은" 자신의 이상 이미지"입니다.
　　문제 2는 바로 앞에 정답이 없습니다. 이야기의 흐름은" X를 이상이라고 생각해, X이고싶다고 생각해왔다. 그러나 최근, X에 의문을 느끼고 있다"라고 하는 것이기 때문에, 정답은" 3 "" 강한 사람이 되려고 한다"입니다.

答え　Answers　答案　정답

問1　自分の理想のイメージ　　問2　3

Question 1　Ideal herself　　Question2　3　　问1　自己心目中的理想形象。　问2　3　　문제1　자신의 이상 이미지　　문제2　3

第3章　読解

〈これ・それ〉

例題2

次の文章を読んで、後の問いに答えなさい。

Read the following passage and answer the questions.　　阅读下列文章，回答后面的问题。　　다음 문장을 읽고, 물음에 답하시오.

> 　インターネットの普及で、情報の提供と収集に費やされる時間は飛躍的に短縮された。①そのことで仕事や生活に多大なメリットを与えていることは、明白な事実であろう。
> 　しかし、容易に情報が流出してしまうために被害を被る場合も少なくない。ネットの掲示板で、根拠のない非難や中傷を書き込まれたり、無断で写真が掲載されるといったことは、②その一例だろう。
>
> With the spread of the Internet, the time spent on providing information and collecting information has been greatly shortened. It is probably clear truth that ① the situation gives great merits to work and life.
> However, information leaks easily, so there are quite a few cases where people suffer from damages. One example of ② that is someone writes on the net to blame or slander you without a just cause, or your picture gets publicized on the net without permission.
>
> 　互联网的普及，大大缩短了为提供信息和收集信息所花费的时间。①不言而喻，这给我们的工作和生活带来了莫大的好处。
> 　可是，由于信息会轻而易举地泄漏外流，也使不少人蒙受其害。比如把毫无根据的指责和中伤写入网络的公告牌，擅自刊载照片等，可以说就是②那些恶果中的一例吧。
>
> 　인터넷의 보급으로, 정보 제공과 수집에 소비되는 시간은 비약적으로 단축되었다. 그것으로 일이나 생활에 많은 이익을 주고 있는 것은, 명백한 사실일 것이다.
> 　그러나, 손쉽게 정보가 유출해 버리기 때문에 피해를 입는 경우도 적지 않다. 인터넷 게시판에서, 근거가 없는 비난이나 악플이 달리기도 하고, 무단으로 사진이 게재된다고 한 것은, 그 한예일 것이다.

問1　「①その」とは何か。
　　　What does "①sono" refer to?　　①中的"这"指的是什么？　　"①그"라는 것은 무엇인가？

問2　「②その」とは何か。
　　　What does "②sono" refer to?　　②中的"那些"指的是什么？　　"②그"라는 것은 무엇인가？

1　無断で写真が掲載されること。
　　Get one's picture publicized (on the net) without permission.　　擅自刊载照片。　　무단으로 사진이 게재되는 것.

2　根拠のない非難や中傷を書き込まれたり、無断で写真を掲載されること。
　　Get something written (on the net) to blame or slander you without a just cause, or your picture gets publicized (on the net) without permission.
　　写入毫无根据的指责和中伤，擅自刊载照片。
　　근거없는 비난이나 악플이 달리기도 하고, 무단으로 사진이 게재되는 것.

3　被害を被る場合も少なくないこと。
　　There are quite a few cases where people suffer from some damage.　　使不少人蒙受其害。
　　피해를 입는 경우도 적지 않다 라는 것.

4　ネットが仕事や生活に多大なメリットを与えていること。

The fact that the Internet gives great benefit to work and life.　　互联网给我们的工作和生活带来了莫大的好处。
인터넷이 일이나 생활에 많은 이익을 주고 있는 것.

解説　Comments　解说　해설

問1は、すぐ前の文をそのまま指しています。
　問2は、文章の流れを理解しなければなりません。「インターネットはXだ。そのことでメリットがある。しかし、Yという悪い点もある。Zのようなことは、（　　）の一例だろう」という流れになっており、（　　）の中に入るのは「Y」すなわち「容易に情報が流出してしまうために被害を被る場合も少なくない」という部分です。したがって答えは「3」。

Question 1 refers to the sentence that just appeared before.
For Question 2, you need to understand the flow of the passage. The flow of the passage goes like "Internet wa X da. Sonokoto de meritto ga aru. shikashi, Y toiu warui ten mo aru. Z no youna koto wa (　) no ichi rei darou. (The Internet is X. This gives us merits, but there are some bad points, such as Y. Z is an example of (　).)" The thing that goes into (　) is "Y," that is "Youi ni joho ga ryuushutsu shite shimautame higai wo koomuru baai mo sukunaku nai. (information leaks easily, so there are quite a few cases where people suffer from damages.)" Threfore the answer is "3".

问1，指前句刚刚提及的内容。
问2，必须明确理解全文的结构。本文是这样展开的：“互联网是X。因为它我们得到了好处。可是，也有Y的恶果。像Z一类的事，成为（　）的一个例子”。（　）中应填入的是"Y"，即："由于信息会轻而易举地泄漏外流，也使不少人蒙受其害"。因此答案是"3"。

문제 1은, 바로 앞의 문장을 그대로 가리키고 있습니다.
문제 2는, 문장의 흐름을 이해하지 않으면 안됩니다."인터넷은 X다. 그것으로 장점이 있다. 그러나, Y라고 하는 나쁜 점도 있다. Z 같은 것은, (　)의 한 예일 것이다"와 같은 흐름으로 되어 있고, (　)에 들어가는 것은「Y」즉,「손쉽게 정보가 유출되기 때문에 피해를 입는 경우도 적지 않다」라는 부분이다. 따라서 정답은「3」이다.

答え　Answers　答案　정답

問1　「インターネットの普及で、情報の提供と収集に費やされる時間は飛躍的に短縮された」。
問2　3

Question1　"With the spread of the Internet, the time spent on providing information and collecting information has been greatly shortened."
Question2　3

问1　"互联网的普及，大大缩短了为提供信息和收集信息所花费的时间"。　问2　3

문제 1　"인터넷의 보급으로, 정보 제공과 수집에 소요되는 시간은 비약적으로 단축되었다". 문제 2　3

例題3

次の文章を読んで、後の問いに答えなさい。

Read the following passage and answer the questions.　　阅读下列文章，回答后面的问题。　　다음 문장을 읽고, 물음에 답하시오.

> 　学校というところは、「怖い話」に事欠かない。だれもいないはずの教室の電気がついたとか、いつも使用中のトイレがあるとか、挙げ始めるときりがない。
> 　ある学校で、こんな話を聞いた。
> 　生徒たちが帰ってしまったあとの教室に、一人だけ残って座っている生徒がいたので、先生が「もう帰りなさい」と声をかけた。生徒はうなずいてそのまま帰った。次の日、その生徒が病気で亡くなったことを知った先生は驚いた。しかも、亡くなった時刻は、先生がちょうどその生徒に声をかけた時間と同じだったというのだ。
>
> 　A school is a place that has a lot of "scary stories." Examples are the lights of a classroom where nobody is turned on, there is a toilet booth that never goes unoccupied, and there are a lot more.
> 　I heard a story "like this."
> 　In a classroom where most students had left but one, so the teacher said to him, "You should go home." The student nodded and went home. On the following day, the teacher was surprised to find out that the student died of sickness. And the time he died was exactly the time when the teacher talked to him.
>
> 　学校这地方，常常少不了"可怕的故事"。比如在没有人的教室里电灯亮了，或者某个厕所无论何时总是被人占着，这样的故事多得说不完。
> 　在某个学校，我听到了这样的事。
> 　放学后学生们都回家了，唯独一人学生留坐在教室里，于是老师向那个学生打招呼说："早点儿回家吧"。学生点点头就径直地回去了。第二天，当老师得知那个学生病逝的消息时万分惊诧。况且，据说死亡时间竟然正巧是老师向那个学生打招呼的时间。
>
> 　학교라고 하는 곳은,「무서운 이야기」가 많다. 아무도 없어야 할 교실의 전기가 켜져 있다 라든가, 언제나 사용중인 화장실이 있다든가, 나열하기 시작하면 끝이 없다.
> 　어느 학교에서, 이런 이야기를 들었다.
> 　학생들이 돌아가 버린 후의 교실에, 한 명만 남아 앉아 있는 학생이 있어서, 선생님이「그만 돌아가」라고 말을 걸었다. 학생은 끄덕이고 그대로 돌아갔다. 다음날, 그 학생이 병으로 죽었다는 것을 안 선생님은 놀랐다. 게다가, 죽은 시각은, 선생님이 정확히 그 학생에게 말을 건 시간과 같았다고 하는 것이다.

問1　「こんな話」とは、どこからどこまでか。最初と最後の言葉を書きなさい。

What does "konna hanashi (story like this)" refer to? Write the first word and the last word.

从哪儿到哪儿是"こんな話"的内容？请写出开始和最后的词句。

「이런 이야기」는 어디에서 어디까지인가? 처음과 마지막의 단어를 쓰세요.

問2　「こんな話」の内容と合っているものはどれか。

Which is in agreement with the contents of "konna hanashi (story like this)"?

哪些内容与"こんな話"相符合？

「이런 이야기」의 내용과 일치하는 것은 어느 것인가?

> 1　病気の生徒が学校に一人だけ残っていた。
>
> 　Only one sick student remained at the school.　　生病的学生一个人留在了学校。
> 　병에 걸린 학생이 학교에 혼자만 남아 있다.

2　生徒は、学校から家に帰ってすぐ亡くなった。
　　The student died right after he returned home from school.　　学生从学校回到家中马上就断气了。
　　학생은, 학교에서 집으로 돌아가서 바로 죽었다.

3　病気で亡くなったはずの生徒が学校にいた。
　　The student who is supposed to have passed away due to illness was at school.　　原本病死的学生竟出现在学校里了。
　　병으로 죽었음에 틀림없는 학생이 학교에 있다.

4　先生が声をかけたとたんに、生徒は死んでしまった。
　　The student passed away when the teacher talked to him.　　老师刚一打招呼，那个学生就断气了。
　　선생님이 말을 건 순간, 학생은 죽어버렸다.

解説　Comments　解说　해설

　通常は「これ」「それ」は前の文章にその内容があるのですが、この文章の場合は、後の内容を指しています。「次のような」に言い換えられる場合は、こういう使い方であることが多いです。

　Usually "kore" or "sore" refers to something that appears before, but in this passage, it refers to something comes after. In such a case, it can be replaced with "tsugi no youna (as fallows)."

　通常"これ""それ"的内容写在前面的句子里，不过，在这篇文章里它指的是后边的内容。可以把它换成"如下所述"之类的句子，这类用法很常用。

　보통「これ」「それ」는 앞 문장에 그 내용이 있지만, 이 문장의 경우에는, 뒤의 내용을 가리키고 있다.「다음과 같은」으로 말을 바꾸는 경우에는, 이렇게 사용하는 경우가 많다.

答え　Answers　答案　정답

問1　「生徒たちが…………同じだったというのだ」。　　問2　3

Question1　"Seitotachi ga …… onaji datta to iunoda".　　Question2　3

问1　"放学后学生们都回家了……向那个学生打招呼的时间"。　　问2　3

문제1　" 학생들이 …… 같았다고 하는 것이다 ".　　문제2　3

Chapter 3

内容理解③ Understanding the contents③ 理解内容③ 내용 이해③

「何かに例える」文を理解する

Understanding sentences of "nanika ni tatoeru"　理解 "比喩文"　"무언가에 비유하다" 문장을 이해한다

　論理の展開を分かりやすくするために、難しい話を、身近な話題に置き換えることがあります。何を何に、何のために例えているのかを読み取ることは、内容理解の上で重要なことです。ここではその練習をしてみましょう。

In order to make the logical sequence easier to understand, people sometimes compare a difficult thing to a familiar topic. In order to understand the contents, it is very important to understand what is compared to what, and what this comparison is made for. Let's practice it here.

　为了使论点讲述得清晰易懂，我们有时会用切身实际的话题取代那些深奥难的话题。在理解文章内容时，把什么比做什么，为什么用比喻，弄清比喻的意思是十分重要的。在这里我们做些练习。

　논리의 전개를 알기 쉽게 하기 위해서, 어려운 이야기를, 친밀한 화제에 옮겨놓는 일이 있습니다. 무엇을 무엇에, 무엇을 위해서 비유하고 있는지를 읽어내는 것은, 내용 이해 후에 중요한 일입니다. 여기에서는 그 연습을 해 봅시다.

例題 1

次の文章を読んで、後の問いに答えなさい。

Read the following passage and answer the questions.　阅读下列文章，回答后面的问题。　다음 문장을 읽고, 물음에 답하시오.

　書籍やＣＤ、生活雑貨などの商品を通信販売で買う人が増えています。非常に便利なものですが、これが可能なのは、都市において流通が非常に発達しているからにほかなりません。流通サービスが、効率よく、安い価格で提供されなければ、通信で物を買うことはもちろん、都市で人が生きることは不可能になります。これは、人間の体に例えることができます。都市を人間の体だとすると、流通は（　Ａ　）だと言えるでしょう。

People who buy books, CDs, household goods by mail order and the like are increasing. It is very convenient but it is only possible due to well-developed distribution system in the cities. If the distribution service was not efficiently provided at low costs, it would be impossible not only to buy things by mail order but also to live in the cities. This can be compared to a human body. If we compare the city as a human body, it is possible to say that the distribution is (　Ａ　).

通过购的形式购买书籍或 CD 等生活用品的人不断增多。函购非常方便，它之所以成为可能做到的事，是因为在城市中的流通系统非常发达。如果没有一个良好的流通系统提供高效率、低价格的服务，不要说函购商品，就连在城市里生存都会变成不可能的。我们可以把它比喻成一个人的身体。如果城市是人身体的话，那么流通就可以说是（ Ａ ）吧。

서적이나 CD, 생활 잡화등의 상품을 통신 판매에서 사는 사람이 증가하고 있습니다. 굉장히 편리한 것이지만, 이것이 가능한 것은, 도시에 있어 유통이 매우 발달하고 있기 때문인 것입니다. 유통 서비스가, 효율적으로, 싼 가격으로 제공되지 않으면, 통신으로 물건을 사는 것은 물론, 도시에서 사람이 사는 것은 불가능하게 됩니다. 이것은, 인간의 몸에 비유할 수 있습니다. 도시를 인간의 몸이라고 하면, 유통은 （　Ａ　）라고 말할 수 있겠지요.

問　（　Ａ　）に入る言葉は何か。

What word would go in (　Ａ　)?　可以填入（　Ａ　）的是哪一个?　（　Ａ　）에 들어갈 말은 무엇인가?

1	血液の流れ Flow of blood　血液的循环　혈액의 흐름	2	生きること To live　生存　사는것
3	通信販売 Mail order　函购　통신 판매	4	都市 City　城市　도시

解説　Comments　解说　해설

　この文章は、「都市」において「流通」が不可欠であることを述べ、そのことが人間の体に例えられると言っています。その流れから、「都市」＝「人間の体」とするならば、「流通」＝「血液の流れ」が適当でしょう。

　This passage says that "ryuutsuu (distribution)" is indispensible in "toshi (city)," and this can be compared to a human body. From the flow of the passage, if "toshi" is equal to "ningen no karada (human body)," it is reasonable to assume that "ryuutsuu" is equal to "ketsu eki no nagare (flow of blood)."

　这篇文章告诉我们，在"城市"中"流通"是不可缺少的，这种关系可以比喻成人的身体。从全文的展开来看，如果"城市"="人的身体"的话，那么"流通"="血液的循环"就最为合适。

　이 문장은,"도시"에 대해서"유통"이 불가결하다라는 것을 말하고, 그것이 인간의 몸에 비유할 수 있다고 하고 있습니다. 그 흐름에서,"도시"="인간의 몸"이라고 하면,"유통"="혈액의 흐름"이 적당하겠지요.

答え　Answer　答案　정답

1

例題2

次の文章を読んで、後の問いに答えなさい。
Read the following passage and answer the questions.　阅读下列文章，回答后面的问题。　다음 문장을 읽고, 물음에 답하시오.

　私のメールには数多くのジャンクメールが来て、消すのにちょっとした時間がかかります。また、郵便受けには、ダイレクトメールやチラシなど不要なものがたくさんあり、整理しなければなりません。こうした不要なものは、いらないから捨てればいいだけのことかというと、そうではないと思います。なぜなら、必要なものが不要なもののなかに埋もれてしまうからです。どれが必要だか分からない、不要なものにまぎれて、必要なものまで捨ててしまうことになりかねません。
　先生が学生に言うことと同じですね。いろんな指示や助言の中で、大切でないことも大切なこともいっしょに言うと、本当に大切なことがどれだか分からなくなります。（　　　　　　　）ほうがいいですね。

　I get a lot of junk emails and it takes some time to erase them. I also get direct mail and fryers in my mailbox so I have to organize them. I cannot just throw away those things just because I don't need them, because things I need sometimes get mixed with unnecessary things. I cannot tell which ones are necessary. Unnecessary things can get mixed with necessary things and I may throw them away.
　It sounds similar to things that a teacher tells students. When giving various instructions and advice, if a teacher tells students important and unimportant things at the same time, that makes it difficult to tell which ones are really important. I think (　　　　　　　) is better.

　在我的电子邮件中常掺有许多垃圾邮件，删除它们总要花费一点儿时间。同时，信箱中还有很多邮寄广告或传单等无用的东西，必须加以整理。既然是无用的东西，是不是就可以全部一扔了之了呢？当然并非如此。因为需要用的东西被埋没在无用的东西里边。如果分不清哪个是有用的，就很容易把有用的东西连同无用的一起扔掉。
　这跟老师与学生的谈话一样。在给予各种指示和指导时，若把不重要的话和重要的话一起说出来，就会让人摸不清哪个是真正重要的事。最好（　　　　　　　）。

〈何かに例える〉　141

내 메일에는 수많은 스팸 메일이 오고, 지우는데 약간의 시간이 걸립니다. 또, 우체통에는, 광고 엽서나 광고지 등 불필요한 것이 많이 있어, 정리하지 않으면 안됩니다. 이러한 불필요한 것은, 필요 없기 때문에 버리면 좋은 것 뿐일까 하고 하면, 그렇지 않다고 생각합니다. 왜냐하면, 필요한것이 불필요한 것 속에 파묻혀 버리기 때문입니다. 어느 것이 필요한지 모르겠고, 불필요한 것에 섞여, 필요한 것까지 버리게 될 수 있습니다.
　　선생님이 학생에게 말하는 것과 같군요. 여러가지 지시나 조언 속에서, 중요하지 않은 것과 중요한 것을 함께 말하면, 정말로 중요한 것이 어느 것인지 알 수 없게 됩니다. (　　　　　) 편이 좋네요.

問　（　　　　　）に入る言葉として最も適当なものはどれですか。
　　Which of the following is best fit to go into (　　　)? 下列句子中哪个最适合填入（　　　）？
　　（　　　）에 들어가는 말로써 가장 적당한 것은 어느것인가?

1　ジャンクメールは出さない
　　Do not send junk email.　不发垃圾邮件。　스팸 메일은 꺼내지 않는다.

2　ダイレクトメールを整理する時間をとる
　　Allot time to organize direct mail.　整理邮寄广告太花时间。　광고 엽서를 정리하는 시간을 잡는다.

3　大切なものを選び出す力をつける
　　Acquire an ability to sort out important things.　加强挑选重要东西的能力。　중요한 것을 선택해내는 힘을 기른다.

4　学生には大切なことだけ言う
　　Tell students only important things.　对学生只说重要的事情。　학생에게는 중요한 것만 말한다.

解説　Comments　解说　해설

　　不要なものの中に必要なものが混ざると、必要なものまで捨ててしまうことになります。そのことを、先生が学生に伝える指示や助言に例えています。結局、「多くのことを言うより、本当に必要なことだけ言ったほうがいい」というのが結論です。

　　When unnecessary things get mixed with necessary things, you sometimes end up throwing away important things. This is compared to instructions and advice that a teacher gives students. After all, the conclusion is that "ooku no koto wo iu yori honto ni hitsuyona kotodake itta houga ii. (It is better to say only important things than to say a lot of things.)"

　　把有用的东西搀混在无用的东西中，那么就有可能跟没用的东西被一起扔掉。作者用它来比喻老师给予学生的指示和指导。最后的结论是"最好只说真正有必要的事"。

　　불필요한 것 안에 필요한 것도 섞이면, 필요한 것까지 버리게 되어버린다. 그것을, 선생님이 학생에게 전달하는 지시나 조언에 비유하고 있습니다. 결국, "많은 것을 말하기 보다, 정말 중요한 것만 말하는 편이 좋다" 라고 하는 결론입니다.

答え　Answer　答案　정답

4

例題3

次の文章を読んで、後の問いに答えなさい。
Read the following passage and answer the questions.　阅读下列文章，回答后面的问题。　다음 문장을 읽고, 물음에 답하시오.

　　スポーツの試合には、初めから試合に出る先発選手と、試合中に交代して出場する控え選手がいる。そうした控え選手が途中から試合に出て活躍すると、見ているファ

ンの感動は大きい。
　「不本意入学」という言葉があるそうだ。第一志望ではなく不本意ながら第二志望以降の大学に入ったケースである。意欲的になれずに中途退学に至る学生も少なくないという。そんな中で、自分のテーマを見出し、師事する教授を見つけ、充実した学生生活を送っている若者を見ると、応援したくなる。控え選手の活躍を見ているようだ。

In a sports game, there are starting members who plays from the beginning and reserve players who start to play from the middle of a game taking over somebody else's part. Fans watching the game are moved when such a reserve member enters the game during the game and performs really well.

There is a word that reads "fuhon-i nyugaku (unwilling enrollment)." This is a case where the student enrolled in a school of his/her second choice or below. It is said that some students cannot be positive and quit before graduation. Considering above, I feel the urge to support young people who find their own theme, find a professor who they study with, and lead a fulfilling life. It is like watching a reserve player performing well.

在体育比赛中，有先遣选手从一开场就参赛，也有预备选手等待替换。当看到预备选手中途入场打得十分热烈的情景时，球迷们的感悦可谓非同一般。
据说有句话叫"不甘情愿的入学"。是指没能进入第一志愿的大学，无奈进入了第二志愿之后的大学。据说这种情况下的不少学生学习热情不高，甚至有的学生还中途退了学。当看到在他们当中有的年轻人找到了自己的主题，找到了从师的教授，过着充实的学生生活时，我就想给予他们支持，就好象看到预备选手活跃在球场上一样。

스포츠 시합에는, 처음부터 시합에 나가는 선발 선수와, 시합 중에 교대해서 출전하는 대기 선수가 있다. 대기 선수가 도중에 시합에 나가서 활약하면, 관람하고 있는 팬은 더욱 감동한다.
「본의가 아닌 입학」이라는 말이 있다고 한다. 제 1 지망의 대학에 떨어져 본의 아니게 제 2 지망 혹은 제 3 지망 대학에 들어간 경우를 뜻한다. 의욕적으로 공부하지 않고 중도 퇴학을 하게 되는 학생이 적지 않다고 한다. 그런 외중에 자신의 테마를 찾아내서, 지도 교수를 발견, 알찬 학교 생활을 보내고 있는 학생을 보면, 응원하고 싶어진다. 대기 선수의 활약을 보고 있는 것 같다.

第3章　読解
〈何かに例える〉

問　だれをだれに例えているか。
　　Who is compared to whom?　　把谁比作谁?　　무엇을 무엇에 비유하고 있는가?

解説　Comments　解说　해설

最後に「控え選手の活躍を見ているようだ」と言っています。2段落目の内容では、「不本意入学」をした学生が充実した生活を送る姿を褒めています。このことから、「不本意入学をした学生」を「控え選手」に例えていることが分かります。

The author says "hikae no senshu wo miteiru youda (it is like watching a reserve player performing well)" at the end. In the second paragraph, the author praises an instance of "fuhon-i nyuugaku wo shita gakusei (a student who enrolled in a school unwillingly)" but enjoys a fulfilling life. From this, we can tell that the author compares "fuhon-i nyuugakushita gakusei" to "hikae senshu (a reserve player)."

文章最后说到"就好象看到预备选手活跃在球场上一样"。在第2段的内容中，赞扬了"不甘情愿入学"的学生过着充实的生活。由此得知作者把"不甘情愿入学的学生"比喻成"预备选手"。

마지막에 「대기 선수를 보고 있는 것 같다」고 이야기하고 있습니다. 2단락의 내용에서는, 「본의 아닌 입학」을 한 학생이 알찬 학교 생활을 보내고 있는 모습을 칭찬하고 있습니다. 이것을 보면, 「본의 아닌 입학을 한 학생」을 「대기 선수」에 비유하고 있다는 것을 알 수 있습니다.

答え　Answer　答案　정답

「不本意入学した学生」を「控え選手」に例えている。

The author compares "fuhon-i nyugakushita gakusei (a student who enrolled in a school unwillingly)" to "hikae senshu (a reserve player)."

把"不甘情愿入学的学生"比喻成"预备选手"。

「본의 아닌 입학을 한 학생」을 「대기 선수」에 비유하고 있다.

Chapter 3

4 内容理解④ Understanding the contents④　理解内容④　내용 이해④
「どうしてか」を理解する
Understanding "doushiteka"　理解"为什么"　"어째서일까"를 이해한다

　ある結論が導かれたときに「なぜそうなのか」「どうしてそうなったのか」をきちんと理解して読まなければなりません。そこが内容のポイントとなるからです。読解の試験問題にも、この点を問うものが多く見られます。

When a conclusion is reached, you need to read the passage while understanding "nazesounanoka (why it is so)," and "doushite sou natta noka (how the conclusion is reached)," because they are the important points in the text. You will often find questions asking this kind of point in the reading comprehension section of the test.

　当结论得到引伸时，我们必须清楚地了解"为什么作者这样想""为什么成了这样的结果"。这一点是理解文章内容的关键。在读解考试中，关于这一方面的考题出现很多。

　어느 결론이 유도 되었을 때에 " 왜 그런가 "" 어째서 그렇게 되었는가 " 를 제대로 이해하고 읽지 않으면 안됩니다. 그곳이 내용의 포인트가 되기 때문입니다. 독해시험 문제에도, 이 점을 묻는 것을 많이 볼 수 있습니다.

例題 1

次の文章を読んで、後の問いに答えなさい。
Read the following passage and answer the questions.　阅读下列文章，回答后面的问题。　다음 문장을 읽고, 물음에 답하시오.

> 「平等」であることはもちろん大切なことである。しかし平等が行き過ぎて競争のない社会は、活力を失う。天敵のいない動物は、飛んだり走ったりする機能を失ってしまうことがあるし、天敵のいない池にいる魚は元気がなくなるという。おそらく、いつ食べられてしまうか分からないという緊張感が、生命力を維持するのだろう。
>
> 　ある会社の社長はこの話を聞き、社員採用に際しては、<u>周囲と敵対しそうなタイプの人をわざと採用する</u>ことにしたそうだ。
>
> 　Being "byoudou (equal)" is, of course, very important. However, a society where too much equality is promoted and there is no competition loses energy. Animals with no natural enemies can sometimes lose their ability to fly and run and fishes in a pond with no natural enemies will be inactive. It is probably because the fear of not knowing when they get eaten gives them some sense of tense and that keeps them to be active.
> 　A president of a company heard this story and he tried to deliberately hire persons who seem to go against people around him/her.
>
> 　"平等"固然很重要。但是因平等过度而失去竞争的社会没有活力。据说没有天敌的动物，会丧失飞翔和奔跑的能力，在没有天敌的池塘里漫游的鱼会变得无精打采。或许那种担心自己不知什么时候就会被吃掉的紧张情绪，才是维持生命力的源泉吧。
> 　有个公司的社长听人们这样说后，就决定在录用公司职员时，特意录用一些对周围的人员带有敌对感的人。
>
> 　" 평등 " 하다는 것은 물론 중요한 일이다. 그러나 평등이 지나쳐서 경쟁이 없는 사회는 활력을 잃는다. 천적이 없는 동물은, 날거나 달리거나 하는 기능을 잃어버리는 일이 있고, 천적이 없는 연못의 물고기는 기운을 잃는다고 한다. 아마, 언제 잡아먹힐지 모르는 긴장감이, 생명력을 유지하는 것이다.

問 「周囲と敵対しそうなタイプの人をわざと採用する」のは、どうしてか。

What is the reason for "shuui to tekitai shisouna type no hito wo waza to saiyou suru (to deliberately hire persons who seem to go against people around him/her)"?

"特意录用一些对周围的人员带有敌对感的人"的原因是什么?

"주의와 적대할 것 같은 타입의 사람을 일부러 채용한다"는 것은 어째서인가?

1 平等に採用するため。
　　To hire equally.　　因为录用时要平等。　　평등하게 채용하기 위해.

2 競争のない社会にするため。
　　To make the society with no competition.
　　为了使社会没有竞争。
　　경쟁이 없는 회사로 하기 위해.

3 今の社員は能力がないため。
　　Employees who are currently hired do not have skills.
　　因为现在的公司职员没有能力。
　　지금 사원은 능력이 없기 때문.

4 会社に活気を生み出すため。
　　To create an atmosphere charged with vitality in the company.
　　为了使公司产生出活力。
　　회사에 활기를 띠게 하기 위해.

解説　Comments　解说　해설

「平等が行き過ぎて競争のない社会は、活力を失う」「いつ食べられてしまうか分からないという緊張感が生命力を維持する」というところから、敵対しそうなタイプを入れるのは、「緊張感を生む」「活気を生む」ためだということが分かります。

You can infer that the reason why the president hires persons who seem to go against people around him/her is for "kincho-kan wo umu (creating a tense atmosphere)" and "kakki wo umu (promoting an atmosphere charged with vitality)" from "byoudo ga yukisugite kyosou no nai shakai wa katsuryoku wo ushinau (a society where too much equality is promoted and there is no competition loses energy)" and "itsu taberareteshimauka wakaranai toiu kinchoukan ga seimeiryoku wo ijisuru (the fear of not knowing when they get eaten gives them some sense of tense and that keeps them to be active)"

从"因平等过度而失去竞争的社会没有活力"和"那种担心自己不知什么时候就会被吃掉的紧张情绪，才是维持生命力的源泉吧"的部分中，可以看出录用"带有敌对感的人"是为了"产生紧张感""产生活力"。

"평등이 지나쳐 경쟁이 없는 사회는, 활력을 잃는다""언제 먹히게 되 버릴지 모른다고 하는 긴장감이 생명력을 유지한다"라고 하는 곳에서, 적대할 것 같은 타입을 넣는 것은,"긴장감을 낳는다""활기를 띠게 하다"를 위해서라는 것을 알 수 있습니다.

答え　Answer　答案　정답

4

例題2

次の文章を読んで、後の問いに答えなさい。

Read the following passage and answer the questions.　　阅读下列文章，回答后面的问题。　　다음 문장을 읽고, 물음에 답하시오.

　　子供のころ、初めて富士山を見たときの驚きが忘れられない。列車の窓の外に、なにげなく目を向けていた私の前に、いきなりドーンと立ちはだかったのである。窓いっぱいに、急な角度で高く立つその山は、存在感にあふれていた。

　　10年後、その感動をもう一度体験したいと思い、同じ列車に乗ったとき、不思議な感じがしたのを覚えている。富士山は確かにきれいだったのだが、まったく違う印象だったのだ。窓の遠くに、なだらかに広がっている山だったのである。存在感は、以前の半分しかない。電車の走る場所が変わったわけではない。同じところから見ているはずなのだ。

　　これは、期待値というものなのか、と思った私は、それ以来、多大な期待を持つのをやめるようになった。

I cannot forget my feeling of surprise when I first saw the Mt. Fuji when I was a child. I was casually looking out from a train window, and all of sudden, boom, the mountain filled my sight. The mountain that stands steep taking up the whole window is filled with the sense of presense. Ten years later, when I took the same train line to experience that sensation again, I remember that I felt something strange. Mt. Fuji was beautiful, but I felt very differently. The mountain was stretching widely and gently. I could feel only half of the sense of presence that I felt last time. The place of the track on which the train runs has not been changed. I am still watching the mountain from the same place. I came to realize this was due to my expectation and since then I have been trying not to have big expectation.

　　我不会忘记当我小时候第一次看富士山时的那种惊奇。我无意识地把目光瞥向列车窗外，一下子我的视线被满窗的景致迷住了，富士山蓦然耸立在眼前。那高高的、陡峭的山充满了存在感。

　　10年后，我想再一次体验一下那种感动，坐上了同样的列车。我记得那时体会到了一种不可思议的感觉。富士山的确很漂亮，不过印象完全不同。在窗外的远方，富士山平缓地伸展开来。至于存在感，只有以前的一半，尽管电车的行驶路线并没有变化，观望的位置也应该是一样的。

　　这是不是就是所谓的期望值呢，我想。从那以后我对凡事不再抱有太大的期望。

　　어렸을 때, 처음으로 후지산을 보았을 때의 놀라움을 잊을 수 없다. 열차의 창 밖으로, 별 생각없이 눈을 돌렸던 내 앞에, 갑자기 쾅하고 가로막았던 것이다. 창 가득, 가파른 각도로 높게 선 그 산은, 존재감에 넘치고 있었다.

　　10년 후, 그 감동을 한번 더 체험하고 싶어, 같은 열차를 탔을 때, 이상한 느낌이 든 것을 기억하고 있다. 후지산은 확실히 아름다웠지만, 완전히 다른 인상이었던 것이다. 창의 멀리, 완만하게 퍼지고 있는 산이었던 것이다. 존재감은, 이전의 반 밖에 없다. 전철이 달리는 장소가 바뀐 것은 아니다. 같은 곳에서 보고 있음이 틀림없다.

　　이것은, 기대치라는 것일까, 라고 생각한 나는, 그 이후로, 많은 기대를 가지는 것을 그만두게 되었다.

問　「多大な期待を持つのをやめるようになった」のは、どうしてか。

What is the reason for "tadaina kitai wo motsunowo yameruyou ni natta (have been trying not to have big expectation.)"?

"不再抱有太大的期望"的原因是什么？　　" 많은 기대를 가지는 것을 그만두게 되었다 " 라고 하는 것은, 왜서인가?

1　期待が多すぎると、失望することがあるから。

When the expectation is too big, one can be disappointed.

期望太大的话，有时会失望。

기대가 지나치게 많으면, 실망하게 되기 때문.

2　富士山は、期待していたほどきれいな山ではなかったから。

Mt. Fuji was not as beautiful as he/she expected.

富士山看上去没有期待的那么漂亮。

후지산은, 기대하고 있던 만큼 아름다운 산이 아니었기 때문.

3　見る位置や角度によって、同じものでも違って見えるから。

The same thing looks different from different positions and angles.

在不同位置和角度看同样的东西，效果不同。

보는 위치나 각도에 따라, 같은 것이더라도 다르게 보이기 때문.

4　子供のときの感動は、大人になると得られないものだから。

One cannot feel the sensation that he/she felt when he/she was a child, when he/she becomes an adult.

长大以后就无法再体会到小时候的感动。

어렸을 때의 감동은, 어른이 되면 얻을 수 없기 때문

解説　Comments　解説　해설

　最後の2行に来るまで、富士山を初めて見たときの強烈な印象と、それを期待して見た二回目のがっかりした様子が書かれています。それを一言で「期待値というもの」と言い、「多大な期待を持つのをやめるようになった」と言っているので、がっかりしないように、大きい期待を持たないようにした、という内容が読み取れます。

　Until the last two lines, the passage talks about the strong impression he/she had when he/she first saw Mt. Fuji and the disappointment he/she felt when he/she saw the mountain for the second time. He/she described this in one phrase, "kitaichi to iumono (a thing called expectation)," and he/she said "tadaina kitai wo motsuno wo yameruyou ni natta ," therefore you can read that he/she tries not to have big expectation to avoid getting disappointed.

　到最后的两行为止，描述了第一次看富士山时的强烈印象，以及抱着期望第二次看到富士山时的失望。用一句话来说就是"所谓的期望值"，"不再抱有太大的期望"，因此全文可以理解为：为了不让自己失望，对凡事不抱太大的期望。

　마지막 2행으로 오기까지, 후지산을 처음 봤을 때의 강렬한 인상과, 그것을 기대하고 본 두번째의 실망한 모습이 적혀 있습니다. 그것을 한마디로 " 기대치라고 하는 것 " 이라고 하고, " 많은 기대를 가지는 것을 그만두게 되었다 " 라고 하고 있기 때문에, 실망하지 않도록, 큰 기대를 가지지 않도록 했다고 하는 내용을 알 수 있습니다.

答え　Answer　答案　정답

1

Chapter 3

5 主張理解　Understanding the ideas　理解作者的主张　주장 이해
「筆者の言いたいこと」を理解する

Understanding "Hissha no iitaikoto(what the author wants to say)"　理解"作者想要说的话"
"필자가 말하고 싶은 것"을 이해한다

　文章には、多かれ少なかれ、筆者が読者に伝えたいことが必ずあります。それが明確に現れる場合もあれば、奥に隠れている場合もあります。能力試験では、「主張理解」として、長文の文章を読むことになるので、その練習をしておきましょう。

A passage is more or less filled with something that the author wants to say. Sometimes the messege is clear, but sometimes the message is hidden. In the proficiency test, you will read long passages for "shuchou rikai (understanding the message)," so let's practice that.

文章中或多或少肯定有作者想转达给读者的意思。有时那个意思明显地呈现在文章中，有时又隐藏在文章深处。能力考试中，作为"理解主张"的读解以阅读长篇文章的形式出现，须做好练习。

문장에는, 많든 적든, 필자가 독자에게 전하고 싶은 것이 반드시 있습니다. 그것이 명확하게 나타나는 경우도 있으면, 속에 숨어 있는 경우도 있습니다. 능력 시험에서는, 「주장 이해」로서, 장문의 문장을 읽게 되므로, 그 연습을 해 둡시다.

例題 1

次の文章を読んで、後の問いに答えなさい。

Read the following passage and answer the questions.　阅读下列文章，回答后面的问题。　다음 문장을 읽고, 물음에 답하시오.

---

　①「偉くなりたくない」という若者が増えているとか。②「偉くなると責任ばかり多くなって損をする」「何の責任もなく楽しくやれれば一番良い」という考え方だ。平凡なのがいい、③暮らしていける収入があればのんびりと暮らしていきたいのだそうだ。しかし、平凡は人生の目標にはならない。④若者が目標も目的も持てない、こんな日本の将来が心配になった。

　I heard that ① the number of young people who "do not want to go up in the world" is increasing. In other words, " ② If you go up in the world, you will lose a lot of thing for having too many responsibilities." Therefore, it is the best to live happily with no responsibilities. They say it is good to be ordinary, and ③ they want to live a relaxed life with just enough income to make living. But being ordinary cannot be a purpose of one's life. ④ The future of Japan where young people cannot have goals or purposes worries me.

　①"不想成为了不起的大人物"的年轻人越来越多。他们的想法是②"越是了不起的大人物就越负有重大的责任，得不到什么益处"，"没有任何责任在身，轻松愉快地做事，这再好不过了"。他们对平凡度日心满意足。③他们认为有了能够维持生活的收入即可，希望过悠闲自在的生活。但是，平凡不能成为人生的目标。④年轻人既没有目标又没有目的，对这样一个日本的将来我感到担忧。

　①"훌륭해지고 싶지 않다"라고 하는 젊은이가 증가하고 있다고 한다. ②"훌륭해지면 책임만 많아져 손해 본다""아무 책임도 없이 즐겁게 할 수 있으면 제일 좋다"라고 하는 생각이다. 평범한 것이 좋다, ③생활해 나갈 수 있는 수입이 있으면 한가롭게 살아 가고 싶은 것이라고 한다. 그러나, 평범은 인생의 목표는 되지 않는다. ④젊은이가 목표도 목적도 가질 수 없는, 이런 일본의 장래가 걱정되었다.

148　Chapter 3　読解

問 筆者が一番言いたいことが書かれているのは、①～④のどの部分か。

Which of ①～④ contains the message that the author wants to say most?　作者最想表达的意思是①～④中的哪个部分？

필자가 가장 말하고 싶은 것이 쓰여져 있는 것은 ①～④의 어느 부분인가?

解説　Comments　解説　해설

　まず事実を提示し、次にその説明があり、最後に筆者の意見が出てくる、という一般的なパターンです。「しかし、平凡は人生の～」から後が筆者の意見であり、言いたいことです。「言いたいこと」は最後にくる場合が多いです。
　①事実を提示している。筆者の意見を引き出すきっかけとなっている。
　②若者の考え方。
　③若者の考え方。
　④これが筆者の意見であり、言いたいこと。

First, it talks about a fact, and then explanation follows. The opinion of the author comes at last. It is a common writing style. The author's opinion appears from "shikashi heibonna jinsei wa …(but an ordinary life is …)" and this is what he/she wants to say. "iitaikoto (what one wants to say)" usually comes at last.
　① It talks about a fact. This leads into the author's message.
　② View of young people.
　③ View of young people.
　④ This is an opinion of the author and what he/she wants to say.

　首先摆出事实，其次作出说明，最后表明作者的意见，这是一种一般形式。从"但是平凡的人生～"后边是作者的意见，是他想表达的意思。把想说的话置于文章最后的这种形式也很多。
　①摆出事实。构成作者提出意见的契机。
　②年轻人的想法。
　③年轻人的想法。
　④这是作者的意见，想表达的意思。

　우선 사실을 제시하고, 다음에 그 설명이 있고, 마지막에 필자의 의견이 나온다, 라고 하는 일반적인 패턴입니다. "그러나, 평범한 인생은～" 부터 뒤가 필자의 의견이자, 말하고 싶은 것입니다. 「말하고 싶은 것」은 마지막에 오는 경우가 많습니다.
　①사실을 제시하고 있다. 필자의 의견을 끌어내는 근거가 되고 있다.
　②젊은이들의 사고.
　③젊은이들의 사고.
　④이것이 필자의 의견이고, 말하고 싶은 것.

答え　Answer　答案　정답

④

例題2

次の文章を読んで、後の問いに答えなさい。

Read the following passage and answer the questions.　阅读下列文章，回答后面的问题。　다음 문장을 읽고, 물음에 답하시오.

　外国映画を見る時、字幕と吹き替えのどちらがいいかと聞かれれば、私は絶対吹き替えがいいと答える。吹き替えではその俳優の生の声が聞けないから字幕がいい、という意見にも納得はできるが、最近の映画は展開が速く、字幕を読んでいる途中で画面が変わってしまうこともある。それに、何と言っても、セリフの内容をきちんと伝えられるのは、吹き替えのほうだ。字幕は字数に制限があり、かなり省略されてしまうからである。だから、私は吹き替えのほうが好きだ。

When someone asks me which I like better to watch a foreign film with either captions or dubbed voices, I will definitely answer I like to watch a movie with dubbed voices. I understand the point that you cannot hear the original voices of actors in a dubbed movie, but stories in the movies today develop very fast and there is sometimes not enough time to read captions before the scene changes. Above all, dubbed movies convey the contents of each line more correctly. There are word limits for captions, so the message has to be shortened greatly. This is the reason why I like dubbed movies better.

　如果有人问我，看外国电影的时候，字幕和配音哪种更好，我的回答绝对是"配音好"。有人会说，配音听不到演员的原声因而不如字幕好。对于这种意见尽管我也表示同意，不过，最近的电影故事情节展开得太快，常常字幕还没有读完可场面早已变换。而且不管怎么说，能准确转达对白内容的，还是配音。字幕受到字数的限制，相当一部分的对白被省略掉了。因此，我喜欢配音。

　외국 영화를 볼 때, 자막과 더빙의 어느 쪽이 좋은지를 질문 받으면, 나는 절대 더빙이 좋다고 대답한다. 더빙에서는 그 배우의 육성을 들을 수 없기 때문에 자막이 좋다는, 의견에도 납득은 할 수 있지만, 최근의 영화는 전개가 빠르고, 자막을 읽고 있는 도중에 화면이 바뀌어 버리기도 한다. 게다가, 뭐니뭐니해도, 대사의 내용을 제대로 전달할 수 있는 것은, 더빙 쪽이다. 자막은 글자수에 제한이 있고, 꽤 생략되어 버리기 때문이다. 때문에, 나는 더빙 쪽을 좋아한다.

問 筆者が「私は吹き替えのほうが好きだ」と言っている一番大きな理由は何か。

What is the main reason for the author to say "he/she likes dubbed movies better."?

作者所说的"我喜欢配音"的最大理由是什么？　　　필자가 "나는 더빙 쪽이 좋다"라고 말하고 있는 가장 큰 이유는 무엇인가？

1 俳優の生の声は聞けなくてもいいから。
　It is OK not to hear the original voices of actors.　因为听不到演员的原声也没关系。　배우의 육성은 듣지 못해도 좋기 때문.

2 最近の映画の展開が速いから。
　The stories of recent movies develop quickly.　因为最近的电影故事情节开展得太快。　최근 영화의 전개가 빠르기 때문.

3 字幕を読むのが遅いから。
　He/she reads the captions slowly.　因为读字幕太慢。　자막을 읽는 것이 느리기 때문.

4 内容をきちんと伝えられるから。
　Dubbed movies can convey the messages more correctly.　因为能准确转达内容。　내용을 제대로 전달할 수 있기 때문.

解説　Comments　解说　해설

　「何と言っても」は一番強調したいときに使う言葉なので、この後にポイントがくるのが普通です。この文は筆者の意見／結論が最初に提示され、次にその理由を述べて、最後にもう一度筆者の意見／結論が述べられています。

　"nanto ittemo (among all)" is used when one wants to stress most. So the main point usually comes after this. In the passage, the author's opinion/conclusion is given in the beginning and then the reasons follow. The author's opinion/conclusion is repeated once more at last.

　"不管怎么说"用于最强烈的强调，通常后面跟着出现强调的重点。在这篇文章中，作者在开头提出了意见和结论，其次叙述理由，最后再一次提出作者的意见和结论。

　"뭐니뭐니해도"는 제일 강조하고 싶을 때에 사용하는 말이므로, 이 뒤에 포인트가 오는 것이 보통입니다. 이 문장은 필자의 의견／결론이 처음에 제시되고 다음에 그 이유를 설명하고, 마지막에 한번 더 필자의 의견／결론이 기술되어 있습니다.

答え　Answer　答案　정답

4

例題3

次の文章を読んで、後の問いに答えなさい。

Read the following passage and answer the questions.　　阅读下列文章，回答后面的问题。　　다음 문장을 읽고, 물음에 답하시오.

　「空気を読む」というのは、肯定的な意味で使われることが多いが、私は最初から違和感を持っている。
　現在、日本の政府が国民からの支持率が高かったかと思えば、わずか数ヵ月後には急降下しているという状況は、この「空気を読む」という感情が大きく働いているのではないかと思うのだ。すなわち、報道番組を見、ウェブで検索して多数の意見を知り、その意見に自分を合わせる、という行動を、大多数の国民が無意識にしているのではないかと思うのだ。それこそ「こんなに非難されている政府を私だけが支持するというのは、言いづらい」といった"空気"が作られ、人々はそれを読む。このような社会では、自分で考える力が失われてしまうのではないだろうか。

　Usually a phrase "kuuki wo yomu (read the air)" is used with a positive meaning, but I feel something strange about it from the beginning.
　Now the approval rate of the government is going down quickly and it is only after several months when the government was receiving high approval rate from the people. I think this situation has a lot to do with the feeling of "kuuki wo yomu."
　In other words, I think many people are subconsciously acting as follows, watching news programs and reading a lot of opinions on the web and adjusting his/her opinions to the common ones.
　It is almost like an air of "konnani hinan sareteiru seifu wo watashi dake ga shiji suruto iunowa iizurai. (it is hard to say that only I support the government while it is blamed so much.)" is created and people read it. I fear that people lose their abilities to think in this kind of societies.

　"读空气"（察言观色，见机行事，迎合别人）这词在使用中常常带有肯定性的含义，不过，我从一开始就对它的用法感到很别扭。
　现在，日本的政府得到的国民支持率刚刚有所上升，但仅仅数月后又急速跌落下来。造成这种状况的不正是这个"读空气"的感情在起着重大的作用吗？也就是说，通过观看报道节目，上网检索，了解多数人的意见，然后顺着大家的意见表示自己的态度，我想大多数国民是不是都无意识地采取了这样的作法呢？因此才会有"只有我支持遭受如此指责的政府，这真难张口"的"空气"被制造出来，人们都去读它。在这样的一个社会中，我们不就会丧失自己的思考能力了吗？

　"분위기를 파악한다"라고 하는 것은, 긍정적인 의미로 사용되는 일이 많지만, 나는 처음부터 위화감을 가지고 있다. 현 일본 정부의 국민 지지율이 높았다라고 생각하면, 불과 몇 개월에는 후에는 급강하하고 있는 상황은, 이 "분위기를 파악한다"라는 감정이 크게 작용하고 있는 것은 아닐까라고 생각한다. 즉, 보도 프로그램을 보고, 인터넷 검색으로 다수의 의견을 알고, 그 의견에 자신을 맞추는 행동을, 대다수의 국민이 무의식적으로 하고 있는 것은 아닐까라고 생각한다. 그야말로 "이렇게 비난 당하고 있는 정부를 나 혼자만 지지한다고 하는 것은 말하기 곤란하다"라는 "분위기"가 만들어져, 사람들은 그것의 영향을 받는다. 이런 사회에서는 스스로 생각하는 힘이 없어져 버리는 것은 아닐까.

問　筆者の言いたいことと合っているのはどれか。

Which of the following is in agreement with what the author wanted to say?　　下列语句中哪个是作者想说的话?
필자가 말하고 싶은 것과 일치하는 것은 어느 것인가?

1　「空気を読む」という言葉を正確に使ってほしい。

　　The author wishes that people use the phrase "kuuki wo yomu (read the air)" correctly.
　　希望正确使用"读空气"的词。　　"분위기를 파악한다"라고 하는 말을 정확하게 사용하길 바란다.

2　日本政府は、国民の期待に応える政治をするべきだ。

　　The government of Japan should administer the country while living up to people's expectation.
　　日本政府的政治应该不辜负国民期望。　　일본 정부는, 국민의 기대에 대응하는 정치를 해야 한다.

第3章　読解　〈筆者の言いたいこと〉

3　政府を非難するのは、よく考えてからにしたほうがいい。
   It is not good to criticize the government, so one should think well before that.　　若要指责政府，最好是三思而行。
   정부를 비난하는 것은, 잘 생각하고 나서 하길 바란다.

4　雰囲気に影響されず、自分の力で考えるようにするべきだ。
   Regardless of the atmosphere, one should think for himself.　　不应该受环境气氛的影响，要用自己的头脑去思考。
   분위기에 영향을 받지 않고, 자신의 힘으로 생각하도록 해야 한다.

解説　Comments　解説　해설

最初に「空気を読む」という言葉に違和感がある、と述べています。そして、最後に「このような社会では、自分で考える力が失われてしまうのでないか」と結論づけていますので、空気を読むことよりも、自分の力で考えるべきだというのが筆者の意見だと分かります。

The author first said he/she feels something strange about the phrase "kuuki wo yomu (read the air)." And then, he/she concluded that "konoyouna shakai dewa jibun de kanngaeru chikara ga ushinawareteshimau nodewa naika (I fear that people lose their abilities to think in this kind of society.)." So we can see that the author thinks it is more important to think for oneself than to read the air.

作者在开头的部分指出对"读空气"的用法感到别扭。并且又在最后提出了结论："我们不就会丧失自己的思考能力了吗"。因此我们可以看出作者的意见是"应该用自己的头脑去思考"。

처음에 " 분위기를 파악하다 " 라고 하는 말에 위화감이 있다고 이야기 하고 있습니다. 그리고 마지막에 " 이런 사회에서는 스스로 생각하는 힘이 없어져 버리는 것은 아닐까 " 라는 결론을 내리고 있기 때문에 " 분위기를 파악하는 것 " 보다 자신의 힘으로 생각해야 한다는 것이 필자의 의견이라는 것을 알 수 있습니다 .

答え　Answer　答案　정답

4

例題4

次の文章を読んで、後の問いに答えなさい。

Read the following passage and answer the questions.　　阅读下列文章，回答后面的问题。　　다음 문장을 읽고, 물음에 답하시오.

> 教育を行う立場の者は、学習者が意欲をもって学習できるように、さまざまに工夫することが要求される。単に「勉強しなさい」「覚えなさい」では、成果を上げるのはなかなか難しい。英語のスペリングや漢字の書き方や歴史の年代など、学校では覚えることが山ほどある。教師は、クイズ形式にしたりゲーム形式にしたりして覚えさせる。生徒は、教室で体を動かしたり競争したりすることで、いつの間にか覚える。
>
> 　しかしこのような方法に頼るだけでいいのだろうか。もちろん、学習者のモチベーションが維持されるための工夫は否定しない。しかし、生徒がクイズやゲームでしか必要なことが覚えられない人間になってしまう懸念があると思うのである。（後略）

Persons who are in a position to provide education are expected to be innovative so that learners can learn actively. It is difficult to achieve good results just by saying "Study (benkyo shinasai)" or "Memorize (oboenasai)." There are many things to remember at school, such as spelling of English words, how to write kanji, and eras in history. Teachers have students learn by making it in the quiz or the game format. Students learn before they know while moving their body or competing.

However, is it really OK to only depend on such methods? Of course, I do not mean to deny device to maintain motivation of learners. But I think that there are concerns that students will become people who can only remember necessary things by using quizzes or games. (the rest omitted)

从事教育事业的人，为了让学习者热心地学习，需要千方百计地想办法。仅仅对学习者说"要努力学习""要记住"的话，很难取得成果。英语字母的拼写、汉字的写法和历史年代等等，在学校里要记的东西可以说是海量。教师采用猜谜形式或者游戏形式

> 　　　让学生记忆。学生通过在教室活动身体或者通过竞赛，不知不觉地记住它们。
> 　　　可是只依赖这种方法是否可以呢？当然不否定激发学习动机的办法。可是令人忧虑的是，学生将会成长为只有通过猜谜和游戏的方式才能学会自己所需知识的人。（以下从略）
>
> 　　　가르치는 입장에 선 사람은, 학습자가 의욕을 가지고 학습할 수 있도록, 다양한 궁리를 해야 한다고 요구되어진다. 단지「공부하세요」「외우세요」라고 해서, 성과를 올리는 것은 상당히 어렵다. 영어 단어의 철자나 한자 쓰는 법, 역사의 연도 등, 학교에서는 외워야 할 것이 태산이다. 교사는, 퀴즈 형식이나 게임 형식 등으로 외우게 한다. 학생은, 교실에서 몸을 움직이거나 경쟁하면서, 어느새인가 외우게 된다.
> 　　　그러나 이런 방법에 의존하는 것은 좋은 방법일까? 물론, 학습자의 동기를 유지시키기 위한 궁리라는 것은 부정하지 않는다. 하지만, 학생이 퀴즈나 게임으로 밖에 필요한 것을 기억하지 못하는 인간이 되어버릴 염려가 있다고 생각한다.（생략）

問1　だれが「思う」のか。

Who "thinks"?　　　谁"思う"？　　　누가「생각한다」는 것일까?

問2　この文章に、どんな内容の文が続くと考えられるか。

What kind of message is likely to follow after this passage?　　　这篇文章的下文可能会是什么内容?

이 문장의 뒤에, 어떤 내용의 글이 이어질거라고 생각되는가?

解説　Comments　解说　해설

　　問1は、「（筆者が）"生徒がクイズや……懸念がある"と思う」という文になっています。「生徒が」は「思う」の主語ではなく、「人間になってしまう」の主語であることに注意してください。

　　問2では、2段落目の「しかしこのような方法に頼るだけでいいのだろうか」という文と、それに続く内容を注目してください。筆者はクイズやゲーム形式の学習方法を否定してはいませんが、それだけではダメだと言っています。そこから、答えを出してください。

　As for Question 1, the sentence goes like "the author thinks 'there are concerns that students … quizzes or …'" Please note that "students" is not the one who thinks, but they are the subject of the sentence that "… will become people …"
　As for Question 2, please pay attention to the sentence "However, is it really OK to only depend on such methods?" and the message that follows. The author does not deny the learning method taking the form of quizzes or games but says that they are not sufficient.　So derive an answer from this point.

　　问1，本文的构成是「（筆者が）"生徒がクイズや・・・・懸念がある"と思う」。请注意，学生不是"思う"的主语，而是"人間になってしまう"的主语。
　　问2，请注意第2段中的"可是只依赖这种方法是否可以呢?"这句话和接下来的内容。作者虽然并没有否定猜谜和游戏形式的学习方法，不过也说到仅仅如此还是不行的。由此找出答案。

　　문제1은「（글쓴이가）"학생이 퀴즈나・・・・염려된다"라고 생각한다」라는 글입니다.「학생이」는「생각한다」의 주어가 아니라,「인간이 되어버린다」의 주어임을 주의하여 주세요.
　　문제2는 2단락의「그러나 이런 방법에 의존하는 것은 좋은 방법일까?」라는 문장과, 다음에 이어지는 내용을 주목하여 주세요. 글쓴이는 퀴즈나 게임 형식의 학습 방법을 부정하지는 않지만, 그것만으로는 안된다고 이야기하고 있습니다.

答え　Answer　答案　정답

問1　筆者　　問2　文例「必要なことは自分の力できっちり覚えるという訓練をすることも、大切なのではないだろうか」

Question 1　The author　　Question 2　An example answer, "Isn't it important to do training for memorizing necessary things properly with one's own ability?"

问1　作者　　问2　例文："训练用自己的力量牢牢掌握需要的知识，不是也很重要吗?"

문제1　글쓴이　　문제2　문장의 예「필요한 것은 자신의 힘으로 확실하게 외우게 하는 훈련을 시키는 것도, 중요하지 않을까?」

Chapter 3

6 統合理解 Overall Comprehension 综合理解 통합 이해

二つの文を読む

Reading two passages　阅读两篇文章　두 문장을 읽는다

能力試験の読解問題には「統合理解」という形式があります。これは、二つの短い文章を読んで、共通点や相違点を見つけるものです。
質問のポイントは、次の点です。
・主張は何か。　・賛成か反対か。　・どちらも触れていることは何か。
・片方だけが触れていることは何か。

In the proficiency test, there is a type of reading called "tougou rikai (integrated understanding)." For this type of reading, you need to read two short passages and find common points and differences.
Question points are as follows.
・What the main idea is.　・Whether one agrees or disagrees.　・What are mentioned in both passages.
・What is only mentioned in one passage.

能力考试的读解题中，有"综合理解"的形式。要求大家读两篇短文后，找出它们的共同点和不同点。
提问的重点如下。
・主张什么?　・是赞同还是反对?　・双方都阐述的论点是什么?　・只有单方阐述的论点是什么?

능력 시험의 독해 문제에는 "통합 이해"라고 하는 형식이 있습니다. 이것은, 두 짧은 문장을 읽고, 공통점이나 차이점을 찾아내는 것입니다.
질문의 포인트는, 다음의 점입니다.
・주장은 무엇인가?　・찬성인가? 반대인가?　・양쪽 다 언급하고 있는 것은 무엇인가?
・한쪽만 언급하고 있는 것은 무엇인가?

例題 1

次のＡ、Ｂの両方を読んで、後の問いに答えなさい。
Read both A and B and answer the questions.　阅读下列AB两篇文章，回答后面的问题。　다음 A,B 양쪽을 읽고, 물음에 답하시오.

【A】

> 電子辞書は便利だ。何種類もの辞書が一つになっているのだから、用途に応じて使い分けができる。それに収録語数を考えるとサイズも小さく、持ち運びもしやすい。その点、従来の紙の辞書は、種類ごとに買わなければならないし、第一収録語数が増えれば増えるほど大きくなる。辞書を引くのも勉強の一部という考え方からすると好ましくないかもしれないが、勉強方法も時代とともに変わっていくのは当然だ。
>
> An electric dictionary is convenient. It has many kinds of dictionaries in it, so one can use it for many different purposes. Considering the words that are listed, its size is small and easy to carry. As for paper dictionaries, you need to buy many kinds of dictionaries and the more the dictionary contain words, the larger the size of it becomes. It may be not good if one takes a viewpoint that looking up a word in a dictionary is part of studying, but it is natural that the method of studying changes with the time.
>
> 电子词典很方便。因为多类词典合为一体，可以按照用途分别使用。而且从收录词汇的数量上来看，尺寸小、携带方便。在这一点上，若是以往的纸制词典的话，必须按种类一册册地分别购买，最主要的是收录词汇量越多字典就越大。从"查词典也是学习的一部分"这一观点来看，也许不能令人十分满意，但是学习方法也将随着时代一起变化，这是理所当然的。
>
> 전자 사전은 편리하다. 여러 종류의 사전이 하나로 되어 있기 때문에, 용도에 따라서 사용을 구분할 수 있다. 게다가 수록 단어수를 생각한다면 사이즈도 작고, 들고 다니기 쉽다. 그러나, 종래의 종이 사전은 종류별로 사지 않으면 안되고, 무엇보다 수록 단어수가 많아지면 많아질수록 커지게 된다. 사전을 찾는 것도 공부의 일부라고 생각한다면 바람직하지 않을지도 모르지만, 공부 방법도 시대와 함께 변해가는 것은 당연하다.

【B】

近年の電子辞書の普及は目覚ましい。今の十代は昔ながらの紙の辞書を使った経験などないのではないだろうか。ある小学生に家にあった辞書を引いてみるように言った。ところが彼女は五十音の並び方がしっかり頭に入っていないのか、一つの言葉を探すのにとんでもない時間がかかった。私は、大人はともかく、少なくとも高校までは辞書は従来のものを使わせるべきだと思う。

In recent years, the speed of electric dictionaries spreading has been remarkable. Teenagers today may not have experience of using conventional dictionaries. I told an elementary school kid to look up a word in a dictionary that I have at my house. Maybe because she didn't know the order of the Japanese alphabet, it took her a considerable time to look up one word. In my opinion, maybe it is OK for adults, but I believe students at least up to high school should be required to use conventional dictionaries.

近几年，电子词典的普及十分显著。恐怕现在十多岁的孩子们没有用过以往的纸制词典吧。
我让一个小学生查一下我家里的词典，没想到，不知道是因为没有记住五十音的排列方式还是什么别的原因，仅查一个词却花费了好长时间。我认为大人暂且不论，至少直到高中应该使用以往的词典。

최근 몇년 전자 사전의 보급은 눈부시다. 지금의 10 대는 옛날부터의 종이의 사전을 사용한 경험 같은 건 없는 것이 아닐까. 어느 초등 학생에게 집에 있던 사전을 찾아 보도록 했다. 그런데 그녀는 히라가나의 순서가 확실히 머리에 들어가 있지 않은 것인지, 하나의 말을 찾는데 터무니 없는 시간이 걸렸다. 나는, 어른은 어떻든 간에, 적어도 고등학교까지는 사전은 종래의 것을 사용하게 해야 한다고 생각한다.

問1　電子辞書についてのAとBの考え方について、正しいものを選べ。
Select the one that represents the ideas in A and B.　　关于电子词典，哪个是A和B的正确想法?
전자사전에 대해서 A 와 B 의 생각에 대해서, 올바른것을 고르시오.

1　Aは否定的だが、Bは肯定的。
　　A is negative but B is positive.　　A 否定,不过 B 肯定。　　A는 부정적이지만,B는 긍정적.

2　Aは肯定的だが、Bは否定的。
　　A is positive but B is negative.　　A 肯定,不过 B 否定。　　A는 긍정적이지만,B는 부정적.

3　AもBも肯定的。
　　Both A and B are positive.　　A 和 B 都肯定。　　A도B도 긍정적.

4　AもBも否定的。
　　Both A and B are negative.　　A 和 B 都否定。　　A도 B도 부정적.

問2　Aの最も言いたいことはどういうことか。
What does A want to stress most?　　A最想说的事是什么?　　A가 가장 말하고 싶은 것은 어떤것인가?

1　電子辞書は何種類もの辞書が一つになっていること。
　　It has many kinds of dictionaries in it, so one can use it for many different purposes.
　　因为多类词典合为一体。　　여러 종류의 사전이 하나로 되어 있는 것.

2　電子辞書は収録語数が多いこと。
　　An electric dictionary contains a lot of words.　　电子词典的收录词量多。　　전자사전은 수록단어수가 많다라는 것.

3　辞書を引くのも勉強の一部であること。
　　Looking up a word in a paper dictionary is part of studying.　　查词典也是学习的一部分。　　사전을 찾는것도 공부의 일부라고 하는 것.

4 勉強方法は時代とともに変わるということ。
   The method of studying changes by time.　　学习方法也随着时代一起变化。　　공부 방법은 시대에 따라 변한다고 하는 것.

問3　Bの最も言いたいことはどういうことか。
What does B want to say most?　　B最想说的事是什么?　　B가 가장 말하고 싶은 것은 어떤 것인가?

1 近年の電子辞書の普及が目覚ましいこと。
   The speed of electric dictionaries spreading is remarkable.
   近几年, 电子词典的普及十分显著。
   최근 몇 년 전자사전의 보급이 눈부신 것.

2 今の十代は昔ながらの辞書を使ったことがないこと。
   Teenagers today have no experience using conventional dictionaries.
   现在十多岁的孩子们没有用过以往的纸制词典。
   지금 10대는 예전부터의 사전을 사용한 적이 없다는 것.

3 小学生は五十音の順番が頭に入っていないこと。
   Elementary school kids do not know the order of the Japanese alphabet.
   小学生没有记住五十音的排列顺序。
   초등학생은 히라가나의 순서가 머리에 들어있지 않다라는 것.

4 高校までは従来の辞書を使わせるべきだということ。
   Students up to high school should be required to use conventional dictionaries.
   直到高中应该使用以往的词典。　　고등학생까지는 종래의 사전을 사용하게 해야한다 라는 것.

解説　Comments　解说　해설

Aは「便利」「使い分けができる」「持ち運びがしやすい」「勉強方法が時代とともに変わっていくのは当然」と、電子辞書に肯定的な意見です。Bは、電子辞書を使う子供は五十音の並び方が頭に入っていないことに気がつき、「少なくとも高校までは辞書は従来のものを使わせるべきだ」と言っています。

A gives positive points, such as "benri (convenient)," "tsukaiwake ga dekiru (use it for differen purposes)," "mochihakobi ga dekiru (easy to carry)," and "benkyo houhou ga jidai to tomoni kawatte yukunowa touzen (it is natural that the method of studying changes with the time.)" The author of B finds that elementary school kids using electric dictionaries do not know the order of the Japanese alphabet, so he/she says that "sukunakutomo koukou madewa jisho wa juurai no mono wo tsukawaseru bekida. (I believe students at least up to high school should be required to use conventional dictionaries.)"

A提出关于电子词典的肯定性意见。"方便""能分别使用""携带方便"" 学习方法也随着时代一起变化理所当然的"。B注意到用电子词典的孩子没有记住五十音的排列方式, 提出"至少直到高中应该使用以往的词典"。

A는 "편리" " 사용 구분을 할 수 있다 " " 들고 다니기 쉽다 " " 공부 방법이 시대와 함께 변해가는 것은 당연 "하라고, 전자 사전에 긍정적인 의견입니다. B는, 전자 사전을 사용하는 아이는 히라가나가 머리에 들어가 있지 않다는 것을 깨닫고, " 적어도 고등학교까지는 사전은 종래의 것을 사용하게 해야 한다 " 라고 말하고 있습니다.

答え　Answers　答案　정답

問1 **2**　問2 **1**　問3 **4**

Question1 2　Question2 1　Question3 4　　问1 2　问2 1　问3 4　　문제1 2　문제2 1　문제3 4

例題2

次のA、Bの両方を読んで、後の問いに答えなさい。

Read both A and B and answer the questions.　　閲読下列A和B両篇文章，回答后面的問題。　　다음 A,B 양쪽을 읽고, 물음에 답하시오.

【A】

　私の知る限り、どこの国でも家庭料理というのはその国の料理である。しかし、日本の場合、和食以外にいろいろな料理が家庭料理に組み込まれている。
　明治以来、西洋の料理を取り入れ、それを日本人の口に合うようにアレンジしてきた歴史が他国の料理を受け入れやすくしているのだろう。
　テレビ放送が始まってからは、料理番組で色々な国の料理の作り方が紹介され、これに拍車がかかったと言う。

　As far as I know, home cooked meals are usually the food of that country. However, in Japan, Japanese home cooking has adopted various kinds of food.
　Since the Meiji era, Japanese people have historically been adopting food of other countries by arranging it to suit their taste and I think this made it easy for Japanese people to accept food of other countries.
　Since the beginning of the TV broadcast, foods of various counties have been introduced in cooking programs, and this speeded up the trend.

　　就我所知，无论在哪个国家，所谓家常菜就是那个国家的菜肴。可是在日本除了日本菜以外，人们还把各种各样的菜肴都列入了家常菜。
　　明治以来，日本引进西洋菜肴后，按照日本人的口味给予加工调味，大概这段历史使得日本很容易接受其他国的家菜肴吧。
　　有人说电视广播开始之后，烹调节目介绍各种国家菜肴的做法，更加促进了外国菜在日本的推广。

　내가 아는 한, 어떤 나라에서도 가정 요리라고 하는 것은 그 나라의 요리이다. 그러나, 일본의 경우 일본 요리 이외에 여러 가지 요리가 가정 요리에 포함되어 있다.
　메이지 이후에, 서양의 요리를 받아 들여, 그것을 일본인의 입맛에 맞게 연구해 온 역사가 타국의 요리를 받아들이기 쉽게 하고 있는 것이리라.
　텔레비전 방송이 시작되고 나서는, 요리 프로그램에서 다양한 나라의 요리를 만드는 법이 소개되어, 박차가 가해졌다고 한다.

【B】

　日本人の国民食とも言えるカレーライス、これはもともとインドからイギリスに渡り、それが日本に入ってきたものだ。日本人は工夫に工夫を重ね、自分たちの口に合うカレーを作り上げた。
　明治以降、日本に上陸した数々の料理が少しずつ形を変え、すでに家庭の食卓には欠かせないものになっている。子供の大好きなハンバーグも、昔中華そばと言ったラーメンもこのいい例だろう。

　Curry rice (or curry and rice) that can be described as a national dish came originally from India through Britain, and then it came to Japan. Japanese people arranged it again and again and finally they came up with curry that is suitable to their taste.
　Since the Maiji era, many kinds of foods have arrived in Japan and they have been arranged little by little and now they are essential to the dining-room tables of Japanese home. Hamburg steak that is popular among children, ramen that used to be called "chuuka soba (Chinese noodle)" are typical examples.

　　也可称作日本国民餐的咖喱饭，原本是从印度经由英国传入到日本来的。日本人经过反复钻研，做出了适合自己口味的咖喱。
　　明治以后，许许多多登陆日本的菜肴都一点点地改变了其原样，成为日本家庭的餐桌上必不可少的家常菜。比如孩子们非常喜欢的汉堡牛肉饼，还有从前被称为中华荞麦面条的拉面都是一些很好的例子吧。

　일본인의 국민식이라고도 말할 수 있는 카레라이스, 이것은 원래 인도에서 영국으로 건너가, 그것이 일본에 들어 온 것이다. 일본인은 연구에 연구를 더해, 자신들의 입맛에 맞는 카레를 만들어냈다.
　메이지 이후, 일본에 상륙한 수많은 요리가 조금씩 형태를 바꾸어, 이미 가정의 식탁에는 빠질 수 없는 것이 되어 있다. 아이가 정말 좋아하는 햄버거도, 옛날 중화메밀이라고 한 라면도 이 좋은 예일 것이다.

問1　AとBに共通して言っていることは何か。
What is commonly said in both A and B?　　A和B共同意見是什么?　　A와 B가 공통으로 말하고 있는 것은 무엇인가?

1　日本以外の国の家庭料理はその国の料理だということ。
Home-cooked meals of countries other than Japan is the food of the country.
在日本以外的国家，家常菜就是那个国家的菜肴。
일본 이외의 나라의 가정 요리는 그 나라의 요리라고 말하는 것.

2　明治時代は外国料理をそのまま食べていたこと。
Japanese people have been eating foreign food as it is since the Meiji era.
明治时代，日本人直接吃原形原味的外国菜肴。
메이지 시대는 외국 요리를 그대로 먹고 있었던 것.

3　外国料理を日本人の口に合うようにアレンジしてきたこと。
Japanese people have been arranging foreign foods to the Japanese taste.
把外国的菜肴按照日本人的口味加工调味。
외국 요리를 일본인의 입맛에 맞게 연구해 온 것.

4　カレーは日本の食卓に欠かせないものであること。
Curry is essential to the Japanese dining-room tables.
咖喱饭在日本的餐桌上是必不可少的。
카레는 일본 식탁에 빠질 수 없는 것이란 것.

問2　Aの内容に合っているものはどれか。
Which of the following is correct about A?　　下列句中哪个符合A的内容?　　A의 내용에 맞는 것은 어느 것인가?

1　日本では外国の料理がそのままの味で食べられる。
In Japan, foreign foods are eaten with the original taste.　　在日本，可以吃原味道的外国菜肴。
일본에서는 외국요리가 그대로의 맛으로 먹을 수 있다.

2　外国の料理を口に合うようにするのは大変だった。
It was difficult to arrange foreign foods to suit their taste.
按照日本人的口味加工调制外国的菜肴很不容易。
외국 요리를 입에 맞게 하는 것은 힘들었다.

3　日本人は明治以前から海外の料理を受け入れていた。
Since the Meiji era, Japanese people have been adopting foreign foods.
日本人从明治以前就开始接受海外的菜肴。
일본인은 메이지 이후부터 해외 요리를 받아들이고 있었다.

4　テレビ放送によって外国の料理が紹介された。
Foreign foods are introduced on TV.　　通过电视广播外国菜肴在日本被介绍开来。
텔레비전 방송에 의해 외국 요리가 소개 되었다.

問3　Bの内容に合っているものはどれか。

Which is correct about B?　　下列句中哪个符合B的内容?　　B의 내용에 맞는 것은 어느 것인가?

1　カレーはインドから日本に入ってきた。
　　Curry came to Japan from India.　　咖喱从印度传入了日本。　　카레는 인도에서 일본으로 들어왔다.

2　ハンバーグやラーメンは中国から入ってきた。
　　Hamburg and ramen came from China.　　汉堡牛肉饼和拉面从中国传入了日本。
　　햄버거나 라면은 중국에서 들어왔다.

3　外国生まれの料理も家庭の食卓に根付いている。
　　Foods that were invented in foreign countries are now very popular on the Japanese dining-room tables.
　　原产于外国的菜肴已落户于日本家庭的餐桌。
　　외국 태생의 요리도 가정의 식탁에 뿌리 내리고 있다.

4　日本人はもともと外国の料理に抵抗がない。
　　Japanese people are originally not hesitant towards foreign foods.　　日本人对外国的菜肴本来就没有抵触。
　　일본인은 원래 외국 요리에 저항이 없다.

解説　Comments　解说　해설

　AもBも、日本が外国料理を自分たちの口に合うように工夫しアレンジしてきた、ということが書かれています。
　問2、問3は、それぞれの文章に書かれていることを正しく述べているか、それとも書かれていないことなのかを判断して答えます。

Both A and B say that Japanese people have been arranging foreign foods to suit their taste.
For Quesiont 2 and 3, you need to judge if the choice describes what is in the text correctly or if the choice talks about something that is not in the text.

　A和B都叙述了，日本人按照自己的口味对外国菜肴想方设法给予加工调制。
　针对问2和问3，要先看好是否分别正确地写在文章里，是否在文章里被提及，然后作出回答。

　A도 B도, 일본이 외국 요리를 스스로가 입맛에 맞도록 궁리하고 연구해왔다, 라고 하는 것이 쓰여져 있습니다.
　문제 2, 문제 3은, 각각의 문장에 쓰여져 있는 것을 올바르게 말하고 있는지, 그렇지 않으면 쓰여져 있지 않은 것인가를 판단해서 대답합니다.

答え　Answers　答案　정답

問1　3　　問2　4　　問3　3

Question1　3　Question2　4　Question3　3　　问1　3　问2　4　问3　3　　문제1　3　문제2　4　문제3　3

Chapter 3

7 情報検索 Searching for information 信息检索 정보 검색

すばやく情報を読み取る

Reading information quickly　迅速了解信息　재빠르게 정보를 읽어낸다

　　読解問題の最後は「情報検索」という形式です。これは、文章を読むというより、たくさんの情報の中から必要なものを抜き出すタイプです。まず問題文の条件を読み、表の中から合ったものを探します。できるだけ、早く、正確に、が勝負です。

The last part of the reading comprehension section is "joho kensaku (information search)." This type of reading comprehension requires picking up necessary information from the whole document rather than reading the passage. First read the conditions written in the questions, and pick up the right information in the table. It is important to get the answers as quickly and acurately as possible.

　　読解考试的最后，会出现"信息检索"形式的考题。这类考题，与其说是阅读文章，不如说是从众多的信息中挑选出所需要的内容作出回答。大家首先要读好提问中的条件，然后从列表中找出适当的答案。阅读时尽可能地做到迅速而准确，这是决定胜负的关键。

　　독해 문제의 마지막은「정보 검색」이라고 하는 형식입니다. 이것은, 문장을 읽는다고 하기 보다, 많은 정보 중에서 필요한 것을 뽑아내는 타입입니다. 우선 문제문의 조건을 읽고, 표 중에서 있는 것을 찾습니다. 가능한 한 빨리, 정확하게 가 승부입니다.

例題 1

次のリストは不動産情報である。リストを読んで、後の問いに答えなさい。

The following list contains information on real estate (One-room condominiums for rent). Read the list and answer the following questions.
下面的表格是不动产的信息。请读表格后回答后面的问题。
다음 리스트는 부동산정보이다. 리스트를 읽고, 물음에 답하시오.

ワンルームマンション情報	
A 駅から5分の好立地・築2年 5階建ての3階 東向きでベランダあり バス・トイレは別 洋室7畳+キッチン2畳 家賃　月8万円 敷金・礼金　各2ヵ月分	B 駅から10分　買い物便利 6階建ての5階 築15年・南向きでベランダあり バスとトイレは別 6畳の洋室+3畳のキッチン 家賃　月6万円　敷金・礼金なし ペットが飼えます
C 駅からバスで5分　バス停至近 7階建ての4階 築3年　小さいベランダ付き バス・トイレ一体型 洋室9畳+キッチン3畳 家賃　月8万5千円 敷金2ヵ月分　礼金なし	D 駅まで1分　買い物便利 1階は商店　4階建ての4階 築10年　ベランダなし バス・トイレは別 和室6畳+4畳のキッチン 家賃月7万円 敷金3ヵ月分　礼金なし

Information on One-room Condominium for rent

单人公寓信息

원룸 맨션 정보

A　Good location, 5 minutes from station, two years old
　　3rd floor of 5-story building
　　Facing east with balcony
　　Separate bathroom, toilet
　　Western room of 7 tatami mat size + Kitchen of 2 tatami mat size
　　Rent 80,000 yen per month
　　Deposit・Key money two months' rent each

　　离车站 5 分钟，好立地・筑后 2 年
　　5 层建筑的第 3 层
　　朝东 有阳台
　　洗澡间・厕所分开
　　西式房间 7 叠（榻榻米）+ 厨房 2 叠
　　房租　每月 8 万日元
　　押金・酬金　各 2 个月份

　　역에서 5 분의 좋은 위치, 지은 지 2 년
　　5 층 건물의 3 층
　　동향으로 베란다 있음
　　욕실 화장실 따로 있음
　　양실 7 조 + 부엌 2 조
　　집세 월 8 만엔
　　보증금 사례금 각 2 개월 분

B　10 minutes from station, convenient for shopping
　　5th floor of 6-story building
　　15 years old, balcony facing south
　　Separate bathroom and toilet
　　Western room of 6 tatami mat size・kitchen of 3 tatami mat size
　　Rent 60,000 yen per month, no deposit and key money
　　Pet is OK.

　　离车站以 10 分 购物方便
　　6 层建筑的第 5 层
　　筑后 15 年・朝南 有阳台
　　洗澡间・厕所分开
　　6 叠（榻榻米）的西式房间 + 3 叠厨房
　　房租　每月 6 万日元 无押金和酬金
　　可养宠物

　　역에서 10 분 쇼핑 편리
　　6 층 건물의 5 층
　　지은 지 15 년 남향으로 베란다 있음
　　욕실과 화장실 따로 있음
　　6 조의 양실 +3 조의 부엌
　　집세 월 6 만엔 보증금 사례금 없음
　　애완동물 키울 수 있음

C　5 minutes from station by bus, close to bus stop
　　4th floor of 7 story building
　　3 years old, small balcony
　　Bathroom and toilet in one unit
　　Western room of 9 tatami mat size
　　Rent 85,000 yen per month
　　Deposit 2 months' rent, no key money

　　从车站乘巴士 5 分钟　离巴士站极近
　　7 层建筑的第 4 层
　　筑后 3 年 带小阳台
　　洗澡间・厕所一体式
　　西式房间 9 叠（榻榻米）+ 厨房 3 叠
　　房租　每月 8 万 5 千日元
　　押金　2 个月份　无酬金

　　역에서 버스로 5 분, 버스 정류장 근처
　　7 층 건물의 4 층
　　지은 지 3 년 작은 베란다 있음
　　욕실 화장실 같이 있음
　　양실 9 조 + 부엌 3 조
　　집세 월 8 만 5 천엔
　　보증금 2 개월 분 사례금 없음

D　1 minute from station, convenient for shopping
　　Store on the 1st floor, 4th floor of 4 story building
　　10 years old, no balcony
　　Separate bathroom and toilet
　　Japanese room of 6 tatami mat size ＋ Kitchen of 4 tatami mat size
　　Rent 70,000 yen per month
　　Deposit 3 months' rent No key money

　　离车站 1 分钟　购物方便
　　1 层是商店　4 层建筑的第 4 层
　　筑后 10 年 无阳台
　　洗澡间・厕所分开
　　日式房间 6 叠（榻榻米）+ 4 叠厨房
　　房租　每月 7 万日元
　　押金 3 个月份 无酬金

　　역까지 1 분 쇼핑 편리
　　1 층은 상점 4 층 건물의 4 층
　　지은 지 10 년 베란다 없음
　　욕실 화장실 없음
　　다다미방 6 조 +4 조의 부엌
　　집세 월 7 만엔
　　보증금 3 개월 분 사례금 없음

問1　「家賃は 7 万円が限界。夜帰りが遅くなるので駅に近いのが一番」という人に勧められるのは、どのマンションか。

　　Which of the one-room condominiums is best suited for a person "who can only pay up to 70,000 yen for rent and wants to live closer to the station because he/she comes home late"?

　　"房租的最大限度为 7 万日元。晚上回家晚，所以靠近车站为最佳。" 向这样考虑的人可以推荐哪个公寓？

　　"월세는 7 만엔이 한계. 귀가가 늦으므로 역에 가까운 것이 제일 "이라고 하는 사람에게 권할 수 있는 것은 어느 맨션인가？

問2 「お風呂とトイレは別、なるべく新しいのがいい。家賃は8万円までなら払える」
という人に勧められるのは、どのマンションか。

Which condominium is best to recommend for a person "who wants to have a separate bathroom and a toilet, prefers a newer one and pays up to 80,000 yen"?

"洗澡间和厕所分开，房间越新越好。最多可支付房租8万日元。"向这样考虑的人可以推荐哪个公寓？

"욕실과 화장실 따로, 가능한 신축이 좋다, 집세는 월 8만엔까지는 지불 가능" 하다고 하는 사람에게 권할 수 있는 것은 어느 맨션인가？

問3 「多少古くても、安い物件がいい。できたら猫が飼えるとうれしい」という人に勧められるのは、どのマンションか。

Which of the following condominium is best to recommend for a person who "does not care if it's old but prefers cheaper ones and hopes to have a cat in the room"?

"多少旧一些也没关系，只要房租便宜就行。如果能养猫的话我会很乐意。"向这样考虑的人可以推荐哪个公寓？

"다소 오래되었어도 싼 물건이 좋다, 가능한 고양이를 키울 수 있으면 좋겠다" 라고 하는 사람에게 권할 수 있는 것은 어느 맨션인가？

解説　Comments　解说　해설

問1 「家賃は7万円が限界」→BかD。「駅に近いのが一番」→D。
問2 「お風呂とトイレは別」→AかBかD。「新しいのがいい」「家賃は8万円まで」→A。
問3 「できたら猫が飼えるとうれしい」→B。

Question 1 "Yachin wa 7 man yen ga genkai (maximum rent is 70,000 yen)" → B or D. "ekini chikaino ga ichiban (closer to the station is the best)" →D
Question 2 "ofuro to toire wa betsu (separate bathroom and toilet)" →A, B, or D. "atarashii no ga ii (a newer one is better)" "yachin wa 8 man yen made (rent up to 80,000 yen)" →A.
Question 3 "dekitara neko ga kaeru to ureshii (nice to be able to have a cat)" →B.

问1 "房租的最大限度为7万日元"→ B 或D。"靠近车站最佳"→D。
问2 "洗澡间和厕所分开"→ A 或B或D。"越新越好""可支付房租8万日元"→ A。
问3 "如果能养猫的话我会很乐意"→ B。

문제1 "월세는 7만엔이 한계"→ B 또는 D. "역에 가까운 것이 제일"→ D.
문제2 "욕실과 화장실은 구별"→A또는 B 또는 D. "신축이 좋다""월세는 8만엔까지"→A.
문제3 "가능하면 고양이를 키울 수 있으면 좋겠다"→B.

答え　Answers　答案　정답

問1 D 問2 A 問3 B

Question1 D　Question2 A　Question3 B　问1 D 问2 A 问3 B
문제1 D 문제2 A 문제3 B

例題2

次はＡＢＣホールにおける講演会のお知らせです。お知らせを読んで、後の問いに答えなさい。

Following is an announcement of lecture meetings at ABC hall. Read the following announcement and answer the questions.

下面是在ABC大厅的演讲会通知。阅读通知后，请回答后面的问题。

다음은 ABC 홀에 있어서의 강연회의 공지사항이다. 공지사항을 읽고, 물음에 답하시오.

ＡＢＣホール　講演会のお知らせ		
×月15日（土）		
13：30～14：20	新たなグローバル化社会の構築に向けて 　　M大学教授　　田中一郎氏	ア
14：30～15：20	最初の国際都市・奈良に見る外来文化 　　シルクロード研究家　　山田太郎氏	イ
15：30～16：20	ファッションから見る日本の歴史 　　ファッションデザイナー　　山村かおり氏	ウ
16：30～17：20	古代～室町　海外との交流の流れⅠ 　　Ｌ国際大学準教授　　高田けい子氏	エ
×月16日（日）		
13：30～14：20	19世紀ヨーロッパの都市　絵による分析 　　画家　　森田次郎氏	オ
14：30～15：20	室町～現代　海外との交流の流れⅡ 　　Ｌ国際大学準教授　　高田けい子氏	カ
15：30～17：20	講演者によるパネルディスカッション 　　グローバル化が進む今、何をすべきか	キ

Announcement of Lecture Meetings held at ABC Hall ABC 大厅 演讲会的通知　　ABC 홀 강연회 알림		
15/X (Saturday)　　×月15日（星期六）　　×월 15 일（토）		
13:30~14:20	Constructing new globalized societies 　　M University, Professor　　Ichirou Tanaka 建设一个新的全球化社会 　　M 大学教授　田中一郎先生 새로운 글로벌화 사회의 구축을 향해서 　　M 대학교수 다나카 이치로 씨	ア
14:30~15:20	The first international city, foreign-derived cultures seen in Nara 　　Researcher of Silk Road　　Taro Yamada 最初的国际城市・从奈良看外来文化 　　丝绸之路研究家　山田太郎先生 최초의 국제 도시・나라에서 보는 외래 문화 　　실크로드 연구가 야마다 타로씨	イ

15:30~16:20	History of Japan from fashion point of view 　　Fashion Designer　　Kaori Yamamura 从时装看日本的历史 　　时装设计师　山村 Kaori 女士 패션에서 보는 일본의 역사 　　패션 디자이너 야마무라 카오리 씨	ウ
16:30~17:20	Ancient time ～ Muromachi era　Transition of international exchange Ⅰ 　　L International University　　Keiko Takada 古代～室町 跟海外交流的始末Ⅰ 　　L 国际大学准教授　高田 Keiko 女士 고대～무로마치 해외와의 교류의 흐름 　　L 국제 대학 준교수 타카다 케이코 씨	エ
16/X (Sunday)　　×月16日（星期日）　　×월 16일（일）		
13:30~14:20	European Cities of 19th century　Analysis through paintings 　　Painter Jiro Morita 19 世纪欧洲的城市　绘画分析 　　画家 森田次郎先生 19 세기 유럽의 도시　그림에 의한 분석 　　화가 모리타 지로 씨	オ
14:30~15:20	Muromachi era ～ Present age　Transition of international exchange Ⅱ 　　L International University　　Keiko Takada 室町～现代 跟海外交流的始末Ⅱ 　　L 国际大学准教授 高田 Keiko 先生 무로마치～현대 해외와의 교류의 흐름 　　L국제 대학 준교수 타카다 케이코 씨	カ
15:30~17:20	Panel discussion by the lecturers As the globalization progresses, what should we do? 讲演者专题讨论 在全球化不断进展的今天，我们应该做什么？ 강연자에 의한 패널토의 글로벌화가 진행되는 지금, 무엇을 해야 하는가	キ

問1　Aさんは海外との交流に興味があり、交流の歴史や将来の展開などの知識を得たいと思っている。会場までは15分ほどだ。土曜日は2時まで仕事で、日曜日は5時から用事がある。どの講演会に出るとよいか。

Mr./Ms. A is interested in international exchange and wants to learn the history and the future development of international exchange. It takes him/her about 15 minutes to get to the hall. He/she works until 2 on Saturday and has something to do from 5 on Sunday. Which lecture meeting is suitable for him/her?

A先生对海外交流感兴趣，想学习国际交流的历史和将来的展望等方面的知识。到达会场需要15分种左右。星期六要工作到2点，星期日从5点开始有事。他参加哪个演讲会好呢？

A 씨는 해외와의 교류에 흥미가 있고, 교류의 역사나 장래의 전개 등의 지식을 얻고 싶다고 생각하고 있다. 회장까지는 15분 정도다. 토요일은 2시까지 일하고, 일요일은 5시부터 볼일이 있다. 어느 강연회에 나오면 좋은가？

1　ア　エ　オ	2　イ　エ　カ
3　ウ　オ　カ	4　エ　カ　キ

問2　Bさんは都市の歴史と服装の歴史に興味がある。日曜日は3時から用事がある。どの講演会を聞くとよいか。

　　Mr./Ms. B is interested in the history of cities and fashion. He/she has something to do from 3 on Sunday. Which lecture meeting is good for him/her?

　　B先生对城市的历史和服装的历史感兴趣。星期日从3点开始有事。他听哪个演讲会好呢？

　　B씨는 도시의 역사와 복장의 역사에 흥미가 있다. 일요일은 3시부터 볼일이 있다. 어느 강연회를 들으면 좋은가?

1　ア　ウ　オ	2　イ　ウ　キ
3　ウ　オ　カ	4　イ　ウ　オ

解説　Comments　解说　해설

問1　土曜は2時まで仕事、日曜は5時から用事。→イ　ウ　エ　オ　カ
　　　海外との交流の歴史や今後の展開に興味がある。→イ　エ　カ
問2　日曜は3時から用事→カ、キは聞けない。
　　　都市の歴史と服装の歴史に興味がある。→イ　ウ　オ

Question 1　Work until 2 on Saturday, something to do from 5 on Sunday.→I　U　E　O　Ka
　　　　　　Interested in the history and the future of international exchange.→I　E　Ka
Question 2　Something to do from 3 on Sunday. →Cannot attend Ka and Ki.
　　　　　　Interested in the history and the fashion of cities.→I　U　O

问1　星期六工作2点，星期日从5点开始有事。→イ　ウ　エ　オ　カ
　　　对海外的交流的历史和将来的展望感兴趣。→イ　エ　カ
问2　星期日从3点开始有事。→不能听 カ、キ。
　　　对城市的历史和服装的历史感兴趣。→イ　ウ　オ

문제1　토요일은 2시까지 일, 일요일은 5시부터 볼일. → 이 우 에 오 카
　　　　해외와의 교류의 역사나 향후의 전개에 흥미가 있다.→이 에 카
문제2　일요일은 3시부터 볼일. → 카, 키는 들을 수 없다.
　　　　도시의 역사와 복장의 역사에 흥미가 있다.→이 우 오

答え　Answers　答案　정답

問1　2　　問2　4

Question1 2　Question2 4　问1 2　问2 4　문제1 2　문제2 4

第4章

聴解
ちょうかい

● 聴解問題全体の問題形式

Types of questions in the listening comprehension section　听解考试的整体提问形式　청해 문제 전체의 문제 형식

1. 課題理解…二人の会話を聞いて「このあと何をするか」「どのようにするか」などの質問に答える。
2. ポイント理解…二人の会話を聞いて「どうしてか」などの質問に答える。
3. 概要理解…一人の発話を聞いて「何について述べているか」などの質問に答える。
4. 即時応答…短い発話を聞いて、適切な応答をする。
5. 統合理解…三人程度の長めの会話を聞いて、話を統合・比較し、「何を」「どのように」などの質問に答える。

1 Understanding Topics…After listening to a dialog between two persons, answer "what will happen (in the future)" or "how something will happen."
2 Understanding Points…After listening to a dialog between two person, answer "why" questions.
3 Understanding the General Ideas…After listening to an announcement given by one person, answer "what he/she talked about."
4 Quick Response…After listening to a short sentence, make an appropriate response.
5 Integrated Understanding…After listening to a long conversation made by about three persons, answer "what" and "how" questions by integrating and comparing the spoken points.

1 课题理解…听两个人的对话，然后回答"这之后做什么""怎么做"等问题。
2 要点理解…听两个人的对话，然后回答"为什么"等问题。
3 概要理解…听一人说话，然后回答"关于什么"等的问题。
4 即时解答…听短文，然后作出适当的回答。
5 综合理解…听3人左右稍长一些的会话，总汇・比较会话内容，回答"什么""怎么"等问题。

1 과제이해…두 사람의 대화를 듣고 "그 다음 무엇을 할까?" "어떻게 할까?" 등의 질문에 답한다.
2 포인트이해…두 사람의 대화를 듣고 "왜일까?" 등의 질문에 답한다.
3 개요이해…한 사람이 이야기하는 문장을 듣고 "무엇에 대해 말하고 있을까?" 등의 질문에 답한다.
4 즉시대답…짧은 문장을 듣고, 적절한 대답을 한다.
5 통합이해…세 사람 정도의 조금 긴 대화를 듣고, 이야기를 통합・비교해, "무엇을" "어떻게" 등의 질문에 답한다.

Chapter 4

1 課題理解
―二つの形式の問題がある

Understanding Topics—There are two types of questions　　课题理解―两种试题形式
과제 이해―두가지 형식 문제가 있다

　課題理解は、音声で流れる二人の会話を聞いて、「この後、何をするか」「どのようにするか」などの質問に答える問題です。会話が始まる前に質問が音声で流れるので、聞くポイントが会話を聞く前に分かります。また、会話を聞いた後にもう一度質問を聞くことができます。

　選択肢は問題用紙に印刷されていて、音声では流れません。問題の中には問題用紙に描かれた絵と選択肢を見ながら音声を聞いて答えるもの（絵のある問題）と、文字だけの選択肢を見ながら答えるもの（文字だけの問題）があります。

As for Understanding Topics, you will listen to a dialogue between two people and answer questions such as "kono ato nani wo surunoka (what will they do after the dialogue?)" or "dono you ni suru noka (how will they do?)." You can hear questions before the dialogue, so you know beforehand which points you should listen for. You can hear questions again after the dialogue.
Alternatives are not spoken, but printed on the question sheet. There are two types of questions: one for which you will answer spoken questions while looking at pictures on the question sheet (Questions with Pictures), the other for which you will answer questions only by reading written alternatives (Questions with only written text).

在"课题理解"中，先听2个人的会话录音，然后回答"这之后做什么""怎么做"等提问。因为会话开始之前先听提问，听会话之前就能知道听解的要点。此外听完会话之后还有一次再听的机会。
选项印刷在试卷上，没有听音选项。试题分两种类型，有一边看试卷上的绘画和选项，一边听提问、回答问题的"有绘画"的试题。还有只看文字选项回答的"有文字没有绘画"的试题。

과제 이해는, 음성으로 흘러나오는 두 사람의 대화를 듣고, "이후, 무엇을 할까""어떻게 할까"등의 질문에 대답하는 문제입니다. 대화가 시작되기 전에 질문이 나오기 때문에, 듣기 포인트를 대화 전에 알 수 있습니다. 또한, 대화를 들은 후에 한번 더 질문을 들을 수 있습니다.
보기는 문제 용지에 인쇄되어 있고, 음성에는 나오지 않습니다. 문제 중에는 문제 용지에 그려진 그림과 보기를 보면서 음성을 듣고 대답하는 것(그림이 있는 문제)과 문자만의 보기를 보면서 대답하는 것(문자만의 문제)이 있습니다.

1 絵のある問題

Questions with Pictures　　有绘画的试题　　그림이 있는 문제

例題　Example Question　　例題　　예제

解き方とコツ　Tips on how to answer questions　　听解技巧　　푸는 방법과 요령

① 問題用紙にある絵を見て、絵が表しているものが何かを確認してください。

Look at the pictures on the question sheet and make sure what each picture represents.

看试卷上的绘画，确认绘画所表达的意思。

문제용지에 있는 그림을 보고, 그림이 나타내고 있는 것이 무엇일까를 확인하세요.

絵には文字が書かれている場合があります。その場合は、それも読んでください。

If text is written in the pictures, read it too.　　有时绘画里也写有文字，文字也要看好。

그림에는 문자가 적혀 있는 경우가 있습니다. 그런 경우에는, 같이 읽어주세요.

地球にやさしい生活　チェックリスト

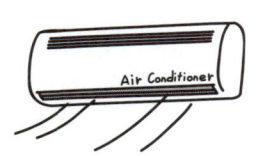

- ☐ ゴミを少なく　　　　　　　　　　　　　― ア
- ☐ ゴミを分別　　　　　　　　　　　　　　― イ
- ☐ 省エネルギー　　　　　　　　　　　　　― ウ
- ☐ 水を大切に　　　　　　　　　　　　　　― エ
- ☐ 洗濯石鹸を使う　　　　　　　　　　　　― オ

【選択肢】 Alternatives　選项　선택사항

1	アイウ	2	アウオ
3	イエオ	4	エオ

❷ 選択肢を見て、どんな組み合わせになっているかを確認してください。
Read through the alternatives and make sure the combinations.　看选项，确认它们是怎样搭配的。
보기를 보고, 어떻게 편성되어 있는지를 확인하세요.

❸ 問題（状況説明と質問）を聞きます。質問が何か、よく聞いてください。
Listen to questions (explanation of the situation and questions). Listen carefully to understand the questions.
听试题（情景说明和提问）。仔细听清提问的内容是什么。　문제（상황 설명과 질문）을 듣습니다. 질문이 무엇일까, 잘 들으세요.

【状況説明・質問】 Explanation of the situation and question　　情景说明・提问　　상황 설명과 질문

❸

No.1　家庭でできる省エネルギーについて男の人と女の人が話しています。男の人はこれから何をしますか。

A man and a woman are talking about what energy saving can be done at a home. What will the man do (in the future)?

男人和女人在谈论家庭中如何节能的问题。男人今后做什么?

가정에서 할 수 있는 에너지 절약에 대해서 남자와 여자가 이야기 하고 있습니다. 남자는 이제부터 무엇을 합니까?

例題では、「男の人はこれから何をしますか。」という部分が質問の内容です。

The question here is "otoko no hito wa korekara nani wo shimasuka. (What will the man do?)"

例题中"男人今后做什么"是提问的内容。

예문에서는,「남자는 앞으로 무엇을 합니까?」라는 부분이 질문의 내용입니다.

❹ 絵を見ながら会話（テキスト）を聞きます。

Listen to the dialogue (text) while looking at the pictures.　　一边看绘画一边听会话(文)。

그림을 보면서 대화(텍스트)를 듣습니다.

【会話】 Dialogue　　会话　　대화

❹

No.1
F：ねえ、このチラシ、地球にやさしくって書いてある。私たちも地球環境のこと、考えないといけないね。
M：そうだなあ……。おれ、あんまり意識してないからなあ。
F：そうよねえ。でもゴミの分別はしてるよね。
M：ああ、それぐらいはな。もう当たり前になってるから。あと、何やってるかなあ。
F：ゴミを少なくっていうのは、まだね。
M：うん。それはこれからだね。……ああ、水は大切にしてるよ。水道の水、出しっぱなしにしてないし。
F：そうか。あと、省エネ。ねえ、エアコンも、使うの、少しはひかえてる？
M：いやあ、それは……。蒸し暑いのいやだし。
F：じゃ、これは今からね。がんばって。使うときは温度を1度上げてね。
M：う～ん。……で、それだけ？
F：あとは……。あ、石鹸か。
M：そうだよ。この機会に、洗剤はやめよう。ほら、駅前のスーパーで売ってたじゃない。
F：そうね、そうしようか。

F：Hey, this flyer says, "Be friendly to the earth." We should think about the earth environment too, shouldn't we?
M：Well… I haven't given much thought about it.
F：I know. But we are separating the garbage.
M：Yes, I can do that no problem. I am already used to doing it. Well, what else are we doing?
F：We haven't cut down on garbage yet.
M：Yes, we haven't done that yet. Hey, we are saving water. We don't keep water running.
F：OK. How about energy saving? Are we trying to limit the use of the air-conditioner at least a little?
M：Well, not really… I don't like the hot humid weather.
F：OK, so from now on, let's try it. Raise the temperature setting by one degree when you use it.
M：Let me see. Is that all?
F：How about soap?
M：Yes. Why don't we take this opportunity to quit using detergent? Remember? Laundry soap was on sale at the supermarket in front of the station.
F：Sounds good. Let's do that.

F：哎，你看这个传单，上面写着"善待地球"。对地球环保我们也不能袖手旁观啊。
M：是啊……。我呀，环保意识还不强。
F：我看也是哟。不过倒垃圾时还是能分类的嘛。
M：那倒是，这点儿还是能做到的。这已经是理所当然的了。另外还做了些什么呢?

```
F：减少垃圾这一点，还做得不够。
M：嗯。今后要加把劲儿。……不过，我珍惜水资源，很注意节约用水哟。没有水管一开就让它白流个没完。
F：噢，是啊。另外还有节约能源。哎，空调呢，空调的使用也有所节制吗？
M：哦，没有，空调嘛……。我是很讨厌热天气的。
F：那，从现在做起，加把劲儿。用空调时把温度提高1度。
M：嗯，……。哎，就这些啦？
F：还有啊……，对了，香皂。
M：是啊。借这个机会就不再用洗衣剂了吧。诶，在车站前的超市不是有卖（香皂）的嘛。
F：对呀，就这样定了。

F：저기, 이 전단지, 지구를 이롭게 라고 쓰여있네. 우리도 지구 환경에 관해 생각하지 않으면 안되겠어.
M：그러네……난, 그다지 의식하지 않고 있어서……
F：맞아. 하지만 쓰레기 분리는 하고 있잖아.
M：아, 그 정도, 당연한 것이 되었잖아. 또 뭘 하고 있지?
F：쓰레기 줄이기 라는 것은, 아직이네.
M：응. 그것은 이제부터지. 아……물은 소중히 하고 있어. 수돗물을 계속 틀어놓은 채로 있지는 않지
F：그래. 그 다음 에너지절약. 저기 에어컨도 사용하는 것 조금은 줄이고 있어?
M：아니. 그것은……찜통 더위 싫어.
F：그럼, 이것은 지금부터네. 분발해. 사용할 때는 온도 1도 올려.
M：음……그런데 그것뿐이야?
F：그 다음은……앗！비누?
M：맞아. 이 기회에 세제는 그만둬야지. 봐. 역 앞에 슈퍼에서 팔고 있었잖아.
F：그래. 그럴까?
```

例題では、「ゴミ」「分別」「少なく」「エアコン」「水」「石鹸」という言葉がキーワードです。それらの語が音声で聞こえてくるたびに、絵にメモを書き入れてください。

The key words in the example question are "gomi (garbage)," "bunbetsu (separation)," "sukunaku (less)," "eakon (air-conditioner)," "mizu (water)," and "sekken (soap)." So every time you hear those key words, take a note in the picture

例题中的"垃圾""分类""减少""空调""水""香皂"等是关键词，每当听到这些词时，就请在绘画上加入笔记。

예문에서는,"쓰레기""분리""줄이기""에어컨""물""비누"라고 하는 단어가 키워드입니다. 이런 단어가 들릴 때마다, 그림에 메모를 해두세요.

【メモを書き加えた絵】 Pictures with notes added　　加入了笔记的绘画　　메모를 써 넣은 그림

地球にやさしい生活　チェックリスト

□ ゴミを少なく — ア
これから

□ ゴミを分別 — イ
している

□ 省エネルギー — ウ
今から

第4章 聴解
〈課題理解〉

☐ 水を大切に ― エ
している

☐ 洗濯石鹸を使う ― オ
買ってくる

5 もう一度、質問を聞きます。
You will hear the questions again.　再听一遍提问。　한번 더, 질문을 듣습니다.

【質問】 Question　提问　질문

No.1　男の人はこれから何をしますか。
What will the man do (in the future)?　男人今后做什么?　남자는 이제부터 무엇을 합니까?

6 答えを選択肢の中から選びます。
Choose an answer from the alternatives.　从选项中找出正确答案。　대답을 보기 중에서 고릅니다.

例題では「ア　ウ　オ」が正解。選択肢の番号で答えます。

In this example question, the correct answer is "ア　ウ　オ" Answer with the alternative's number.

例题中的"ア　ウ　オ"是正确答案，划出选项号回答。

예제에서는 "ア　ウ　オ"가 정답. 보기의 번호로 답합니다.

答え　Answer　答案　정답

2

2 文字だけの問題

Questions with only written text　没有绘画，只有文字的试题　문자만의 문제

問題用紙に文字だけが選択肢として印刷されています。問題を聞きながら、それを読んで解答します。

Alternatives are printed on the question sheet. You will read them to answer questions after hearing them.

没有绘画，只有文字作为选项印刷在试卷上。一边听提问，一边看选项回答问题。

문제용지에 문자만이 보기로 인쇄되어 있습니다. 문제를 들으면서, 보기를 읽고 해답을 찾습니다.

例題　Example Question　例题　예제

解き方とコツ　Tips on how to answer questions　听解技巧　푸는 방법과 요령

172　Chapter 4　聴解

❶ 選択肢を読んで、意味を確認してください。

Read through the alternatives and make sure the meaning.　读选项并确认意思。　보기를 읽고, 의미를 확인하세요.

【選択肢】 Alternatives　选项　보기

1 現在の状況の部分を書きなおす。
 Rewrite the part showing the current situation.　重写现状况的部分。　현재 상황의 부분을 다시 듣는다.

2 データを並べ替える。
 Rearrange the order of data.　重新排列数据。　데이터의 나열을 바꾼다.

3 新しい発表をインターネットで探す。
 Search new publications on the Internet.　用互联网查寻最新的发表。　새로운 발표를 인터넷으로 찾는다.

4 全体の構成を変える。
 Change the overall organization.　改写全文的构成。　전체 구성을 바꾼다.

例題では、選択肢の言葉から、論文やレポートのようなものが関係していることがわかります。「現在の状況」「データ」「新しい発表」「全体の構成」が聞くポイントです。

From the words in the alternatives of the example question, you can infer that the listening will be about a paper, or a report. "genzai no joukyo (the current situation)," "deita (data)," "atarashii happyou (new publications)," "zentai no kousei (the overall organization)" are the key points to listen to.

从例题的选项中，可以了解到会话跟论文和报告有关。"现在的状况""数据""新发表（的论文）""全文的构成"是听解的要点。

예문에서는 보기의 단어를 보면, 논문이나 레포트 같은 것이 관계하고 있는 것을 알 수 있습니다."현재 상황""데이터""새로운 발표""전체 구성"이 듣기 포인트 입니다.

❷ 問題（状況説明と質問）を聞きます。質問が何か、よく聞いてください。

Listen to questions (explanation of the situation and questions). Listen carefully to understand the questions.

听试题(情景说明和提问)。要仔细听清提问的内容是什么。

문제(상황과 질문)를 듣습니다. 질문이 무엇인가, 잘 들으세요.

【状況説明・質問】 Explanation of the situation and question　情景说明・提问　상황 설명과 질문

No.2　女の教授と男の人が論文について話しています。男の人はこの後何をしますか。

A female professor and a man is talking about a paper. What will the man do next?

女教授在和男人谈论着关于论文的事。男人在这之后做什么?

여자 교수님과 남자가 논문에 대해서 이야기 하고 있습니다. 남자는 이후 무엇을 합니까?

例題では、「男の人はこの後何をしますか」という部分が質問の内容です。

In the example question, the question is "otokono hito wa konoato nani wo shimasuka. (What will the man do next?)"

例题中"男人在这之后做什么"是提问的内容。　예문에서는"남자는 이후 무엇을 합니까"라는 부분이 질문의 내용입니다.

❸ 選択肢を見ながら会話（テキスト）を聞きます。

Listen to the conversation (text) while reading through the alternatives.　一边看选项一边听会话(文)。

선택사항을 보면서 회화(텍스트)를 듣습니다.

〈課題理解〉　173

【会話】 Dialogue　会话　대화

M：国際政治学の論文ですが、だいたい書けたんですけど、ちょっと見ていただいていいでしょうか。
F：ええ、いいですよ。見せて。
M：はい……。最初の、現在の状況というところは、いろんなデータを中心にしたんですが。
F：そうね、これはまあこんなもんでしょう？
M：データの並べ方もこれでいいですか。
F：うん、いいと思います。えーと、将来の展望のところ、引用がけっこうありますね。
M：あ、はい。
F：これはちょっと古いかな。新しい発表があるはずよ。インターネットで調べてみてください。
M：あ、はい、わかりました。あと、全体の構成は大丈夫ですか。
F：それはいいですよ。
M：わかりました。どうもありがとうございました。

M：As for the paper for the international politics, I almost finished with writing it, but could you take a look at it?
F：Certainly, I'll do that for you. Please show it to me.
M：Yes…… The first part, that is the current situation. I put the focus on various data…….
F：Sure. It looks OK to me.
M：How about the order of the data?
F：Yes. I think that is good. Well, you have a lot of quotes in the section of the future outlook.
M：Well, yes.
F：I think this one is too old. I am sure you can find newer publications. Look up for one on the Internet.
M：Uh, yes, I got it. How about the overall organization?
F：Looks fine to me.
M：Now it became clear to me. Thank you very much.

M：这是国际政治学的论文，大致写好了，可以请您帮我看一下吗？
F：行啊。让我看看。
M：诶……。在开头"现在的状况"这个部分，主要是以各种数据为中心。
F：行吧，基本上这样就可以了吧。
M：数据的排列方式，这样也可以了吗？
F：嗯，我看可以了吧。哎，在"将来的展望"这部分，引用得可不少啊。
M：诶，是啊。
F：这个有些旧了嘛。现在应该有一些新的东西发表出来了。你在互联网上再查查看。
M：噢，明白了。还有，全文的构成没问题吗？
F：我看可以啦。
M：明白了。谢谢您。

M：국제정치학 논문입니다만, 거의 완성했습니다. 좀 봐 주실 수 없겠습니까？
F：네, 좋아요. 보여주세요.
M：네, 처음, 현재 상황이라고 하는 곳은, 여러 가지 데이터를 중심으로 했습니다만…….
F：음…… 이것은 뭐 이 정도면 됐지…….
M：데이터 나열방식도 이것으로 괜찮습니까？
F：응, 좋다고 생각해요. 음…… 장래 전망의 부분, 인용이 꽤 있군요.
M：아, 네.
F：이것은 좀 오래됐네. 새 발표가 있을 꺼야. 인터넷으로 찾아보세요.
M：아, 네. 알겠습니다. 또, 전체 구성은 괜찮습니까？
F：그것은 괜찮아요.
M：알겠습니다. 감사합니다.

会話のポイントを理解したうえで、選択肢の文字のそばにメモを書き入れてください。
Understand the points in the conversation, and then, take a memo near the words in the alternatives.
在理解了会话的要点之后，请在选项文字的旁边加入笔记。
회화의 포인트를 이해한 후에, 보기의 단어 옆에 메모를 해두세요.

【メモを書き加えた選択肢】 Alternatives with notes added　加入了笔记的选项　메모를 써 넣은 보기

1	現在の状況の部分を書きなおす。 Rewrite the part of the current situation. 重写现在状况的部分。 현재 상황 부분을 다시 쓰다.	問題ない（許容範囲）
2	データを並べ替える。 Rearrange the order of data. 重新排列数据。 데이터의 나열을 바꾸다.	いい
3	新しい発表をインターネットで探す。 Look up a new publication on the Internet. 用互联网查寻最新发表。 새로운 발표를 인터넷으로 찾다.	引用が古い 新しい発表を調べる
4	全体の構成を変える。 Change the overall organization. 改写全文的构成。 전체 구성을 바꾸다.	いい

❹ もう一度、質問を聞きます。
You will hear the questions again.　再听一遍提问。　한번 더, 질문을 듣습니다.

【質問】 Question　提问　질문

No.2 男の人はこの後何をしますか。
What will the man do next?　男人在之后做什么?　남자는 이후에 무엇을 합니까?

❺ 答えを選択肢の中から選びます。
Choose an answer from the alternatives.　从选项中找出正确答案。　정답을 보기 중에서 고릅니다.

例題では「新しい発表をインターネットで探す」が正解。選択肢の番号で答えます。

In the example question, "atarashii happyo wo intaanetto de sagasu (search for a new publication on the Internet)" is the answer. Answer by the number of the alternative.

例题中"用互联网寻找新发表（的论文）"是正确的答案，选择选项号回答。

예문에서는 "새로운 발표를 인터넷으로 찾는다" 가 정답. 보기의 번호로 대답합니다.

答え Answer　答案　정답

3

Chapter 4

2 ポイント理解
—選択肢からいかに予測できるかがカギ

Understanding Points—How much you can infer from the alternatives is the key to success
要点理解—如何看选项预测题意是决定成败的关键　　포인트 이해—보기에서 얼마나 예측 할 수 있는지가 열쇠

　ポイント理解は、内容のポイントを絞って聞くことができるかを問う問題です。「どうしてか」などの質問が出されます。
　会話が始まる前に質問が音声で流れるので、聞くポイントが会話を聞く前に予想できます。また、会話を聞いた後にもう一度質問を聞くことができます。選択肢は問題用紙に印刷されていて、音声では流れません。

"Pointo rikai (Understanding Points)" tests your ability to catch key points of what is spoken. Questions such as "dou shite (why)" will be on the test.
You will hear spoken questions before the dialogue starts. So you can infer key points before listening to the dialogue. You can hear questions again after the dialogue. Alternatives are not spoken, but printed on the question sheet.

　在"要点理解"中，要测试的是考生能否在听解中抓住要点，提出的问题多是"为什么"等。
　在听会话之前先听提问，所以能预测出听解的要点。此外，听完会话之后还有一次再听提问的机会。选项印刷在试卷上，没有听音选项。

　포인트 이해는, 내용의 포인트를 파악해서 들을 수 있는가를 묻는 문제입니다. "어째서인가" 등의 질문이 나옵니다.
　대화가 시작되기 전에 질문이 나오므로, 듣기 포인트를 대화 전에 예상할 수 있습니다. 또한, 대화를 듣고 난 후에 한번 더 질문을 들을 수 있습니다. 보기는 문제 용지에 인쇄되어 있고, 음성으로는 나오지 않습니다.

例題 Example Question　例題　예제

解き方とコツ Tips on how to answer questions　听解技巧　푸는 방법과 요령

❶ まず、選択肢を読んで、意味を確認してください。
First, read through the alternatives and make sure the meaning.　首先读选项并确认意思。
우선, 보기를 읽고, 의미를 확인하세요.

【選択肢】 Alternatives　选项　보기

1　男の人が遅刻したから。
　　Because the man was late.　因为男人迟到了。　남자가 지각했기 때문.

2　自分のプレゼンテーションがうまくいかなかったから。
　　Because his/her presentation did not go well.　因为自己的企划案演示得不顺利。
　　자신의 프레젠테이션이 잘 되지 않았기 때문.

3　プロジェクターの調子が悪かったから。
　　Because the projector did not work properly.　因为投影仪性能不良。　프로젝터 상태가 나빴기 때문.

4　前の日に準備しなかったから。
　　Because he/she did not prepare on the day before.　因为前一天没做好准备。　전날에 준비 안했기 때문.

例題では、選択肢から、何かがうまくいかなかった様子がうかがえます。おそらくプレゼンテーションがうまくいかなかった理由が問題になっているらしいことが予想されます。

As for the example question, you can tell something did not go well from the alternatives. You can infer that the conversation is probably about why the presentation did not go well.

从例题的选项中，可以看出有什么事进展得不顺利。预测企划案演示不顺利可能是造成问题的原因。

예문에서는 보기를 보면, 뭔가 잘 되지 않은 상태를 엿볼 수 있습니다. 아마 프레젠테이션이 잘 되지 않은 이유가 문제가 되고 있는 것 같다는 것이 예상됩니다.

❷ 問題（状況説明と質問）を聞きます。質問が何か、よく聞いてください。

Listen to questions (explanation of the situation and questions). Listen carefully to understand the questions.

听试题（情景说明和提问）。要仔细听清提问的内容是什么。

문제 (상황 설명과 질문) 을 듣습니다. 질문이 무엇인가 잘 들으세요.

【状況説明・質問】 Explanation of the situation and question　情景说明・提问　상황 설명과 질문

会社で男の人と女の人が話しています。男の人は、部長がどうして怒ったと言っていますか。

A man and a women are talking. Why did the man say the manager became angry?

男人和女人在公司里会话。关于部长为什么生气，男人是怎么说的？

회사에서 남자와 여자가 이야기하고 있습니다. 남자는, 부장님이 왜 화를 내고 있다고 말하고 있습니까?

例題では、場面は会社、プレゼンテーションで何かあり、部長が怒ったと言っています。「どうして怒った」かが質問の内容です。

In the example question, the conversation takes place at a company. Something happened during the presentation and the manager became angry. The question is "Why did the manager become angry?"

例题中，会话的场地是公司，谈论中说到在企划案演示时发生了什么事，因而部长生气了。生气的原因是提问的内容。

예문에서의 장면은 회사, 프레젠테이션에서 뭔가 발생, 부장님이 화났다고 말하고 있습니다. " 왜 화를 내었다 " 가 질문의 내용입니다.

❸ 選択肢を見ながら会話（テキスト）を聞きます。

Listen to the dialogue (text) while reading through the alternatives.　一边看选项一边听会话（文）。

보기를 보면서 대화 (텍스트) 를 듣습니다.

【会話】 Dialogue　会话　대화

M：今日、電車遅れちゃって。まいったよ。大切な時に限って遅れるんだよな。
F：全体会議の日だもんね。会議の時間に間にあったの？ 終わった後、部長、なんだか怒ってたみたいだけど。
M：いやあ、会議にはぎりぎり間にあったよ。実は、部長が怒った理由は、別のことなんだ。
F：え？ まだ何かやったの？
M："まだ"って、何だよ。……いや、会議でさあ、うちの部署が、営業の新しい方針についてプレゼンテーションしたんだけど、ちょっと……。
F：あ、そうなの。プレゼンは部長がしたんでしょう？ 自分で自分を怒ってたのかな？
M：あ、いや、プレゼン自体はまずまずだったんだよ。そのあといい議論ができたし……それがさ、僕がプロジェクターを準備しないといけなかったんだけど、予定していた機材が使用中で、あわ

〈ポイント理解〉　177

てて総務から借りてさ。
F：あー、それかあ。あれ、古いからね。
M：調子悪くて、使い慣れないし、それで……。
F：ああ、なるほどね。使う物は前の日に準備して、チェックしておかないとね。
M：油断したよ。これからそうする。

M：Today, the train ran late and I was troubled. It is always the important day when the train runs late.
F：The day of the whole company meeting, right? Were you able to make it on time to the meeting? It seems to me the manager was angry after it finished.
M：Well, I barely made it on time. Actually, the manager was angry at something else.
F：What? Did you do something else?
M：Something else? What is that? Well, our department made a presentation on our new sales policies at the meeting, and well …….
F：Uh, is that right? The manager made the presentation, didn't he? He was angry at himself.
M：Well, no, the presentation itself went fine. We had good discussion after that. It was that I was supposed to prepare a projector but the one we planned to use was being used and I hurriedly borrowed another one from the general affair department.
F：OK, I see. That one. That is old.
M：It didn't work well and not used to using it, and …….
F：That explains it. You need to prepare things you are using on the day before you use it and check it.
M：I was careless. I will do that from now on.

M：今天，电车晚点了。真糟糕哟，偏偏赶上有大事的时候晚点。
F：对呀，今天是有全体会议的啊。你赶上开会了吗？会议结束后，我总觉得好象部长在生气。
M：还好，总算卡着时间赶上了开会。其实啊，部长生气是有另原因的。
F：哎呀？你还干了什么了吗？
M：什么叫"还"呀？……其实啊，在会议上，我们的部门根据营业的新方针发表了企划案，有点儿……。
F：哦，是吗？企划案不是部长自己做的吗？那他是在对自己生气啰？
M：嗨，不是的，企划案本身还总算是过得去，会后还引起了挺好的议论呢。···说起来，原因在于我，我是负责准备投影仪的。不过，预定好的器材有别人在用，匆忙中只好从总务借来了一个。
F：噢，原来是这样啊。总务的那个太旧了。
M：就是啊，有些毛病，又用不惯，所以……。
F：诶，怪不得。需要用的东西，在前一天就得准备好、检查好啊。
M：是我疏忽大意了。今后我会那样做的。

M：오늘, 전철이 늦어져서…… 큰일났어. 중요한 때에 한해 늦는다니깐.
F：전체회의 날이네. 회의 시간에 맞췄어？끝난 후, 부장님, 왠지 화나있던 것 같던데.
M：아니, 회의에 아슬아슬하게 맞췄어. 실은, 부장님이 화난 이유는, 다른 일 때문이야.
F：뭐？또 뭔가 저질렀어？
M："또"라니…… 뭐야…… 아니야. 회의에서, 우리 부서가, 영업의 새로운 방침에 대해 프레젠테이션을 했는데, 좀…….
F：아, 그래…… 프레젠테이션은 부장님이 했잖아？ 자기가 자기에게 화난 거야？
M：아, 아니. 프레젠테이션 자체는 그럭저럭이였어. 그 뒤에 논의가 있었고…….
그게, 내가 프로젝터를 준비하지 않으면 안되었는데, 예정하고 있던 기자재가 사용 중이어서, 급히 총무부에서 빌렸어.
F：아, 그거구나. 그거, 낡았어.
M：상태가 나빠서, 익숙하지 않아서, 그래서…….
F：아, 그렇구나. 사용할 물건은 전날에 준비해서, 체크해 둬야 해.
M：방심했어. 앞으로는 조심할께.

会話のポイントを理解したうえで、選択肢の文字のそばにメモを書き入れてください。

Understand the points in the conversation, and then, take a memo near the words in the alternatives.

在理解了会话的要点之后，请在选项文字的旁边加入笔记。

회화의 포인트를 이해한 후에, 보기의 단어 옆에 메모를 해두세요.

【メモを書き加えた選択肢】 Alternatives with notes added　加入了笔记的选项　메모를 써 넣은 보기

1 男の人が遅刻したから。　ぎりぎり間にあった
　Because the man was late.
　因为男人迟到了
　남자가 지각했기 때문.

2 自分のプレゼンテーションがうまくいかなかったから。　プレゼン自体はまずまず
　Because his presentation did not go well.
　因为自己的企划案演示得不顺利.
　자신의 프레젠테이션이 잘 되지 않았기 때문.

3 プロジェクターの調子が悪かったから。　準備しなかった
　Because the projector did not work properly.　借りたものが調子悪くて使い慣れていない
　因为投影仪性能不良.
　프로젝터 상태가 나빴기 때문.

4 前の日に準備しなかったから。　関係あるが原因ではない
　Listen to the question once more.
　因为前一天没做好准备。
　전날에 준비 안했기 때문.

❹ もう一度、質問を聞きます。
You will hear the questions again.　再听一遍提问。　한번 더, 질문을 듣습니다.

【質問】 Question　提问　질문

> No.3　男の人は、部長がどうして怒ったと言っていますか。
> Why did the man say the manager became angry?　关于部长为什么生气，男人是怎么说的?
> 남자는, 부장님이 왜 화났다라고 말하고 있습니까?

❺ 答えを選択肢の中から選びます。
Choose the answer from the alternatives.　从选项中找出正确答案。　정답을 보기 중에서 고릅니다.

例題では、「プロジェクターの調子が悪かったから」が正解。
In the example question, "purojekutaa no chooshi ga warukatta kara (Because the projector did not work properly.)" is the answer.
例题中"投影仪有些毛病"是正确的答案。
예문에서는, "프로젝터의 상태가 나빴기 때문"이 정답.

答え Answer　答案　정답

3

Chapter 4 聴

3 概要理解
―全体としての内容をつかむ

Understanding the Outline―Grasping the overall content　　概要理解―掌握总体内容

개요 이해―전체로서의 내용을 파악한다

　「概要理解」は、全体の話から、概要をつかむことができるかを問う問題です。細かい内容ではなく、「何についての話なのか」という観点で質問されます。
　「課題理解」や「ポイント理解」とは出題のしかたが異なるので、注意が必要です。
　選択肢は、問題用紙には書いてありません。音声で流れる選択肢を聞いて選びます。また、状況を説明する音声は最初に流れますが、質問も、前もって聞くことができません。会話を聞いた後に質問されますので、その分難度が高くなります。
　会話は、二人以上の会話ではなく、一人の人の話を聞くというタイプのものが多くなっています。

"Gaiyou rikai (Understanding the Outline)" tests your ability to grasp the outline. You will be asked about "nani ni tsuite no hanashi nano ka (what is the story about?)" rather than the details.
Questions come in a different style from "kadai rikai (Understanding Topics)" and "pointo rikai (Understanding Points)." So, you need to be careful.
Alternatives are not printed on the question sheet. You will choose one from the alternatives after listening to a talk/announcement or conversation. The explanation of the situation is spoken at the beginning of the test. You cannot hear questions beforehand. You will hear questions after listening to a talk/announcement or conversation, which will be more difficult.
Monologues rather than dialogues are more often used for this type of questions.

在"概要理解"中，要测试的是考生能否掌握总体的概要。提问的着眼点不在于细节，而是在于"关于什么"。
"概要理解"与"课题理解"和"要点理解"的出题方式不同。需要加以注意。
选项没有写在试卷上。只有听音选项。开头听到的是叙说某事情的听解文，问题的提出则在其后。所以相对来说有所难度。
通常较多的听解文不是两个人以上的会话，而是一个人的讲话。

"개요 이해"는 전체의 이야기에서, 개요를 파악할 수 있는지를 묻는 문제입니다. 자세한 내용이 아니라, "무엇에 대한 이야기인가"라는 관점에서 질문됩니다.
"과제 이해"나 "포인트 이해"와는 출제 방식이 다르기 때문에, 주의가 필요합니다.
보기는 문제 용지에는 적혀 있지 않습니다. 음성의 보기를 듣고, 고릅니다. 또한, 상황을 설명하는 음성은 처음에 나오지만, 질문은, 처음부터 들을 수 없습니다. 대화를 들은 후에, 질문이 나오기 때문에, 그만큼 난이도가 높아집니다.
대화는 두 사람 이상의 대화가 아니라, 한 사람의 이야기를 듣는 타입이 많아지고 있습니다.

例題　Example Question　例題　예제

解き方とコツ　Tips on how to answer questions　听解技巧　푸는 방법과 요령

① 状況説明と会話（テキスト）を聞きます。

Listen to the explanation of the situation and the narration (text).　听情景说明及其会话(文)。

상황 설명과 대화(텍스트)를 듣습니다.

【状況説明】 Explanation of the situation　情景说明　상황 설명

> 大学の先生が話しています。
>
> A college professor is talking.　一位大学的老师在讲话。　대학교의 선생님이 이야기하고 있습니다.

【話】 Dialogue　话　화

No:4 ❶❷

　私が担当する「日本美術」の今期の講義について、最初に説明しておきます。えーと、江戸時代からの歴史的な流れについては、前期に取り上げました。今期は、西洋美術、つまりヨーロッパ絵画ですが、これが明治以降、日本美術を革命的に変えたと言っても過言ではないわけです。んー、絵を描くための道具も、描く対象も、大きく変わりました。あ、「日本画」「西洋画」という分類もこの時期に生まれたんですね。えー、こういった点について、代表的な画家の作品を具体的に取り上げながらみていきます。あー、皆さんは、テキストに載っている代表的な画家の作品を、十分鑑賞しておいてください。

　First of all, I would like to explain about "Nihon bijutsu (Japanese Art)" that I teach this term. Well, I covered the historical flow from the Edo era in the first term. This term, I will talk about Western art, in other words European art, and it is not an exaggeration to say that it changed Japanese art revolutionarily after the Meiji era. Well, tools for painting and drawing and the themes that artists express have also changed greatly. Uh, the distinction between "nihon ga (Japanese painting)" and "seiyou ga (Western painting)" had been made during this time. Well, I would like to go over these points by looking at artworks of representative artists. Uh, please enjoy the artworks of the representative artists in the textbook beforehand (before the next lesson).

　首先我要介绍一下关于这个学期我主讲的课程"日本美术"。对啦，关于从江户时代开始的历史潮流，上个学期已经讲过了。这个学期，要讲的是西洋美术，也就是欧洲绘画。
　明治以后，欧洲绘画使日本美术发生了革命性的变化，这话并非言过其实。诶，绘画的道具和描绘的对象，都有了很大的变化。对啦，"日本画"和"西洋画"的分类也就是在这个时期开始的。关于这一点，我将会给大家具体介绍一些有代表性画家的作品。好，请大家充分观赏在教材上的有代表性画家的作品。

　제가 담당하는 " 일본 미술 " 의 이번 학기 강의에 대해서, 처음에 설명해 두겠습니다. 음……에도시대부터 역사적인 흐름에 대해서는, 전기에 다뤘습니다. 이번 학기는, 서양 미술, 즉 유럽 그림이지만, 이것이 메이지시대 이후, 일본 미술을 혁명적으로 바꾸었다라고 해도 과언이 아니기 때문입니다. 음…… 그림을 그리기 위한 도구도, 그릴 대상도, 크게 바뀌었습니다. 아, " 일본 그림 "" 서양 그림 " 라고 하는 분류도 이 시기에 태어났습니다. 음…… 이러한 점에 대해서, 대표적인 화가의 작품을 구체적으로 다루어나가겠습니다. 아, 여러분은 교재에 나와 있는 대표적인 화가의 작품을 충분히 감상해 두세요.

最初の状況説明から、何の話なのかを頭に入れておきます。例題では、「大学での教授の話」だということを頭に入れて、話を聞きます。

Understand the topic from the introduction of the situation given at the beginning. In the example question, listen to the talk while paying attention to the fact that "the talk is made by a college professor."

从开始听情景说明的时候起，就要记住讲的是什么事情。在这个例题的听解中，首先要在头脑中明确"这是一位教授在大学的讲话"。

처음의 상황 설명에서, 무슨 이야기인지를 파악해둡니다. 예문에서는 " 대학교의 교수님의 이야기 " 라는 것을 염두에 두고, 내용을 듣습니다.

❷ **話のポイントを押さえておきます。**

Grasp the point of the talk.　　抓住听解文的要点。　　이야기의 포인트를 정리해 둡시다.

例題では、「日本美術」の今期の講義の内容が、「西洋美術と日本美術の関係」についてであると話しています。「明治以降、西洋美術が日本美術を革命的に変えた」と言っています。

In the example question, the speaker said the contents of the lecture of "Japanese art" in this term would be "the relationship between Western art and Japanese art." The speaker said "Western art changed the Japanese art revolutionarily during and after the Meiji era."

例题中讲到，这学期的"日本美术"课程的内容是关于"西洋美术和日本美术的关系"。并讲到，"明治时期以后，西洋美术使日本美术发生了革命性的变化"。

예문에서는, " 일본 미술 "의 이번 학기 강의의 내용이, " 서양 미술과 일본 미술의 관계 "에 관한 것이라고 이야기 하고 있습니다. " 메이지 이후, 서양 미술이 일본 미술을 혁명적으로 바꾸었다 " 라고 이야기하고 있습니다.

第4章　聴解　〈概要理解〉

〈概要理解〉　　181

❸ 質問と選択肢を聞きます。

Listen to questions and alternatives. 听提问和选项。 질문과 보기를 듣습니다.

【質問】 Question 提问 질문

No.4 この授業で取り上げる内容はどのようなことですか。

What items are covered in the lesson? 这个课程讲授的内容是什么? 이 수업에서 다루고 있는 내용은 어떤 것입니까?

【選択肢】 Alternatives 选项 보기

No.4
1 日本美術の歴史
History of Japanese art 日本美术的历史 일본 미술의 역사

2 江戸時代の日本画
Japanese art in the Edo era 江户时代的日本画 에도시대의 일본 그림

3 西洋美術が日本画から受けた影響
Influence that Western art received from Japanese painting 西洋美术受到了日本画的影响
서양 미술이 일본 그림에서 받은 영향

4 日本画が西洋美術から受けた影響
Influence that Japanese painting received from Western art 日本画受到了西洋美术的影响
일본 그림이 서양 미술로부터 받은 영향

❹ 答えを選択肢の中から選びます。

Choose the answer from the alternatives. 从选项中找出正确答案。 정답을 보기 중에서 고릅니다.

例題では、「これ（西洋美術）が明治以降、日本美術を革命的に変えたと言っても過言ではないわけです。……こういった点について……」と言っているところから、「日本画が西洋美術から受けた影響」が授業の内容であることがわかります。
「3」の「西洋美術が日本画から受けた影響」は、影響を与えた側と受けた側が逆なので、注意してください。
このように、「日本画が西洋美術から受けた影響」の具体的な内容を聞くのではなくて、この話のポイントは「授業の内容は、一言で言って何か」を理解することが必要です。ですから、細かい内容ではなくて、「何について話しているのか」を聞き取ることを心がけてください。

In the example question, the speaker said "it is not an exaggeration to say that this (Western art) changed Japanese art revolutionarily after the Meiji era……. I would like to go over these points …….," so we can tell that "influence that Japanese painting received from Western art" is the contents of the lecture.
Be careful with "3 Influence that Western art received from Japanese painting," because the one that received influence is opposite.
Like this example, the question point is not about the concrete examples of "influence that Japanese painting received from Western art" but you need to get the general idea of "how the contents of the lesson can be described shortly."
So don't focus on details but try to listen for "what is being talked about."

例题中讲到"明治以后,（西洋美术）使日本美术发生了革命性的变化,这话并非言过其实。……关于这一点……",从这段话中可以了解到"日本画受到了西洋美术的影响"是授课的内容。
选项3的中"西洋美术受到了日本画的影响",带来影响的一方和接受影响的一方与原意相反,请给予注意。
如上所示,听解中并不是听"日本画受到了西洋美术的影响"的具体内容,而是理解试题的要点"用一句话来说,授课的内容是什么"。因此请注意不要拘泥细节,而要听懂"讲的是关于什么"。

예문에서는, " 이것 (서양미술) 이 메이지이후, 일본 미술을 혁명적으로 바꾸었다고 말해도 과언이 아니기 때문입니다. ……이러한 점에 대해서…… "라고 말하고 있는 부분에서, " 일본 그림이 서양 미술로부터 받은 영향 "이 수업의 내용임을 알 수 있습니다. " 3 " 의 " 서양미술이 일본그림으로부터 받은 영향 " 은 영향을 끼친 측과 받은 측이 역이기 때문에 주의하세요.
이처럼, " 일본 그림이 서양 미술로부터 받은 영향 " 의 구체적인 내용을 묻는 것이 아니라, 이 이야기의 포인트는 " 수업 내용은 한마디로 무엇인가? " 를 이해하는 것이 필요합니다. 때문에, 자세한 내용이 아니라, " 무엇에 대해서 이야기 하고 있는 것인가? " 를 파악하는 것에 유의하세요.

答え　Answer　答案　정답

4

予想される質問
Following are common points for questions　根据一般预测，出题的要点有以下几点　예상되는 문제

・その話は「事実の説明」なのか「予測」なのか「理由」なのか。
　・Is the talk "jijitsu no setsumei(explanation of a fact)," "yosoku (prediction)" or "riyuu (reason)"?
　・讲话的内容是 "说明事实"，还是 "预测"，还是 "理由"？
　・그 이야기는 "사실 설명" 인가 "예측" 인가 "이유" 인가?

・その話は「方法、やり方」なのか「数」なのか。
　・Which of the following is the talk discussing, "houhou, yarikata (method or a way of doing something)" or "kazu (number)"?
　・讲话的内容是 "方法，做法"，还是 "数量"？
　・그 이야기는 "방법, 하는 방식" 인가 "숫자" 인가?

・その話は「種類」なのか「環境」なのか「過程、歴史」なのか。
　・Is the talk discussing, "shurui(type)," "kankyou(environment)" or "katei, rekishi (process, history)"?
　・讲话的内容是 "种类"，还是 "环境"，还是 "过程，历史"？
　・그 이야기는 "종류" 인가 "환경" 인가 "과정, 역사" 인가?

・その話は「長所」なのか「短所」なのか。
　・Which of the following is the talk discussing, "chousho (strong point)" or "tansho (weak point)"?
　・讲话的内容是 "长处"，还是 "短处"？
　・그 이야기는 "장점" 인가 "단점" 인가?

・その話は「賛成」なのか「反対」なのか。
　・Which of the following is the talk discussing, "sansei (agreeing)" or "hantai (disagreeing)"?
　・讲话的内容是 "赞成"，还是 "反对"？
　・그 이야기는 "찬성" 인가 " 반대" 인가?

Chapter 4

4 即時応答
―会話力が試される問題

Quick Response—Questions to test your conversation ability　　　即时解答―测试会话能力的问题
즉시응답―회화력을 테스트하는 문제

　即時応答は、「会話力」「コミュニケーション力」が問われる問題です。短い発言を聞いて、その返事として適当なものを選びます。聞く文は一つだけで、すぐ選択肢が読まれますから、あまり考えている時間がありません。瞬間的に、正しい返事を選ばなければなりません。問題数も、１４問と多いです。
　日頃から、日本人と話したり、日本人同士の自然なコミュニケーションを聞いたりしていれば、難しくないと思いますが、そうでない人は、できるだけ自然な会話に触れるようにしてください。
　選択肢は問題用紙には書いてありません。音声で流れる三つの選択肢を聞いて、一つ選びます。

Quick response questions require "kaiwa ryoku (speaking ability)," and "komyunikeeshon ryoku (communication ability)." You listen to a short remark and choose an appropriate response to it. You only listen to one sentence and alternatives are read immediately after that, so you don't have much time to think. You need to select an appropriate response momentarily. There are fourteen questions in this section.
If you have opportunities to talk with Japanese or listen to a natural conversation between Japanese people, it will not be difficult, but if you don't have such opportunities, try to make such opportunities to experience natural conversations.
Alternatives are not printed on the question sheet. You will listen to three alternatives read aloud.

在即时解答中，要测试的是"会话能力"和"交流能力"。听一些简短的会话，然后选择出正确的回答。听解文只有一个，接着马上听选项，没有充足的考虑的时间。要求瞬间作出正确选择。提问数量也较多，达到14题。
如果平时注重跟日本人会话，倾听日本人之间的自然交流，解答时就不会感到困难，如果还没做到这点的话，需要尽可能地增加接触自然会话的机会。
选项没有写在试卷上，听录音中的3个选项后，选择其中之一。

즉시 응답은," 회화력 "" 커뮤니케이션 능력 " 을 묻는 문제입니다. 짧은 발언을 듣고, 그 대답으로 적당한 것을 고릅니다. 듣는 문장은 한 문장이기 때문에 바로, 보기를 읽을 수 있기 때문에, 생각할 시간이 별로 없습니다. 순간적으로, 정답을 고르지 않으면 안됩니다. 문제수도 14 문제로 많습니다.
평소에 일본인과 이야기하거나, 일본인끼리의 자연스러운 커뮤니케이션을 듣거나 하면, 어렵지 않다고 생각하지만, 그렇지 않은 사람은, 가능한 자연스러운 대화를 접하도록 하세요.
보기는 문제 용지에 적혀 있습니다. 음성으로 된 세 개의 보기를 듣고, 하나를 고릅니다.

例題1　Example Question1　　　例题1　　　예제1

解き方とコツ　　Tips on how to answer questions　　　听解技巧　　　푸는 방법과 요령

❶ 発言と、返事の選択肢を聞きます。
　　Listen to a remark and alternative responses.　　听说话及其选项。　　발언과 대답의 보기를 듣습니다.

【発言・選択肢】Remark and alternatives　　说话・选项　　발언, 보기

No.5　M：夕べ、遅くまでテレビを見なかったらよかったんだけど。
　　　I shouldn't have watched TV until late last night.　　昨晚看电视，要是没看到那么晚就好了。
　　　어젯밤, 늦게까지 TV를 안 봤으면 좋았는데.

F：1　私も見ちゃって、寝不足よ。
　　　　I did too and I didn't get much sleep.　我也看了，睡眠不足哟。　나도 봐서, 잠 부족이야.
　　2　見なかったの？　見ればよかったのに。
　　　　You didn't watch? You should have watched it.　你没看吗？看了就好了。　안 봤어? 봤으면 좋았을 텐데…….
　　3　今日の夜こそ見たほうがいいわよ。
　　　　You should watch it tonight.　今天晚上看才正是时候呀。　오늘 밤이야말로 보는 편이 좋아.

❷ 返事として適切なものを選び、答えます。
Choose an appropriate reply and answer it.　选择适当的回答作答案。　대답으로 적절한 것을 고르고, 대답합니다.

「〜たらよかった（んだけど）」というのは、「〜」をしなかったけれど、したほうがよかった、という意味です。例えば「見たらよかった」は、「見なかったけれど、見たほうがよかった」です。
この問題では「見なかったらよかった」と言っていますので、「見た」けれど「見ないほうがよかった」という意味になります。

"〜tara yokatta (ndakedo)" means "(I) did not do 〜 but (I) should have done it." For example, "mitara yokatta" means "(I) did not watch it but (I) should have watched it."
This questions said "minakattara yokatta" so it means "(I) watched it, but (I) shouldn't have watched it."

"〜たらよかった（んだけど）"的意思是："谋事没做，但是要是做了就好了"。比如"見たらよかった"的意思是："没有看，但是要是看了就好了"。
这个试题中说,："見なかったらよかった"，意思是"看了，但是要是没看就好了"。

"하면 좋았다(좋았을걸)"라고 하는 것은"〜를 안 했지만, 하면 좋았다, 라고 하는 의미입니다. 예를 들면"보면 좋았다"는"안 봤지만, 보는 편이 좋았다"입니다.
이 문제에서는"봤으면 좋았다"고 말하고 있기 때문에,"봤다"지만"안보는 편이 좋았다"라고 하는 의미가 됩니다.

答え　Answer　答案　정답
1

例題2　Example Question2　例题2　예제 2

解き方とコツ　Tips on how to answer questions　听解技巧　푸는 방법과 요령

❶ 発言と、返事の選択肢を聞きます。
Listen to a remark and alternative responses.　听说话及其选项。　발언과, 대답의 보기를 듣습니다.

【発言・選択肢】Remark and alternatives　说话・选项　발언, 보기

No.6　F：私、一人で行けるわよ。子供じゃあるまいし。
　　　　I can go alone. I am not a child.　我一人能去，我又不是个小孩子。　나, 혼자서 갈 수 있어. 아이도 아니고.
　　M：1　うん、でもやっぱり心配だよ。
　　　　　Well, but I am still worried.　嗯，还是不放心哟。　응. 하지만 역시 걱정이야.
　　　　2　じゃあ一緒に行こうか。
　　　　　OK, let's go together.　那么就一起去吧。　그럼 함께 갈까?
　　　　3　子供は一緒に行かないの？
　　　　　Isn't the child going together?　孩子不一起去吗？　아이는 함께 안가？

②　返事として適切なものを選び、答えます。
Choose an appropriate reply and answer it.　　选择适当的回答作答案。　　대답으로 적절한 것을 고르고, 대답합니다.

「〜じゃあるまいし」という表現は、第2章の機能語リストに載っている、N1の重要な文型です。「〜じゃないんだから、(そんなことはしない、問題ない、大丈夫)」という意味です。

The expression "〜ja arumaishi" is on the list of functional words in Chapter 2 and it is a very important sentence structure for N1. It means "〜janaindakara (sonnakoto wa shinai, mondai nai, daijoubu, (not do such a thing, no problem, OK))."

"〜じゃあるまいし"是出现在第2章的功能词单上的N1重要句型。表示："因为不是〜，所以不会做那样的事，没问题，不要紧"等意。

"〜가 아니고"라고 하는 표현은, 제2장 기능어 리스트에 실려 있는 N1의 중요한 문형입니다. "〜가 아니니까, (그런 일은 하지않아, 문제없다, 괜찮다)" 라고 하는 의미입니다.

答え　　Answer　　答案　　정답

1

例題3　Example Question3　例題3　예제3

解き方とコツ　Tips on how to answer questions　听解技巧　푸는 방법과 요령

① 発言と、返事の選択肢を聞きます。
Listen to a remark and alternative responses.　　听说话及其回答选项。　　발언과, 대답의 보기를 듣습니다.

【発言・選択肢】Remark and alternative responses　　说话・选项　　발언, 보기

No.7　M：昨日のテスト、最後にちゃんと確認したつもりだったんだけど…。
　　　　As for the test yesterday, I thought I checked everything at the end, but….
　　　　昨天的考试，我以为最后确认得很仔细…。
　　　　어제 시험, 마지막에 확실히 확인했다고 생각했는데….

F：1　じゃあ点数、良かったのね。
　　　　So, you got a good score.　　那么你得分很高了，不错啊。　　자, 점수, 좋았네.

2　うん、最後までがんばることが大事よね。
　　　Yes, the important thing is to try hard until the end.　　是啊, 坚持到最后是很重要的.
　　　응, 마지막까지 열심히 하는 것이 중요하지.

3　そうかあ。何を間違えたの。
　　　Is that right? Which one you missed?　　怎么了, 有什么地方答错了吗?　　그래? 뭘 틀렸을까.

② 返事として適切なものを選び、答えます。
Choose an appropriate reply and answer it.　　选择适当的答案。　　대답으로 적절한 것을 고르고, 대답합니다.

「〜たつもり」という表現は、「〜たと考えるけど実際はそうではない」という意味です。例えば「お酒を飲んだつもりでそのお金を貯金する」「先生になったつもりで教えてみる」など。「確認したつもりだった」というのは、「確認したと思っていた。しかし実際は十分

確認されていなかった」ということになります。ですから、「何かを間違えた」と理解できます。

The expression "〜tatsumori" means that "I thought it was 〜 but it is actually not so." For example, "While I think that I have some drinks, I will save that money." and "I will teach while I think that I became a teacher." The expression "kakuninshitatsumoridatta (I thought I checked)" means that "I thought I checked but actually I did not check enough." Therefore, you can take it as "the speaker made a mistake(s)."

"〜たつもり"表达的是"以为〜，但是实际上并非如此"的意思。例如，"お酒を飲んだつもりでそのお金を貯金する（攒那些钱就当喝酒了）"，"先生になったつもりで教えてみる（把自己看成个老师试着教书）"等。"確認したつもりだった"意思是"以为确认了，但实际上却没有充分确认"。所以可以理解为"有什么地方答错了"。

「〜たつもり」라는 표현은，「〜라고 생각하지만 실제로는 그렇지 않다」라는 의미입니다. 예를 들면，「술을 마셨다고 생각하고 그 돈을 저금하다」「선생님이 된 기분으로 가르치다」등．「확인했다고 생각했다」라는 것은「확인했다고 생각했다. 그러나 실제로는 충분히 확인하지 않았다」라는 것입니다. 때문에，「무엇인가를 틀렸다」라고 이해할 수 있습니다.

答え Answer 答案 정답

3

このように、話し言葉でよく使われる表現が問題にされやすいと言えます。日本人と日常的に会話する機会のある人は、そのチャンスを十分使うこと。そうでない人は、会話文の学習をたくさんしておきましょう。音声だけですので、文字で見るだけでなく、自分で発音して覚えましょう。

また、第2章の表現が使われることも多いので、リストをよく見ておいてください。

Like these, common expressions in conversation are likely to appear as questions in this section. If you have opportunities to speak with Japanese people, take advantage of such chances. If not, go over a lot of conversational expressions. You only hear the recording in this section, so don't just read the letters and characters but learn by saying them aloud yourself.
Expressions in the lists in Chapter 2 often appear in this section, so go over the lists carefully.

可以说考试中常容易出现这种常用的口语表达形式。如果你有机会同日本人进行日常生活会话，请充分地利用这些机会。如果没有这种机会的话，需要预先学好更多的会话文。这类考题只有语音，所以平常学习时，除了看书面文字外，还应自己发出声音来，以便记住会话。

此外，第2章中记述的句型在考试中出现得很多，请看好句型表，掌握其用法。

이와 같이, 회화체로 자주 사용되는 표현이 문제가 되기 쉽다고 말할 수 있습니다. 일본인과 일상적으로 대화할 기회가 있는 사람은, 그 찬스를 충분히 사용할 것. 그렇지 않은 사람은, 대화문 학습을 많이 해 둡시다. 목소리만이기 때문에, 문자로 보기만 하는 것이 아니라 스스로 발음해서 외웁니다.

또한, 제 2장의 표현이 사용되는 경우가 많기 때문에, 리스트를 잘 봐두세요.

Chapter 4 — 5

統合理解 —だれの会話かを、正確につかむ

Integrated Understanding—Grasp correctly who are talking　综合理解—正确理解"什么人在会话"
통합이해—누구의 대화인가를, 정확히 파악하다

「統合理解」は、内容の理解を問う問題です。まず一人がまとまった話をし、そのあとに男女二人が、最初の話と関係のある内容の会話をします。最初の話は、複数のもの、事柄の説明をします。そのあとの男女二人の会話で、それぞれの人が何を選ぶかを判断します。
一つの問題に質問が二つあり、それぞれ選択肢は問題用紙に印刷されています。音声で流れる質問を聞いて、選択肢の中から答えを選びます。状況説明と会話は最初に流れますが、質問は前もって聞くことができません。難度は高くなります。

Questions in the Integrated Understanding section require understanding of the contents. First, one speaker talks about something extensively, and then, a man and a woman talk about something related to the contents of the talk. The first talk discusses several things or events. Then, according to the conversation between the man and the woman, you will judge what each of them chose.
There are two questions for one series of talk, and alternatives are printed on the question sheet. You will select an answer after hearing questions on the recording. You hear the introduction of a situation first, but you cannot hear the questions beforehand. The difficulty level of the questions are rather high.

在"综合理解"中，要测试的是考生对内容的理解能力。首先由一个人讲述一些连贯性的事情，然后有男女两人围绕这些事情进行谈论。开始听到的内容是对多种事项和事情的描述，之后通过听男女两人的会话，判断出会话者各自的选择是什么。
在一个试题中有两个提问，每个选项都印刷在卷面上。听完录音播放的提问后，从选项中找出正确答案。虽然开始能听到播放的情景说明和会话，但无法事先听到提问的内容，因而加大了难度。

"통합 이해"는, 내용의 이해를 묻는 문제입니다. 먼저 한 사람이 정리된 이야기를 하고, 그 후에 남녀 두사람이, 처음의 이야기와 관련된 내용의 대화를 나눕니다. 처음의 이야기는, 여러가지 일, 사정의 설명을 합니다. 그 후 남녀 두사람의 대화에서, 각자 무엇을 선택할지를 판단합니다.
하나의 문제에 질문이 두가지 있고, 각각의 보기는 문제용지에 적혀 있습니다. 질문을 듣고, 보기 중에서 정답을 고릅니다. 상황 설명과 대화는 처음에 나옵니다만, 질문을 먼저 들을 수는 없습니다. 난이도가 높습니다.

例題 Example question　例题　예제

解き方とコツ　Tips on how to answer questions　听解技巧　푸는 방법과 요령

❶ まず、印刷されている選択肢を読みます。

First, read the alternatives printed in the test sheet.　首先，阅读印刷在试卷上的选项。
우선, 인쇄되어있는 보기를 읽습니다.

【質問1】Question1　提问1　질문1

【選択肢】Alternatives　选项　보기

1	Aコース	2	Bコース
	A course　A路线　A코스		B course　B路线　B코스
3	Cコース	4	ない
	C course　C路线　C코스		None　没有　없음

❶❺

【質問2】 Question2 提问2 질문2

【選択肢】 Alternatives 选项 보기

1　Aコース
　　A course　A路线　A코스

2　Bコース
　　B course　B路线　B코스

3　Cコース
　　C course　C路线　C코스

4　ない
　　None　没有　없음

❷ 状況説明と、会話（テキスト）を聞きます。聞きながら、印刷された選択肢にメモをしてください。

You hear the introduction of a situation and the conversation (text). Take a note near the printed alternatives while listening.

听情景说明和会话（文）。在听的时候，请边听边在卷面上的选项处加入笔记。

상황 설명과 대화를 듣습니다. 들으면서, 보기에 메모를 해두세요.

【状況説明】 Explanation of the situation　情景说明　상황 설명

No.8　旅行会社の社員が、コースの説明をしています。

An employee of a travel company is talking about courses.　旅游公司的职员正在解说旅游路线。

여행회사의 사원이, 코스 설명을 하고 있습니다.

【会話】 Dialogue　会话　대화

No.8　こちら、3つのコースをご説明いたします。まずAコースは、自然を身近に感じたい方のための、ハイキングコースとなっております。ほぼ一日中、山道を歩きますが、途中、牧場やお花畑などで楽しんでいただけます。それから、Bコースは都会の歴史散策です。歴史的に重要な建物などを見学するのですが、200年前の料理を食べてみるという、興味深い体験もできます。そして、Cコースはちょっと変わった趣向を凝らした内容です。ホテルに2泊していただきますが、ここで何か事件が起こり、皆様が探偵となって事件を解決するという、参加型のミステリーツアーでございます。従来の旅行では物足りないという方に、ご好評いただいております。

Let me explain about these three courses. First, A course is a hiking tour for people who want to feel nature close. You walk on mountain trails for almost all day, and you can have fun at a ranch and in a flower field. And B course is a historical tour in the city. You visit historically significant buildings and you can have an interesting experience of eating food that was eaten 200 years ago. And C course is a tour of unique activities. You stay at a hotel for two nights and an incident occurs there. It is a mystery tour where participants take part in solving the incident by becoming detectives themselves. This tour is popular among those who are not satisfied with ordinary tours.

我来解说一下这3条旅游路线。首先是A路线，这是为那些期望亲身感受大自然的游客提供的徒步旅游路线。差不多整个一天都在山路间行走。不过在途中可以观赏牧场和花卉园圃等。下一个B路线，是都市历史散步。参观历史上重要的建筑物，还可以品尝200年前的菜肴，体验和回味过去，意味深长。还有C路线，是一个情趣非同一般的方案。请游客们在饭店留宿两天，然而这期间饭店里发生了案件，要求大家扮为侦探一起参加破案，这是一种参与型的神秘旅行，深受那些对以往的旅行感到仍不解渴的游客们的欢迎。

여기에서 3 개의 코스를 설명 드리겠습니다. 먼저 A 코스는, 자연을 가까이 느끼고 싶은 분을 위한 하이킹 코스입니다. 거의 하루종일 산길을 걷습니다만, 도중에 목장이나 꽃밭 등에서 즐기실 수 있습니다. 다음의, B 코스는 도시의 역사 탐방입니다. 역사적으로 중요한 건물 등을 견학합니다만, 200 년 전의 요리를 먹어 보는, 흥미로운 체험도 할 수 있습니다. 그리고, C 코스는 조금 색다른 취향의 내용입니다. 호텔에 이틀 머무르게 됩니다만, 호텔에 사건이 일어나서 여러분이 탐정이 되어 사건을 해결하는 참가형 미스터리 투어입니다. 종래의 여행으로는 어딘지 아쉽다고 생각하시는 분들께, 호평 받고 있습니다.

F：ねえ、どれにしようか。私、このミステリーツアー、興味あるんだけど。
M：そうだなあ……。楽しそうではあるんだけど……。僕はアカデミックな要素があるやつがいいなあ。
F：へえ～、そうですか。じゃ、歴史のね。
M：200年前の食べ物がいいよね。
F：う～ん、ホテルの料理のほうが結局おいしいってことになるんじゃないかなあ。
M：自然体験のは、どうなの？
F：まあこれは、いつでも行けそうだからね。やっぱり普通じゃ体験できないものがいいわ。
M：う～ん、そうかなあ。

F：Hey, which one do you like? I am interested in this mystery tour.
M：OK…… It sounds fun but ……. I would prefer one with some sort of academic elements.
F：Is that so? You mean the history one?
M：Food from 200 years ago sounds good.
F：Hmm, isn't it going to be like food at a hotel is better eventually? Don't you think?
M：How about the experiencing-the-nature one?
F：Well, it seems that we can go for it any time. Indeed, I would like to go for the one where I can get the kind of experience that I hardly will otherwise.
M：Hmm, I am not sure.

F：哎，决定哪个？我对这个神秘旅行很感兴趣啊。
M：是啊……，看起来满有意思……。不过，我觉得还是有学术性的路线才好。
F：哦？是吗？……，那么，就是历史的路线喽。
M：能吃200年前的菜肴，满不错啊。
F：嗯，不过……到最后终究还是不是饭店的饭菜更好吃嘛。
M：那，感受自然的那个怎么样？
F：感受自然嘛，无论什么时候都是可以的。还是通常体验不到的才好。
M：嗯……，倒也是。

F：저기, 어느 것으로 할까? 나, 이 미스터리 투어, 흥미 있는데.
M：글쎄…… 즐거울 것 같지만…… 나는 학습적인 요소가 있는 것이 좋아.
F：흠…… 그렇습니까? 그럼, 역사 쪽？
M：200년 전의 음식이 좋아.
F：음…… 호텔 요리 쪽이 결국 맛있다고 하는 것으로 되는 게 아닐까?
M：자연체험하는것은, 어때?
F：이것은, 언제든지 갈 수 있기 때문에. 역시 색 다른 체험을 할 수 있는 것이 좋아.
M：음…… 그럴까？

【メモを書き加えた選択肢】 Alternatives with notes added　加入了笔记的选项　메모를 써 넣은 보기

1	Aコース	ハイキングコース	2	Bコース	歴史散策　男の人
	A course　A路线　A코스			B course　B路线　B코스	アカデミック
3	Cコース	ミステリーツアー	4	ない	
	C course　C路线　C코스	女の人		None　没有　없음	

❸ 話のポイントを押さえておきます。
Get the important points of the conversation.　抓住会话的要点。　이야기의 포인트를 정리해 둡시다.

以下の点を聞き取ります。
Listen for the following points.　需要听懂的是下列几点。　이하의 점을 알아 둡니다.

・女の人は「ミステリーツアー、興味ある」と言っている。→ Cコース

- 男の人は「アカデミックな要素のある」「歴史の」「200年前の食べ物」と言っている。
  → Bコース
- 「自然体験」コースは「いつでも行けそうだから」と言っている。
  → Aコースは、二人とも選ばない。

- The woman said "misterii tsuaa, kyoumi aru (she is interested in mystery tour.)" →C course
- The man referred to "akademikkuna youso no aru (one with some sort of academic elements)," "rekishi no (historical)," and "200 nen mae no tabemono (food from 200 years ago)." →B course
- As for "Nature experience" course, they said "itsudemo ikesou dakara (it seems that we can go for it any time.)" →Two of them did not choose A course

- 女人说"对神秘旅行感兴趣"。→C路线
- 男人说"有学术性""历史的""200年前的菜肴"为好。→B路线
- "感受自然"路线"无论什么时候都可以"。→A路线,都不选择。

- 여자는 "미스터리 투어, 흥미 있다"라고 말하고 있다 →C코스
- 남자는 "학습적인 요소가 있다" "역사 쪽" "200년 전 음식"이라고 말하고 있다 →B코스
- "자연 체험" 코스는 "언제든지 갈 수 있기때문"이라고 말하고 있다 →A코스는, 두사람 모두 고르지 않는다.

4 質問を聞きます。

Listen to the question.　　听提问。　　질문을 듣습니다.

【質問1】 Question1　提問1　질문1

No.8　女の人は、どのコースがいいと言っていますか。

Which course, did the woman say, is good?　女人说哪条路线好?　여자는, 어느 코스가 좋다고 말하고 있습니까?

【質問2】 Question2　提問2　질문2

No.8　男の人は、どのコースがいいと言っていますか。

Which course, did the man say, is good?　男人说哪条路线好?　남자는, 어느 코스가 좋다고 말하고 있습니까?

5 答えを選択肢の中から選びます。

Choose the answer from the alternatives.　从选项中找出正确答案。　대답을 보기 중에서 고릅니다.

答え　Answers　答案　정답

質問1　**3**　　質問2　**2**

＊この例題は、男の人も女の人も途中で考えを変えることなく話が進んでいますが、本試験の問題は、途中で意見や考えを変える場合がよくあるので、注意して聞いてください。

＊In this example question, both the man and the woman did not change their mind during the conversation, but in the real examination, such changes are common so be careful when you listen to the recording.

＊在这个例题中，男人和女人在会话过程中没有改变自己的想法。不过在正式考试时，有很多场合说话人中途改变了意见或想法，请加以注意。

＊이 예제는, 남자도 여자도 도중에 생각을 바꾸는 것 없이 이야기가 진행되고 있지만, 본시험의 문제는, 도중에 의견이나 생각을 바꾸는 경우가 자주 있으므로, 주의해서 들으세요.

日本語能力試験 N1　試験問題構成

試験科目 (試験時間)		問題の構成		
		大問	小問数*	ねらい
言語知識・読解 (110分)	文字・語彙	漢字読み	6	漢字で書かれた語の読み方を問う
		文脈規定	7	文脈によって意味的に規定される語が何であるかを問う
		言い換え類義	6	出題される語や表現と意味的に近い語や表現を問う
		用法	6	出題語が文の中でどのように使われるのかを問う
	文法	文の文法1 （文法形式の判断）	10	文の内容に合った文法形式かどうかを判断することができるかを問う
		文の文法2 （文の組み立て）	5	統語的に正しく、かつ、意味が通る文を組み立てることができるかを問う
		文章の文法	5	文章の流れに合った文かどうかを判断することができるかを問う
	読解	内容理解（短文）	4	生活・仕事などいろいろな話題も含め、説明文や指示文など200字程度のテキストを読んで、内容が理解できるかを問う
		内容理解（中文）	9	評論、解説、エッセイなど500字程度のテキストを読んで、因果関係や理由などが理解できるかを問う
		内容理解（長文）	4	解説、エッセイ、小説など1000字程度のテキストを読んで、概要や筆者の考え方などが理解できるかを問う
		統合理解	3	複数のテキスト（合計600字程度）を読み比べて比較・統合しながら理解できるかを問う
		主張理解（長文）	4	社説、評論など抽象性・論理性のある1000字程度のテキストを読んで、全体として伝えようとしている主張や意見がつかめるかを問う
		情報検索	2	広告、パンフレット、情報誌、ビジネス文書などの情報素材（700字程度）の中から必要な情報を探し出すことができるかを問う
聴解 (60分)		課題理解	6	具体的な課題解決に必要な情報を聞き取り、次に何をするのが適当か理解できるかを問う
		ポイント理解	7	事前に示されている聞くべきことをふまえ、ポイントを絞って聞くことができるかを問う
		概要理解	6	テキスト全体から話者の意図や主張などが理解できるかを問う
		即時応答	14	質問などの短い発話を聞いて、適切な応答が選択できるかを問う
		統合理解	4	長めのテキストを聞いて、複数の情報を比較・統合しながら、内容が理解できるかを問う

＊「小問数」は毎回の試験で出題される目安で、実際の試験での出題数は多少異なる場合があります。
　また、小問数は変更される場合があります。
＊「読解」では、一つのテキスト（本文）に対して、複数の問題がある場合もあります。

（独立行政法人 国際交流基金、財団法人 日本国際教育支援協会『新しい「日本語能力試験」ガイドブック』に基づき作成）

模擬試験

言語知識・読解
聴解

模擬試験

言語知識（文字・語彙・文法）・読解

【制限時間 110 分】

文字・語彙

【漢字読み】

問題1 ＿＿＿の言葉の読み方として最もよいものを1・2・3・4から一つ選びなさい。

① 証言に矛盾が多いところから、彼の犯行が明らかになった。
　　1　むちょく　　　2　よちょく　　　3　むじゅん　　　4　よじゅん

② 彼は明るくて楽しい人だが、軽率なところがある。
　　1　けいそつ　　　2　けいりつ　　　3　けそつ　　　　4　けりつ

③ 日本語はあいまいな表現が多く、誤解が生じることがある。
　　1　なまじる　　　2　うまじる　　　3　せいじる　　　4　しょうじる

④ 指示があり次第、直ちに現地に向かうことになっている。
　　1　そくちに　　　2　ただちに　　　3　ちょくちに　　4　なおちに

⑤ 彼女はさすがベテランだけあって、仕事の手際がいい。
　　1　しゅぎわ　　　2　しゅさい　　　3　てぎわ　　　　4　てさい

⑥ 会議中、ぼんやりしていて、的外れなことを言ってしまった。
　　1　まとはずれ　　2　てきはずれ　　3　まとそれ　　　4　てきそれ

【文脈規定】

問題2 ＿＿＿（　）に入れるのに最もよいものを、1・2・3・4から一つ選びなさい。

⑦ 彼女は、（　　　）な家庭で育ったので、苦労を知らない。
　　1　余裕　　　　　2　裕福　　　　　3　富豪　　　　　4　豪華

⑧ 大地震に備えて、建物の（　　　）をする。
　　1　援護　　　　　2　援助　　　　　3　補充　　　　　4　補強

⑨ 新しい提携先が決まり、とりあえず（　　　）契約を結んだ。
　　1　前　　　　　2　仮　　　　　3　先　　　　　4　副

⑩ この番組は、教育（　　　）問題がある。
　　1　面　　　　　2　性　　　　　3　風　　　　　4　上

⑪ この企業は、最近（　　　）業績を伸ばしている。
　　1　はなはだしく　2　まぎらわしく　3　いちじるしく　4　すがすがしく

⑫ 彼は、何カ国語も話し、海外企業との（　　　）役を果たしている。
　　1　アタッチ　　　2　リンク　　　3　ブリッジ　　　4　パイプ

⑬ 初対面の人に政治や宗教の話をするのは（　　　）ほうがいい。
　　1　さけた　　　2　よけた　　　3　どけた　　　4　しりぞいた

【言い換え類義】

問題3　＿＿＿の言葉に意味が最も近いものを、1・2・3・4から一つ選びなさい。

⑭ 今から説明しますので、何かに<u>ひかえて</u>ください。
　　1　静かにして　2　よく聞いて　3　資料を出して　4　メモをとって

⑮ コピー機を<u>無断</u>で使用しないでください。
　　1　許可を得ないで　　　　2　お金を払わないで
　　3　長い間連続して　　　　4　乱暴に

⑯ 私の意見は、<u>ことごとく</u>否定された。
　　1　ひどく　　　2　だれからも　3　すべて　　　4　部分的に

⑰ 冬山登山の際は、<u>綿密な</u>計画が必要だ。
　　1　みんなが納得した　　　2　細かいところまで考えた
　　3　防寒を重視した　　　　4　あまり人に知られないような

⑱ 彼からの<u>ささやかな</u>プレゼントがうれしかった。
　　1　きれいな　　2　りっぱな　　3　心のこもった　4　ちょっとした

19 だれにも気兼ねせずに、ひとりで暮らしたい。
1 遠慮せずに　　2 気づかれずに　　3 邪魔されずに　　4 迷惑をかけずに

【用法】
問題4　次の言葉の使い方として最もよいものを、1・2・3・4から一つ選びなさい。

20 いわば
1 この会社は、新しいアイデアでつくり上げたいわばベンチャー企業だ。
2 ヒマラヤ山脈には8000メートル級の山が連なり、いわば世界の屋根だ。
3 悲しみに沈む彼女には、いわば思いやりのある言葉が必要だ。
4 毎日同じようなものではなく、いわばちょっと変わったものが食べたい。

21 見込み
1 小学校の漢字学習は、約1000字の見込みである。
2 この会社の将来の見込みは明るい。
3 10年後の生活がどうなっているのか、見込みがつかない。
4 このチームの実力では、優勝の見込みはない。

22 こじれる
1 契約直前で、問題が起きて話がこじれてしまった。
2 彼の説明はこじれていて、わかりにくい。
3 調味料を入れすぎて、料理の味がこじれてしまった。
4 ひもがこじれて、途中で切れてしまった。

23 余計
1 今度の講演会は、まだ席に余計がありますから、どうぞご参加ください。
2 本人は頑張っているのだから、周りは余計なことを言わないほうがいい。
3 昨日の夕食の余計を、お弁当に入れて持ってきた。
4 人数が増えると困るので、余計なものを買っておきましょう。

24 不順
1 景気が不順だと、失業者が増える。
2 あの選手は、今不順で、いい記録が出せない。
3 この会社は、目下、業績不順に悩んでいる。
4 天候が不順なので、体調を崩しやすい。

25 コントロール
1 自分の感情をコントロールできないようでは、大人とはいえない。
2 料理は、味のコントロールが難しい。
3 部長は、医者に酒をコントロールするように言われたそうだ。
4 最近収入は増えたが、お金のコントロールは続けるつもりだ。

文法

【文の文法1（文法形式の判断）】
問題5 次の文の（　）に入れるのに最もよいものを、1・2・3・4から一つ選びなさい。

26 もう少し早く救急車を呼んでいたら、助かった（　　　）。
1　もの　　　2　ものだ　　　3　ものを　　　4　ものか

27 試験まであと3カ月。今から勉強したところで、（　　　）。
1　頑張れば何とかなる　　　2　合格は難しいだろう
2　大変な努力が必要だ　　　4　合格しないようだ

28 学生時代は本当に楽しかった。あのころに戻れる（　　　）戻りたい。
1　ものだから　　2　ものを　　3　ものなら　　4　ものの

29 生き物の命を奪う（　　　）なく人間が生存することは不可能だ。
1　もの　　　2　ところ　　　3　わけ　　　4　こと

30 こんな美しい風景を見たら、だれでも感動（　　　）。
1　しかねない　　　　　　2　しないではいられない
3　しようがない　　　　　4　してたまらない

31 二人は、結婚当初の時とは違ってけんかばかりしている。このままだと離婚（　　　）。
1　しようがない　2　しやすい　3　しかねない　4　しがたい

32 スーパースター（　　　）プライバシーを侵害されていいはずがない。
1　ともなれば　　　　　　2　といえども
3　にいたっては　　　　　4　にしては

33 となりのクラスは、優勝に向けて毎日練習している。それ（　　　）うちのクラスはだれもやる気がない。
　1　だからといって　　　　　　　2　にひきかえ
　3　ばかりか　　　　　　　　　　4　とあいまって

34 言う（　　　）ことだが、多くの人の意見を調整するのは大変なことだ。
　1　ことはない　　2　はずはない　　3　までもない　　4　わけもない

35 大型連休（　　　）、行楽地はどこも大変な人出だ。
　1　とあって　　2　をよそに　　3　として　　4　をもって

【文の文法2（文の組み立て）】
問題6　次の文の　★　に入る最もよいものを、1・2・3・4から一つ選びなさい。

36 全国大会に　＿＿＿　＿＿＿　★　＿＿＿　トラブルが起きた。
　1　地方大会で　　　　　　　　　2　思いがけない
　3　行われた　　　　　　　　　　4　先だって

37 勉強して　＿＿＿　＿＿＿　★　＿＿＿　だった。
　1　寝てしまい　　　　　　　　　2　授業が終わってから
　3　いるうちに　　　　　　　　　4　気がついたのは

38 著作の中の彼　＿＿＿　★　＿＿＿　＿＿＿　大きく動かした。
　1　心を　　　　　　　　　　　　2　表現が
　3　独特の　　　　　　　　　　　4　私の

39 自分から進んで　＿＿＿　★　＿＿＿　＿＿＿　できるようにならないと思う。
　1　仕事は　　　　　　　　　　　2　しない
　3　覚えようと　　　　　　　　　4　限り

40 この国の景気は、多少　＿＿＿　＿＿＿　★　＿＿＿　ため、就職難が続いている。
　1　とはいえ　　　　　　　　　　2　結びついていない
　3　回復した　　　　　　　　　　4　雇用には

【文章の文法】

問題7 次の文章を読んで、[41] から [45] の中に入る最もよいものを、1・2・3・4から一つ選びなさい。

「A地点からB地点へ行くのに、最短距離を行くか、それとも遠回りをして行くか」と問われたらどう答えるだろう。

一般的には「最短距離」を選ぶのだろうが、実は、「遠回り」が人生においては[41]。大学時代というのは、そんな時期の一つである。

大学生活では、自分の好きなことも、逆に未経験のこともしてみたほうがいいし、なんといっても、たくさんの本を読んだり、映画を見たり音楽を聴いたり、多くの人と話したりする[42]。その中で経験する感動や失望も重要だ。直接何かの役に立つことは少ないだろうが、結果的に人生を豊かにする。そのようないわば「遠回り」が、人間としての優しさや強さを育て、深い人格がつくられると私は確信している。

[43]今の大学生たちは、入学するなり「就職」という問題に直面し、3年生ともなればゼミにも出席せずに企業訪問をしている。自分の本当にしたいことは何なのか、自分が何に向いているのかじっくり考える余裕もほとんどなく、彼らは就職面接に行く。じっくり考えていないから、就職活動マニュアルに書いてある通りの内容を、全員の学生が[44]のだ。

このことは、日本の企業、日本の社会にとって非常によくない影響を与えると思う。「遠回り」の経験がないまま大学を卒業して社会人になった者は、壁に突き当たったとき問題解決をすることができない。[45]ことができない人間が増えてしまうのである。

[41]
1 避けられている　　2 必要なこともある
3 無駄になることが多い　　4 常に選ばれている

[42]
1 わけがない　2 ものがある　3 ことがある　4 べきである

[43]
1 したがって　2 たとえば　3 すなわち　4 ところが

44
1　述べる　　　　2　述べない　　　　3　理解する　　　　4　理解しない

45
1　大学を卒業する　　　　　　2　卒業しても就職する
3　苦難を乗り越える　　　　　4　「遠回り」する

読解

【内容理解（短文）】

問題8　次の文章を読んで、後の問いに対する答えとして、最もよいものを1・2・3・4から一つ選びなさい。

「なんのために人は夢を見るのか？」（中略）ある説では脳の活動により、昼間の行動で経験した事柄のなかから重要な情報だけを選んで永久記憶として保存しているという。また、昼間に脳が受け取った情報のうち不要なものを消去しているという説もある。そうしなければ、ちょうどコンピューターがメモリ不足で動かなくなってしまうことがあるように、人間の脳も情報であふれかえって収拾がつかなくなるというのだ。このふたつの説は保存と消去というまったく逆の働きのように聞こえるが、情報の整理という観点からすれば、同じである。

（日本博学倶楽部『「科学の謎」未解決ファイル』ＰＨＰ文庫による）

46　なぜ「同じである」と言っているのか。
1　どちらの説も夢について述べているから
2　どちらの説も人間とコンピューターを比較しているから
3　コンピューターと人間の脳は同じ働きをするから
4　どちらも必要なものは保存し、不要なものは消去することになるから

　以前、学校というのは50人ほどの生徒が入れる教室で授業が行われるのが普通だった。しかし、近年少子化の影響もあってか、小さい空間で少人数教育をする学校が増えつつある。ある学校では、普通の授業は従来の半分ほどの大きさの教室で行われるが、そのほかに4、5人で使うのに適した小部屋もあり、ゼミのような授業もできるという。生徒も少人数なら質問もしやすいし、教師も丁寧に教えることができる。勉強が楽しくなったという生徒も多いということだ。より良い教育を目指すなら、まずは器から変えていく必要があるのかもしれない。

47 「ある学校」について、正しいものはどれか。
1　50人のクラスでも丁寧に指導している
2　常に4、5人で授業を行っている
3　勉強が好きな生徒を集めている
4　空間をうまく使って教育している

　もし無人島に流されたら、私たちはいったいどういう生活をするのだろう。道具も何もない孤島で、原始時代のような生活に戻っていくのだろうか。
　以前、ジャングルの中に取り残され戦争が終わったことも知らずに20年もの間一人で生活した日本兵がいたが、彼らがそうであったように、人間は周りにあるものを使って、現代の生活様式に少しでも近づけようとするもののようだ。人は自分の属する文化から決して離れられるものではないということだろう。

48 日本兵はジャングルでどんな生活をしていたか。
1　新たな道具を作りだし、文化的な生活をしていた
2　周りにあるものを使って新たな生活を生み出していた
3　何も道具がないので、原始時代のような生活をしていた
4　自分のしていた生活に近い生活をしようとしていた

　日本人がつい最近まで肉より魚をたくさん食べていたなんて信じられますか。水産庁の統計によると、2006年に初めて一日に食べる魚介類の量が肉類を下回ったそうです。大昔ならともかく、私が小さい時、つまり過去20年くらいを考えても、家庭で魚料理の回数が肉料理より多かったなんてことはなかったし、子どもは明らかに焼魚よりフライドチキンのほうが好きです。まさか毎日さしみを食べる家庭はないでしょう。ずいぶん前からこんなイメージを持っていたので、驚きの一言です。

49 驚きは何に対してか。
1　肉より魚をたくさん食べていること
2　毎日さしみを食べる家庭があること
3　肉と魚の消費量が最近逆転したこと
4　魚より肉をたくさん食べていること

【内容理解（中文）】

問題9 次の文章を読んで、後の問いに対する答えとして、最もよいものを1・2・3・4から一つ選びなさい。

　われわれの生活をふりかえってみても、遊ぶのにはまったく事欠きません。
　そして、ますますそういう手段、施設はふえる一方です。だが、ふえればふえるほど、逆にますます遊ぶ人たちの気分は空しくなってくるという①奇妙な事実があります。遊ぶにしても、楽しむにしても、ほんとうに楽しく、生命が輝いたという全身的な充実感、生きがいの手ごたえがなければ、ほんとうの意味のレクリエーション、つまりエネルギーの蓄積、再生産としてのレクリエーションはなりたちません。
　身近な例で、たとえばプロ野球を見に行く。チャンスにホームランが出る、またすばらしいファイン・プレー。みんな大喜びです。胸がスーッとします。
　だが、それがあなたの生きがいでしょうか。
　あなたの本質とはまったくかかわりない。そのホームランのために自分の指一つ動かしたわけじゃなし、スタンドでの感激はあっても、やはりただ見物人であるにすぎないのです。まして、テレビでも見ている場合はなおさらでしょう。ひとがやったこと、あなたは全人間的にそれに参加してはいない。結局、自分は不在になってしまう。（中略）どんなに遊んでも、その時は結構楽しんでいるようでも、②何か空虚なのです。

　　　　　（岡本太郎『今日の芸術』知恵の森文庫　一部改変による）

50　なぜ①「奇妙な事実」と言っているのか。
　　1　遊ぶ人たちの空しい気持ちは、理解できないから
　　2　人を楽しませるための施設が逆効果になっているから
　　3　遊ぶための施設が増えていく理由が納得できないから
　　4　人を楽しませるためには、施設はいらないから

51　②「何か空虚なのです」とあるが、なぜ「空虚」なのか。
　　1　他人がやっていることを見ているだけでは生き甲斐にならないから
　　2　ホームランやファイン・プレーに、自分の手で拍手をしなったから
　　3　本当に自分が好きなことは、プロ野球を見ることではないから
　　4　感激や楽しみというものは、すぐに消えてしまうものだから

52　筆者の言う「ほんとうの意味のレクリエーション」になるのは、次のうちのどれか。
　　1　アイドル歌手のＣＤを買うこと　　2　サッカーの試合を見に行くこと
　　3　美術館に絵を見に行くこと　　　　4　好きな絵をかくこと

ある人の本に次のような引用文が載っていた。

「二十歳の人にとって十年の差は大きい。それは人生の半分にあたるからだ。が六十歳の人間にとって二十歳のときと三十歳のときとの十年の差は、通って来た道の六分の一である。そして九十歳ともなれば、① それらはほぼ同じ遠さであろう。つまり、② 人間の記憶というのは、縦並びから横並びへと徐々に変わってゆく。記憶は、若いあいだは何がどの年に起こったかが克明に記録されるクロノロジー（年代記）のかたちをとるが、やがてだいたいあの頃というふうに前後の秩序だけがはっきりしているパースペクティブ（遠近法）に移行し、最後は遠近もさだかでない一枚のピクチュア（絵）になる。」

今の自分の記憶は、どうなっているだろう。確かに、小学校の頃の思い出、中学高校の頃の思い出、新社会人の頃、そしてその後のこと、どれもがグループごとに固まって記憶されてはいるものの、既に年代記の形にはなっていない。そのうちに、このグループの枠もはずれてしまい、記憶はばらばらになって、一枚のキャンバスの上に無秩序に散らばってしまうということだろう。

[53] ①「それらはほぼ同じ遠さであろう」とあるが、これはどういうことか。
1　六十歳も九十歳も通ってきた道は変わらない
2　六十歳も九十歳もどちらもそれほど違いはない
3　二十歳のときも三十歳のときも同じくらい昔のことだ
4　二十歳から三十歳までの道は九分の一だ

[54] ②「人間の記憶というのは、縦並びから横並びへと徐々に変わってゆく」と言っているが、これはどういうことか。
1　昔の出来事のほうがはっきり記憶に残るようになる
2　出来事の重要性が分からなくなる
3　新しい出来事が覚えられなくなる
4　どんな出来事も同じ頃に起きたような気がしてくる

[55] 筆者は現在どの段階にいると考えられるか。
1　年代記の段階
2　年代記と遠近法の間の段階
3　遠近法の段階
4　絵の段階

グローバル化によって広がる国家間、地域間格差は、どうすれば解決できるのだろうか。
　まず、すぐに思いつくのは金持ちが貧乏人に金を施すことだ。今までの国際援助はこのかたちが主流だった。だがよく見てみると、施したはずの金は結局金持ちのもとに還元される仕組みになっていたり、なぜかいつの間にか消えていたりした。『施し』はしょせん、一時的、一方的に与えられる金にすぎず、貧困から脱出するきっかけにはなり得ない。やはり、脱出するには他人を当てにせず、自助努力、自分で働いて稼いではい上がるしかない。その行為を支援することこそ、①金持ち、先進国のするべき格差解決の道だろう。

　最近、先進国が途上国の生産者から農産物や工芸品などを適正な価格で購入する②「フェアトレード」が注目されている。従来のように原料費や賃金、商品価格を不当に低く抑えることはしない。現地で生産された物をただ買うのではなく、消費国の規格に合った商品、需要がある商品をきちんと指導し作らせることも一部で行われている。このシステムによって、生産者は労働を正当に評価される喜びとともに、徐々に収入が増えることで自立への道を進むというわけである。まさに、③『フェア』、あわれみも搾取(注1)もない公平な立場で支援するのである。

（注1）搾取……（資本家が労働者から）利益を不当にしぼりとること

56　①金持ち、先進国のするべき格差解決の道とは何か。
　　1　途上国に金を与えること
　　2　国際援助の金を還元すること
　　3　途上国の自助を支えること
　　4　自分で働いてはい上がること

57　②「フェアトレード」とは何か。
　　1　途上国の生産物をなるべく高い値段で購入すること
　　2　途上国の生産物を価値に相当する値段で購入すること
　　3　途上国の生産物をなるべくたくさん購入すること
　　4　途上国の生産物をなるべく安い値段で購入すること

58　③ここで言う『フェア』とは何を指すか。
　　1　援助に頼らず、働いて自立すること
　　2　途上国と先進国の関係が対等なこと
　　3　途上国の人々が同一賃金で働くこと
　　4　商品が先進国の需要に合っていること

【内容理解（長文）】

問題10 次の文章を読んで、後の問いに対する答えとして、最もよいものを1・2・3・4から一つ選びなさい。

（前略）国語辞典で民族を引いてみると、「言語・文化を共有する人間の集団」とある。一見もっともな解釈だが、ではドイツ語を公用語とするオーストリア人は本来はドイツ人というべきなのか。もとJリーガーのラモス瑠偉はブラジル人なのか、いや帰化したのだからもはや日本人が正しいのか。といったように、民族とはきわめてあやふやで、人類学の分野でさえ統一見解が出せないほど事情はこみ入っている。むろん、外観やDNAなどの遺伝子分析が民族区別の基準になっているわけでもない。

けっきょくは、言語を中心に宗教、習俗、歴史などを共通にした集団の自己主張であり、自分は○○人に帰属するとの自覚が民族を決定する最大の要因なのである。随分といい加減なようだが、いってみれば①<u>自己申告に近い個人の「思いこみ」によって支えられている</u>のが、ほかならぬ民族という概念だ。

たとえば次のような例がある。アラブ人といえば、東はイラクから西はモロッコまでの広大な地域に居住する人々の集団で、その数は約一億人という。身体的特徴からいえば彼らはヨーロッパ人種セム・ハム系に属するが、といってアラブ人という一まとまりの人種が存在するわけではない。アラビア語を共通項とする人達の単なる総称なのだ。

それではアラブ人とはいったいなんだろうか。わかりやすく定義すると、イスラム教を信仰し、アラビア語で日常生活を送り、「自分はアラブ人である」と認識している人々の集団のことである。

ユダヤ人ともなると定義は明快だが、実態はさらに曖昧だ。慣例法規ハラハーによるとユダヤ人とは、ユダヤ人の母親から生まれた者またはユダヤ教に改宗した者であって、日本人でも改宗すればユダヤ人になれる。世にいう民族とは、このように抽象的であって、けっして普遍的な概念ではないのである。

民族はまた、フランス革命以降に生まれた国民国家と表裏一体の関係にある。

一民族、一言語を理想とする国民国家の形成には、国という「器」に入れる中身つまり民族が不可欠の条件だ。いいかえれば、民族の存在証明は、最終的に自らの器（国家）をつくることにあるといっていい。（中略）

現在では、国名と民族名とが不即不離の関係にあるものが多い。実態は多民族なのに②<u>米国人</u>とか③<u>インド人</u>、または④<u>アラブ人</u>でありながらエジプト人とかイラク人という呼称が正当化されるのは、現実にそのように呼ばれる国が存在するからだ。これらは言語・文化・歴史を共有する本来の民族の定義とは異なるが、国民という現実を優先した結果、（中略）新しい民族として規定されうるのである。

（辻原康夫『世界地図から地名の起源を読む方法』による）

[59] ①自己申告に近い個人の「思いこみ」によって支えられているとあるが、これと同じことを述べている文はどれか。
1　民族は人類学の分野では統一見解が出せない
2　自分は○○人に属するという自覚が民族を決定する
3　民族は言語・文化を共有する集団のことだ
4　自分の属する民族は、自由に決めることができる

[60] 本文によれば、次のうちユダヤ人と認められない可能性があるのはどの人か。
1　父親がユダヤ人である人
2　両親ともにユダヤ人である人
3　両親ともユダヤ人ではないがユダヤ教徒である人
4　ユダヤ人と結婚していて、ユダヤ教に改宗した人

[61] ②米国人、③インド人、または④アラブ人の説明として正しいものはどれか。
1　米国人、インド人はその国の国民であることを表し、民族の名ではない
2　アラブ人は多民族の総称であって、アラブの国々に属している
3　米国人もインド人も、もともと一つの国に属する民族の名である
4　アラブ人は宗教、言語、文化を共有する集団で、一つの国に属している

[62] 内容に合っているものはどれか。
1　ドイツ語を公用語とする民族は、ドイツ人である
2　外観やＤＮＡが民族を区別する基準になっている
3　今では一民族、一言語の国民国家が普通である
4　○○人というと、民族を表す場合と国民を表す場合がある

【統合理解】

問題11　次のＡとＢはそれぞれ芸術や文化について書いたものである。ＡとＢの両方を読んで、後の問いに対する答えとして、最もよいものを１・２・３・４から一つ選びなさい。

【Ａ】

日本の経済構造を製造業中心から文化、観光、スポーツ中心に政策の重点を移したらどうか、という意見がある。文化にかける政府の予算を増やせば、若者の雇用を生むこともできるし、もし30万人規模の地方都市の劇場にその人口の１％を集め

れば、演劇や音楽の採算が十分成り立ち、周囲の商店街も潤うというわけだ。また、若手の芸術家を学校に派遣すれば、芸術家も収入を得られ、また地域の教育活動にも役立つという雇用と芸術振興の一石二鳥の効果を生むというのだ。日本は文化にかける予算が少ない。芸術、文化を町の、いや、国の公の財産と考え、これにもっと投資すれば、地方も潤い芸術振興にも役立つだろう。

【B】

「資源の少ない日本が、世界で生き残るのに一番必要なものは、文化力だ。」金沢21世紀美術館をプロデュースし、伝統文化の残る町金沢のイメージを現代的なものに転換した女性の言葉だ。この人によると、アートは観光や経済の活性化にも大きく寄与できるが、文化庁などの振興策は、作り手への支援に偏っている。作品の魅力を解釈、説明する人がいなければ、芸術の裾野を広げ、ひいては海外に発信することもできない。国は作り手と鑑賞者の橋渡し役になるこれらの人材への支援をもっと積極的に行うべきであるということだ。確かに、そうすれば経済効果もずっと大きくなるだろう。

63 AとBで共通して言っていることは何か。
1 劇場をつくれば地方都市が潤う
2 芸術や文化は経済効果を生む
3 芸術には古い町を現代的にする力がある
4 現代文化を学校でも学ばせるべきだ

64 「この人」が一番望んでいることは何か。
1 伝統のある町を大切に守ること
2 文化・芸術で町おこしをすること
3 橋渡し役の人材に対する支援
4 芸術・文化で利益をあげること

65 AとBの違いについて、正しいのはどれか。
1 Aは芸術・文化を作り手の立場からとらえている。
2 Aは芸術を支える人への支援が必要だと言っている。
3 Bは芸術・文化を海外に発信する方法について述べている。
4 Bは芸術・文化を作り手の立場からとらえている。

【主張理解（長文）】

問題12 次の文章を読んで、後の問いに対する答えとして、最もよいものを1・2・3・4から一つ選びなさい。

　自由と平等というのは決して一致するものではない。むしろ時には①反発しあう。だからこそ、両者のバランスをどうとっていくのかが問題となるのである。（中略）
　平等のほうが目立ち、突出してくると、競争が排除されるからバイタリティーが失われてしまう。私流の言い方では、これは②「ニュージーランドの飛べない鳥」になることである。
　ニュージーランドにいるキーウィという鳥は、鳥であるにもかかわらず、翼が退化して飛ぶことができない。どうしてこのような鳥が生きていられるのか。
　キーウィはニュージーランドの国鳥なのだが、7千万年以上も前の太古の昔、この島は他の地域とは隔離されてしまった。そのため敵がいないのだ。食われる心配がないから羽も退化してしまった。飛べなくても生きていけるようになったのである。要するに生存競争をする必要のない、まったくぬくぬくとした環境の中に住んでいたのである。
　ところがこの環境の中に白人が現れて、犬や猫その他いろいろな動物が入ってくるようになると、キーウィは飛べないために簡単に食べられてしまうようになった。そうしてじきに、③放っておくと絶滅するという状況にまでなってしまったこともある。
　このようなキーウィのありさまは何を意味しているのか。今は保護されているから生きているけれども、羽が退化するまでになってしまったのは何を意味するのか。
　それは、競争がなければあらゆるものは弱くなってしまう、機能が退化してしまって新しい競争者が出てきたとき絶滅してしまうということである。
　平等が突出してくる状況を「ニュージーランドの飛べない鳥」だと言ったのは、このような理由からである。競争がないと退化し、どんなに体が大きくなっても、他の動物に食われてしまうのだ。
　だから、自由だとか平等ということが言われたときには、心の底にそれらは相反する概念なのだから、両方のバランスが必要だと考え、一時の甘いニュアンスにのめり込まないようにしなければならない。そして、とくに若いうちは、平等よりも自由にウェイトを置き、競争の中に身を置くぐらいのファイトがなければいけない。自由な競争こそがバイタリティーと成功を生むのだから。

（渡部昇一『自分の品格』三笠書房　知的生きかた文庫による）

66 ①反発しあうというのは、どういうことか。
　1　自由に競争する社会は平等ではないということ
　2　自由と平等はともに独自性が強いということ

3 　平等な社会に自由は存在しないということ
4 　平等な社会には自由な対立があるということ

67 　筆者の言う②ニュージーランドの飛べない鳥に当たるものは次のうちどれか。
1 　敵に囲まれ、怯えながら生活している社会
2 　人が自由に競争している社会
3 　貧しい人は働いても働いても貧しさから抜け出せない格差社会
4 　競争のない平等な状況で人々が働く意欲を失ってしまった社会

68 　③放っておくというのは、だれが／何が　だれを／何を　放っておくのか。
1 　いろいろな動物がキーウィを
2 　キーウィがいろいろな動物を
3 　人間がいろいろな動物を
4 　人間がキーウィを

69 　筆者の最も言いたいことは何か。
1 　絶滅するおそれのある鳥は、保護しなければならない
2 　平等な環境に甘んじることなく自由な競争をするべきだ
3 　平等な社会は生存競争の必要のない温かい環境である
4 　平等というものは社会にとって邪魔なものである

【情報検索】

問題13 　次は、ある大学のオープン講座の案内である。下の問いに対する答えとして、最もよいものを１・２・３・４から一つ選びなさい。

70 　Aさんは経済学部の学生で、８月の前半はインターンシップに参加することになっているため、この時期を避けてオープン講座に出席したいと思っている。出席できる講座はいくつあるか。
　　1 　2つ　　　　　2 　3つ　　　　　3 　4つ　　　　　4 　5つ

71 　Bさんは商学部の学生で、７月いっぱいは忙しいので８月以降の講座を取るつもりである。興味のある分野は経済、国際関係、歴史などだが、心理的な面と結びつけるのは特に面白いと思っている。試験だけで評価されるものは避けたい。Bさんにお勧めの講座は何と何か。

1 「行動経済学入門」と「心理面から探る国際関係」
2 「環境を考える－クリーンエネルギー－」と「江戸時代の文化・学問」
3 「行動経済学－発展編－」と「心理面から探る国際関係」
4 「行動経済学－発展編－」と「アフリカの未来－貧困からの脱出－」

オープン講座案内

1. 行動経済学入門
   実験・実証を通して考える新しいタイプの経済学
   期間：7月1日～7月22日 木曜日　全4回　　経済学部と商学部の学生対象
   講義形式　　テストは行わないがレポートを課す

2. 行動経済学―発展編―
   商品やサービスの価格設定や販売方法をめぐる問題と消費者の心理
   期間：8月4日～9月8日 水曜日　全6回　　経済学部と商学部の学生対象
   講義2回とフィールドスタディー　　調べたことを発表し、レポート提出

3. 環境を考える―クリーンエネルギー―
   クリーンエネルギーの実用化について可能性を探る
   期間：7月16日～7月30日 金曜日 全3回
   　　　8月20日～9月3日 金曜日 3回全6回
   前半は講義、後半はゼミ形式　　8月前半の講義のない間に課題あり
   最終回に発表を課し、それにより評価する

4. 江戸時代の文化・学問―近代化にどうつながったか―
   明治の急速な近代化の基礎となったものについて学ぶ
   期間：8月24日～9月28日 火曜日 全6回　　最終日は試験
   講義形式　　評価は試験による

5. 心理面から探る国際関係
   国際関係を心理面からとらえ、今後の平和と安定に何が必要かを考える
   期間：8月2日、9日、30日～9月13日、27日 月曜日 全6回　　最終日は試験
   講義とゼミ形式　　評価は試験及び平常点

6. アフリカの未来―貧困からの脱出―
   アフリカの現状と援助に頼らない自立した国家建設を目指す取り組みについて
   期間：9月1日～29日水曜日　全5回
   講義とゼミ形式　毎回課す課題によって評価する

模擬試験

聴解

【制限時間 60 分】

※付属のCDを聞いて、問題に答えます。スクリプトはP.223。

【課題理解】

問題1 No.9 ～ No.14

問題1では、まず質問を聞いてください。それから話を聞いて、問題用紙の1から4の中から、正しい答えを一つ選んでください。

※小問数6／「状況説明、質問」「テキスト」「質問」の音声が順番に流れます。

1番 No.9

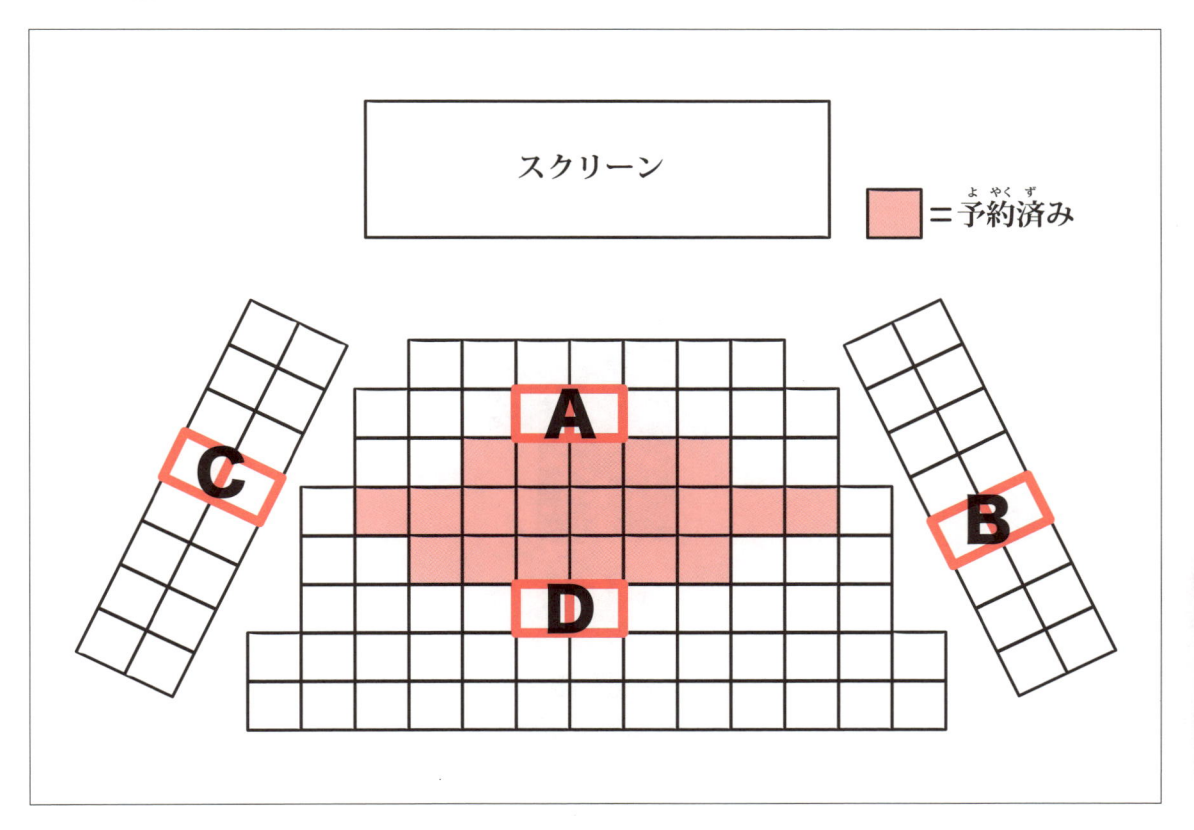

1　A
2　B
3　C
4　D

2番 No.10

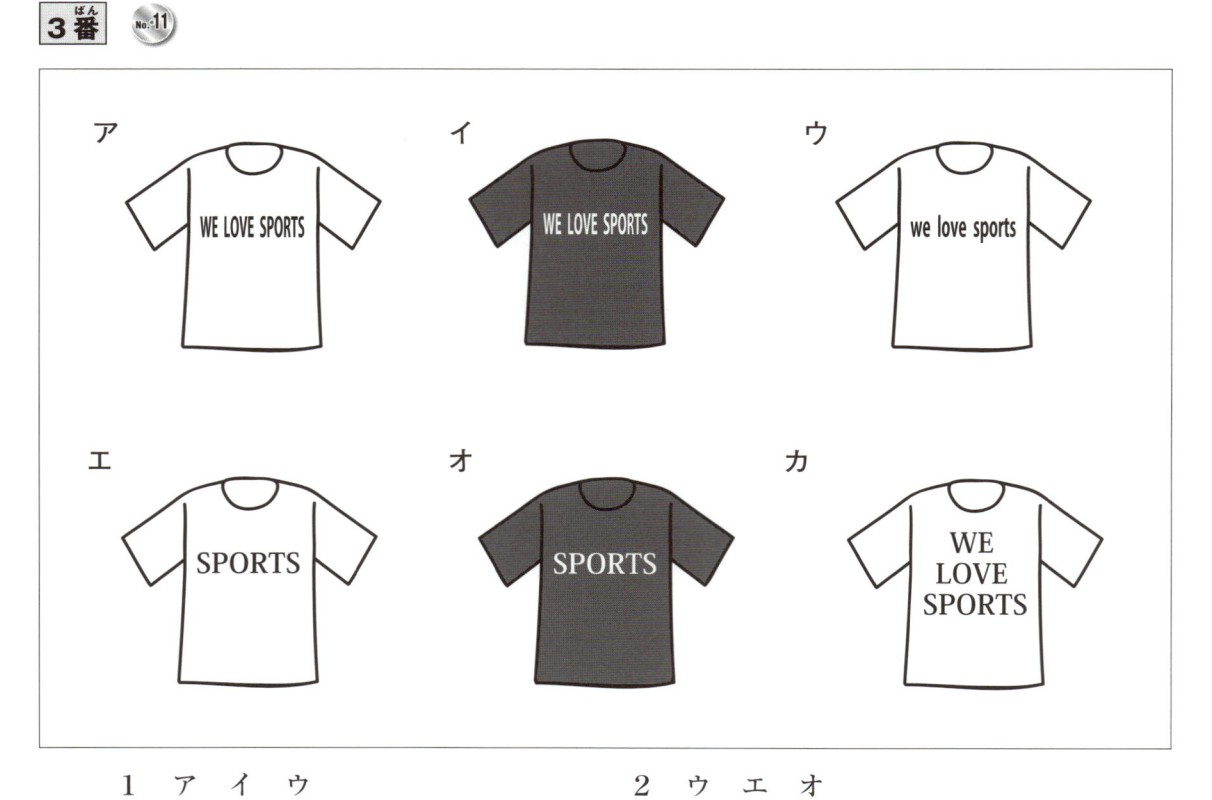

ア　イ　ウ
エ　オ

1　アイ　　2　イウ　　3　ウエ　　4　エオ

3番 No.11

ア　イ　ウ
エ　オ　カ

1　アイウ　　　　2　ウエオ
3　アイカ　　　　4　ウエカ

4番 No.12
1 ＡＢＣ工業にどうしたらいいか電話で聞く。
2 ＡＢＣ工業に宛名を直したパーティーの案内を送る。
3 ＡＢＣ工業に宛名を直したパーティーの案内を持っていく。
4 ＡＢＣ工業の社長に会って、おわびをする。

5番 No.13
1 今日電話で正式な予約をする。
2 今日正式に断る。
3 インターネットで予約する。
4 明日電話で返事をする。

6番 No.14
1 合同練習を始める。
2 個人練習を始める。
3 ミーティングをする。
4 先生を呼びに行く。

【ポイント理解】

問題2 No.15 ～ No.21

問題2では、まず、質問を聞いてください。その後、問題用紙の選択肢を読んでください。読む時間があります。それから話を聞いて、問題用紙の1から4の中から、正しい答えを一つ選んでください。

※小問数7／「状況説明、質問」「テキスト」「質問」の音声が順番に流れます。

1番 No.15
1 新人に辞められたから
2 新人の声が大きいから
3 新人があいさつができないから
4 新人に注意できないから

2番 No.16
1 災害の規模を測定すること
2 自然災害について知識を持つこと
3 どのぐらい怖がるかを判断すること
4 自然災害に対処すること

3番 No.17
1 勉強が好きだから
2 スキルアップに必要だから
3 就職に必要だから
4 経済的格差を乗り越えたいから

4番 No.18

1　ゴマから作っていること
2　ビタミンEが入っていること
3　コラーゲンが入っていること
4　美容にも体力増強にも効くこと

5番 No.19

1　砂場の砂が汚れること
2　砂場に犬や猫が入ること
3　子供に抵抗力がつかないこと
4　子供が泥まみれになって遊ぶこと

6番 No.20

1　産地直送の農産物が手に入ること
2　コミュニケーションが生まれること
3　子供の食育の機会となること
4　生産者の意識が変化したこと

7番 No.21

1　写真には撮れない過去のことも書けるから
2　カメラマンは人物描写が得意だから
3　有名な小説家と一緒に仕事をしたから
4　昔の写真を文にして残しておきたかったから

【概要理解】

問題3 No.22 〜 No.27

問題3では、問題用紙に何も印刷されていません。まず話を聞いてください。それから、質問と選択肢を聞いて、1から4の中から、正しい答えを一つ選んでください。

※小問数6／「状況説明」「テキスト」「質問と選択肢」の音声が順番に流れます。

― メモ ―

【即時応答】

問題4　No.28 〜 No.41

問題4では、問題用紙に何も印刷されていません。まず文を聞いてください。それから、それに対する返事を聞いて、1から3の中から、正しい答えを一つ選んでください。

※小問数14／「短い発話」のあと、「返事（選択肢）」の音声が順番に流れます。

― メモ ―

【統合理解】

問題5 No.42 〜 No.43

問題5では長めの話を聞きます。メモをとってもかまいません。まず、話を聞いてください。それから、二つの質問を聞いて、それぞれ問題用紙の1から4の中から、正しい答えを一つ選んでください。

※小問数4／「状況説明」「テキスト」「一つめの質問」「二つめの質問」の音声が順番に流れます。

1番

〈質問1〉

1　機能性が優れているので「Y＆C」がいい。
2　機能性が優れているので「ヤングTOKYO」がいい。
3　デザイン性が優れているので「Y＆M」がいい。
4　デザイン性が優れているので「ヤングTOKYO」がいい。

〈質問2〉

1　機能性が優れているので「Y＆C」がいい。
2　機能性が優れているので「ヤングTOKYO」がいい。
3　デザイン性が優れているので「Y＆M」がいい。
4　デザイン性が優れているので「ヤングTOKYO」がいい。

2番

〈質問1〉

1　ホール2　　2　ホール3　　3　ホール4　　4　ホール5

〈質問2〉

1　ホール3　　2　ホール4　　3　ホール5　　4　ホール6

模擬試験

言語知識・読解 〈解答・解説〉

文字・語彙

【漢字読み】

問題1

|1|－3　|2|－1　|3|－4　|4|－2　|5|－3　|6|－1

> **ポイント解説**
>
> |2| 「率」の読み方に注意。「比率」など、割合を言うときは「りつ」と読む。
> |4|～|6| は訓読み。
> |5| 送り仮名がなくても訓読みの熟語があるので注意すること。

【文脈規定】

問題2

|7|－2　|8|－4　|9|－2　|10|－4　|11|－3　|12|－4　|13|－1

> **ポイント解説**
>
> |7| 「～な」の前にくるのは、「裕福」と「豪華」。家庭が経済的に豊かな場合は、「裕福」を使う。「余裕」、「富豪」は名詞。
> |8| 建物を強くするという意味があるのは「補強」。
> |13| 「さける」「よける」はどちらも漢字は「避」だが、「よける」は何かにぶつからないように体を動かす、というようなときに使う。「さける」は抽象的な意味にも使う。

【言い換え類義】

問題3

|14|－4　|15|－1　|16|－3　|17|－2　|18|－4　|19|－1

> **ポイント解説**
>
> |14| 「ひかえる」には「メモを取る」以外にもいろいろな意味がある。
>   例 タバコを控える（やめる、少なくする）
>   控え室（出番を待つ部屋） など。

【用法】

> 問題4
> 20—2　　21—4　　22—1　　23—2　　24—4　　25—1

> 👉 ポイント解説
>
> 20 「いわば」はたとえて言えば。1は「いわゆる」が適当。
> 21 「見込み」は将来の可能性や望み。2は「見通し」、3は「見当」が適当。
> 22 2は「紛らわしくて」、4は「もつれて」が適当。
> 23 「余計」はマイナスイメージの語。1は「余裕」、3は「余り」、4は「余分に買っておきましょう」が適当。
> 24 1は「不景気」、2、3は「不振」が適当。天候には「不順」を使う。

文法

【文の文法1（文法形式の判断）】

> 問題5
> 26—3　　27—2　　28—3　　29—4　　30—2　　31—3　　32—2
> 33—2　　34—3　　35—1

> 👉 ポイント解説
>
> 26 「〜たら〜ものを」　もし〜だったらよかったのに残念だ、という気持ち。
> 27 「〜たところで」のあとには、「思ったような結果にはならない」という意味の文がくる。
> 28 「〜ものなら」　不可能と思われることに使うことが多い。
> 29 「〜ことなく」で一つの表現。「〜ことなしに」も同様。
> 30 「〜ないではいられない／〜ずにはいられない」はそういう気持ちを抑えられないというときに使う。
> 31 「離婚しかねない」は離婚するという悪い可能性があるという意味。
> 32 「〜といえども」は、こんなに偉大な〜であっても、という気持ちが入っている。
> 33 「〜にひきかえ」は、〜と対照的に。
> 34 「言うまでもない」で一つの表現。言う必要がないくらい当然なことだ、という意味。
> 35 「〜とあって」は、〜だからやっぱり〜だ、という納得している気持ち。

【文の文法２（文の組み立て）】

問題6

36 － 1	正しい語順	4－3－1－2
37 － 4		3－1－4－2
38 － 2		3－2－4－1
39 － 2		3－2－4－1
40 － 4		3－1－4－2

> **ポイント解説**
>
> この問題は、助詞に続く動詞、名詞修飾がどうなるか、などに注意する。

【文章の文法】

問題7

41 － 2　　42 － 4　　43 － 4　　44 － 1　　45 － 3

> **ポイント解説**
>
> この問題は、文脈から流れを判断する必要がある。
> 41　「～が、実は～」と言っているのに注意。
> 42　ここは、筆者の主張がくる。
> 43　逆接の接続詞がくる。
> 44　文脈から考えると、「述べる」。
> 45　「壁に突き当たったとき問題解決をする」と同じことを言っているのは、3。

読解

【内容理解（短文）】

問題8

46 － 4　　47 － 4　　48 － 4　　49 － 3

> **ポイント解説**
>
> 46　「重要な情報だけ選んで保存する」ということは、不要なものは記憶しないということ。「不要なものを消去する」ということは必要な情報は保存するということなので、同じことだと言える。

| 47 | 授業によって、教室の大きさも違う。つまり、いろいろな広さの教室があり、それをうまく使い分けている、ということを理解する。
| 48 | 「現代の生活様式に少しでも近づけようとするもののようだ」がヒント。
| 49 | 「ずいぶん前からこんなイメージを持っていた」の「こんなイメージ」とは、肉料理のほうがよく食べられているというイメージ。

【内容理解（中文）】

問題9

| 50 |—2　| 51 |—1　| 52 |—4　| 53 |—3　| 54 |—4　| 55 |—3　| 56 |—3
| 57 |—2　| 58 |—2

ポイント解説

| 50 |〜| 52 | 本当の意味のレクリエーションは、本当にそれに参加し、充実感が得られるようなものでなければならない。
人がやっているのを見ているだけでは、結局は空虚だ、という筆者の主張を理解する。

| 53 |〜| 55 | 「年代記」→「遠近法」→「絵」という順番を正しく把握する。
「年代記」は何年に何が起こったかが記憶されている。
「遠近法」は近くにあるもの、遠くにあるものの区別ができる。
「絵」はいつの記憶も時代の区別もなく、全部一緒に並ぶ。

| 56 |〜| 58 | 国と国との格差を解決するためには、途上国の人が自分たちで働いてかせげるように支援することだ。そして、先進国は途上国の生産物を安く買おうとせず、正当な金額を支払うべきだという趣旨を読み取る。

【内容理解（長文）】

問題10

| 59 |—2　| 60 |—1　| 61 |—1　| 62 |—4

ポイント解説

| 59 | 「自分は○○人に帰属するとの自覚が民族を決定する」に答えがある。
| 60 | 「ユダヤ人とは、〜」を注意深く読み取ること。
| 61 | 米国、インドは多民族国家の名であり、民族名ではない。一方アラブ人とは言うが、アラブという国はないことに注目する。

> 62 前半で「民族＋人」について述べていて、後半で「国家＋人」について述べている。

【統合理解】

問題11

63 ─ 2   64 ─ 3   65 ─ 1

> **ポイント解説**
>
> Aは主に芸術・文化振興を経済と結びつけて考えている。
> Bは文化・芸術の作り手と鑑賞者の橋渡し役になる人材への支援が必要だと言っている。

【主張理解（長文）】

問題12

66 ─ 1   67 ─ 4   68 ─ 4   69 ─ 2

> **ポイント解説**
>
> 競争のない平等な社会に安住していてはいけない、ということを述べた文章である。自由な競争こそがバイタリティーと成功を生む、という筆者の主張をよく読み取ること。

【情報検索】

問題13

70 ─ 3   71 ─ 3

> **ポイント解説**
>
> Aさんは、8月前半に講座を取ることができない。→2と5はダメ。1・3・4・6はOK。したがって4つ出席できる。
> Bさんは8月以降講座をとる。→2・4・5・6が可能。
> 試験だけで評価されるものは避けたい。→4はダメ。2・5・6が可能。
> 経済・国際関係・歴史に興味がある。→2・5がお勧め。

模擬試験

聴解〈スクリプト〉

※スクリプトは見ないで、ＣＤを聞いて解答してください。スクリプトは音声で流れる話の内容を文章にしたものです。
※M＝男性、男の子　　F＝女性、女の子

問題1

※問題1では「状況説明、質問」「テキスト」「質問」の音声が順番に流れます。

1番 No.9

状況説明、質問

女の人と男の人がインターネットで映画館の座席表を見ながら話しています。女の人は、どこの座席を予約しますか。

テキスト

F：インターネットで座席の予約ができるわよ。
M：そう。じゃ、しちゃおうよ。
F：明日の3時からでいいでしょ。
M：うん。まだ結構空いてるけど、いい席はもう予約が入ってるんだね。
F：前のほうにする？　横も空いてるけど。
M：前のほうは見にくいよ。横も角度がどうかな？
F：じゃ、ここね。

質問

女の人は、どこの座席を予約しますか。

2番 No.10

状況説明、質問

男の人と女の人が電話で話しています。男の人は、何を買いますか。

テキスト

M：ところで、リンさんの送別会、君の家でやるってことでいいんだよね。
F：うん。集まるのは全部で6人だから大丈夫。
M：何か買っていくよ。ビールは？
F：ビールはもう買ってあるからいいわ。じゃ、うちの近くのコンビニでからあげを買ってきてくれる？　あそこのおいしいから。
M：了解。あと、スナック菓子も買っていくよ。あ、ピザとかは？
F：私が海苔巻きを作るから、ピザはいい。
M：そうなんだ。じゃ、楽しみにしてるよ。

質問

男の人は、何を買いますか。

3番 No.11

状況説明、質問

女の人と男の人がTシャツのデザインを見ながら話しています。女の人は、どのデザインを会議に提出しますか。

テキスト

F：明日の会議で決定するんだけど、新しいTシャツ、どれがいいと思う？
M：あんまり、違いはないですよね。全部持ってったらどうですか。
F：少し絞り込んでおくよう言われてるのよ。
M：じゃ、この3段の文字は、字も大きすぎるし、ちょっと。
F：そうね。じゃ、これはやめて。あと、スポーツって書いてあるだけのもつまらないからやめましょう。
M：小文字のは、迫力がないですよね。
F：そう？ これはいいじゃない。かわいくて。この中で決めてもらいましょう。

質問

女の人は、どのデザインを会議に提出しますか。

4番 No.12

状況説明、質問

会社で、男の人と女の人が話しています。女の人は、このあとどうしますか。

テキスト

M：どうした？ 何かあった？
F：すみません、課長。ＡＢＣ工業の社長のお名前を間違えたまま、パーティーのご案内を送ってしまったんです。今、秘書の方からお電話があって。
M：どういう間違い？
F：それが、前の社長のお名前で印刷してしまって。
M：まずいな。名前を間違えるのは一番失礼だからね。
F：秘書の方が、まだ社長には見せていないと。
M：あ、それはありがたい。じゃ、直したものを持って、おわびに伺って。
F：はい。では、すぐに。

質問

女の人は、このあとどうしますか。

5番 No.13

状況説明、質問

女の人と男の人が電話で話しています。男の人は、どうしますか。

テキスト

F：お世話になっております。ジャパン旅行の小林ですが。あの、ご旅行の件でお電話したんですが。
M：ああ、まだ正式に予約してませんでしたね。
F：ええ、明日が締め切りなもので。
M：すみません。夏休みの日程がはっきりしなくて。
F：そうですか。それでは今回は予約はなさらないということでよろしいでしょうか。
M：明日になればはっきりするので、明日こちらから電話します。

F：それでも結構ですし、インターネットで予約していただいても結構です。インターネットでしたら明日午後10時まで受け付けいたします。
M：あ、でもパソコンは今、修理中なので。

質問
男の人は、どうしますか。

6番 No.14

状況説明、質問
男の学生と女の学生が話しています。学生たちはこのあとどうしますか。

テキスト
M：明日、演奏会だね。今日はさっそくみんなで合同練習しようか。
F：うーん。みんな、自分の音、確認したいんじゃない。個人練習の時間を取ったほうがいいんじゃないかなあ。
M：そうだね。じゃ、1時間個人練習ってことにして。
F：その前に、明日に向けてみんなの気持ちを一つにするために、ミーティングしない？
M：いや、それは最後だよ。練習終わってから、明日も頑張ろうってしないと。
F：そうね。じゃ、個人練習のあと、先生をお呼びして全体の練習を見ていただこう。
M：うん。

質問
学生たちはこのあとどうしますか。

問題2

※問題2では「状況説明、質問」「テキスト」「質問」の音声が順番に流れます。

1番 No.15

状況説明、質問
女の人と男の人がオフィスで話しています。女の人はどうして困ったと言っていますか。

テキスト
F：今度の新人を連れてあいさつ回りをしたんだけど……。
M：どうしたの。何か困ることでもあったの。
F：う〜ん。元気がいいのはいいんだけど、大きな声で自己紹介をしちゃったり……。
M：へえ。まあ、いいじゃない。
F：それだけならいいんだけど、何か目立とう、目立とうとするのよ。
M：注意すれば？
F：それが、もし強く注意をして辞められちゃったら困るじゃない。だから、思い切って注意ができないのよ。
M：そうか。今の新人、すぐ辞めちゃうもんな。

質問
女の人はどうして困ったと言っていますか。

2番 No.16

状況説明、質問

大学の先生が話しています。何が難しいと言っていますか。

テキスト

M：自然の災害、たとえば火山の噴火とか地震とか津波とか、えー、そういうものに対してはだれでも恐怖心を持つでしょう。でも、その怖がり方には個人差があります。えー、そんなに深く考えずそんなに怖がらなくてもいいと思っている人もいれば、過度に怖がってしまう人もいます。うーん、でも、難しいのはちょうどよく怖がることなのです。えー、そのためには、対象についての豊富な知識を持つことが肝心です。そうすれば、どの程度怖がるべきかが判断できます。気楽に考えていると被害が大きくなったりしますし、えー、また、怖がりすぎてもパニックになって判断力が鈍ってしまいますから、どう対処すればいいかもわからなくなってしまいます。

質問

大学の先生は何が難しいと言っていますか。

3番 No.17

状況説明、質問

男の人と女の人が話しています。女の人が資格を取ろうとする理由は何ですか。

テキスト

M：最近、頑張ってるって聞いたよ。何か資格を取るんだって？
F：ウフフ……まあね。
M：何の資格？ 秘書検定？
F：それはもうとっくに取ったわよ。今のは秘密。取れたら教えてあげる。
M：えっ……。でも、どうして急に勉強なんかする気になったの。前は勉強、きらいだったじゃない。
F：役に立たない勉強はしてもしょうがないでしょ。学校の勉強はね。
M：なるほど。今の勉強は役に立つことなんだね。
F：もちろんよ。やっぱりスキルアップしたいじゃない。今の時代、知識の格差ってすごく広がってるでしょ。経済的な格差と同じ。成功している人は、自己投資を惜しまないんですって。
M：そうか。ま、がんばって！

質問

女の人が資格を取ろうとする理由は何ですか。

4番 No.18

状況説明、質問

テレビショッピングで女の人が話しています。この商品の一番の特徴は何ですか。

テキスト

F：さあ、今日は今話題の健康食品をご紹介します。このコラリンプラスはゴマから作った健康食品です。ゴマの栄養素にビタミンEをプラス、それに何といってもコラーゲンをギュッと押し込んだところに特徴があります。ビタミンEも若さを保つ働きがありますが、コラーゲンがたっぷり入ったこのコラリンプラスは美容も体力も維持したいという方にお勧めです。ぜひお試しください。今でしたらお試し価格で……。

質問
この商品の一番の特徴は何ですか。

5番 No.19

状況説明、質問
公園を散歩しながら男の人と女の人が話しています。二人が心配しているのは、どんなことですか。

テキスト
M：ちょっと、この砂場、柵がしてあるよ。どうして。
F：これは犬や猫が入り込んで、砂を汚さないようにしているらしいわよ。
M：どうして？
F：汚い砂で遊ばせたくないっていう親が増えているのよ。屋内の消毒した砂場まであるんですって。
M：そんなことしてたら、子供に抵抗力がつかないじゃない。昔みたいに泥まみれになって遊んでこそ子供なんだよ。子供には汚いものも体験させなきゃダメなのに。
F：確かにそうよね。子供もかわいそうだけど、犬や猫もかわいそうな気がするわ。
M：これじゃ、日本人はますます弱くなっちゃうよ。

質問
二人が心配しているのは、どんなことですか。

6番 No.20

状況説明、質問
男の人が「市場」について話しています。「市場」の一番のメリットは何だと言っていますか。

テキスト
M：都会の真ん中に産地直送野菜の直売所が集まる「市場」が人気です。えー、ここは有機栽培の野菜や果物、収穫したばかりの高原野菜など、スーパーでは手に入らない農産物に出合えるのが魅力です。えー、また、生産者が自分で作った野菜を持ってくるわけですから、消費者も生産者の苦労話を聞いたり、おいしい食べ方を教えてもらったりで、ここにコミュニケーションも生まれるんです。えー、ですから、都会の子供にとっては、またとない食育の機会ともなるんですね。でも、ここの一番のメリットは、これなんです。今まで、直接販売にかかわっていなくて、経営感覚も持っていなかった生産者がこういうことから儲かる農業、そう、ビジネスとしての農業を考えるようになってきたことなんです。

質問
「市場」の一番のメリットは何だと言っていますか。

7番 No.21

状況説明、質問
男の人が女性カメラマンについて話しています。この女性カメラマンが小説を書いたのはどうしてですか。

テキスト
M：カメラマンの彼女が小説を書いたのは、写真は目の前のものしか撮れないけれど文章なら過去の記憶を呼び戻すことができると考えたからなのだそうです。以前、有名な小説家と撮影の仕事で沖縄に行ったとき、書くことを勧められたということなのですが、書くということはそんなに簡単なことではありません。昔の記憶をたどり、それをカメラのファインダーから見つめるように描写していく、今目の前にあるものを写真に記録するのとはまったく違った世界です。一つの作品ができあがるのに、何年もかかったそうです。カメラマンならではの目でとらえた人物描写は生き生きとしていて、人間味あふれる作品です。

質問

この女性カメラマンが小説を書いたのはどうしてですか。

問題3

※問題3では「状況説明」「テキスト」「質問と選択肢」の音声が順番に流れます。

1番 No.22

状況説明

ある企業の担当者が説明をしています。

テキスト

M：わが社が本日発売した「スーパーテレスコ」をご紹介いたします。これは一見、望遠鏡のようですが、実は本体に世界の主な都市の1900年から2100年の間の星空が記録されておりまして、本体をのぞくと、お好みの星空を眺めることができる教育玩具です。操作が大変簡単なので、お子様一人で、たとえば、ご自分の誕生日とか、今年の休みに旅行に行く日とか、あるいは10年後の今日とか、いろいろな夜空を見て遊べるようになっております。また、これはケーブルでテレビとつなぐことができますので、ご家族一緒に天体観測の気分を楽しんで遊ぶこともできます。

質問と選択肢

担当者は何について話していますか。
1　新発売の望遠鏡　　2　新発売のおもちゃ
3　新発売の天体図　　4　新発売のケーブル

2番 No.23

状況説明

インテリアデザイナーが話をしています。

テキスト

F：えー、お客様を自宅にお招きするとき、皆さん、前もって掃除や料理などいろいろ考えることと思います。そしてまずは、お客様が入る部屋をきれいにして飾りたいと思うでしょう。ところが、意外にも、洗面所やトイレが、お客様が一番に気にする場所なんですね。ですから、まずここをきれいにして、できれば花とか絵とか飾るとよいでしょう。そして、大事なのは匂いです。うーん、家には、家の人は慣れてしまって気づかないペットや生ゴミなどの匂いがあります。これが家の印象を大きく左右しますから、きちんと掃除をするだけでなく、お客様の来る時間に合わせてお香をたくなど、玄関をいい香りにしておきましょう。

質問と選択肢

インテリアデザイナーは何について話していますか。
1　来客時の料理と掃除　　2　客に備えてすること
3　客を迎える人の心理　　4　家の匂いを出さない方法

3番 No.24

状況説明

経済評論家が話をしています。

テキスト

M：えー、駅前にあるホテルというのは、交通の便がいいので、今まではビジネスマンに利用されてきました。しかし、経済不況が長引いたため利用客が減り、また、ここ20年でホテルの数が2倍に増えたので、えー、生き残るために、新たな客の獲得が必要となりました。そこで注目されたのが女性と外国人です。女性好みのインテリアの部屋をつくったり、健康や美をテーマにした週末宿泊プランを提供したり、えー、また、外国人専用にして、通訳をおいたり国別の朝食を用意したり、利用客を増やそうとする試みはすでに始まっています。

質問と選択肢

経済評論家は何について話していますか。
1　新しい旅行のスタイル
2　女性や外国人の好み
3　駅前のホテルの歴史
4　駅前のホテルの工夫

4番 No.25

状況説明

女の人が「駅ナカ」をどう思うかというインタビューに答えています。

テキスト

F：あー、「駅ナカ」って駅の改札口の中の通路にあるたくさんのお店のことですか？あー、あれって日本以外の国にはあまりないんですってね。うーん、私は主婦だからあまり電車に乗らないんで関係ないんですけど、たまに通るとおしゃれなお店が多いと思います。働いている人はわざわざ買い物に行かなくても、会社の帰りにできるから、いいんじゃないですか。毎日いろいろな店の前を通るから、つい欲しくなって無駄遣いしちゃうって友達が言ってましたけど、気持ちはわかりますが、うーん、それって自分で我慢しさえすればいいわけですから……。

質問と選択肢

女の人は「駅ナカ」についてどんな意見ですか。
1　肯定的である
2　否定的である
3　肯定的でも否定的でもない
4　関心がない

5番 No.26

状況説明

男の人が自分の会社について話をしています。

テキスト

M：私の会社は社員5人の小さな広告会社ですが、2年前から社員が順番に社員全員のお昼ご飯を作っています。一人500円以内の予算で結構うまい料理が並びますよ。はじめはいやがっていた社員もだんだん楽しむようになって、デザインセンスを生かして味つけや盛りつけを工夫しています。できたての料理をみんなでテーブルを囲んで食べると幸せな気分になるし、人と人の距離が近くなった感じで会話も弾みます。

質問と選択肢

男の人は何について話していますか。
1　社員が昼ご飯を順番に作っていること
2　会社が昼ご飯を作って売っていること
3　会社がレストランの広告を作っていること
4　社員のデザインセンスが向上したこと

6番 No.27

状況説明

男の人がたばこの路上喫煙について、市の議会で話しています。

テキスト

M：さて、現在検討中の道路上の喫煙についてですが、私は市全体を禁止にするべきだと考えます。市全体が禁止になると、隠れて吸うのでかえって危険性が増すとか、たばこ税の収入が減ってしまうおそれがあるなどの意見もありますが、たばこによる健康被害や、路上喫煙による他者への迷惑、ポイ捨ての問題などを考えれば、当然であります。そして、道路上の喫煙ゼロを市の目標とするならば、市全体でたばこ販売を禁止するということも検討するべきではないでしょうか。

質問と選択肢

男の人は市全体の禁止とたばこの販売禁止についてどう考えていますか。
1 市全体の禁止にもたばこの販売禁止にも賛成
2 市全体の禁止にもたばこの販売禁止にも反対
3 市全体の禁止には賛成だがたばこの販売禁止には反対
4 市全体の禁止には反対だがたばこの販売禁止には賛成

問題4

※問題4では、「短い発話」のあと、「返事（選択肢）」の音声が順番に流れます。

1番 No.28

短い発話

M：そんなに忙しいの。週末だってろくに休んでないじゃない。

返事（選択肢）

F：1 体を壊さないように気をつけてね。　2 大丈夫よ。若いんだから。
　　3 忙しくなったら手伝って。

2番 No.29

短い発話

F：どうもお世話様でした。

返事（選択肢）

M：1 あの、どちらさまですか。　2 お役に立ててよかったです。
　　3 そう言われても困ります。

3番 No.30

短い発話

M：え、こんなにたくさん、一日では無理ですよ。

返事（選択肢）

F：1 そこを何とかお願いします。　2 一日ではできないんですよ。
　　3 そんなにたくさんなんですよ。

4番 No.31

短い発話
M：久しぶり、5年前のクラス会以来かな。

返事（選択肢）
F：1　そうね。なかなか会えないわね。　2　うん、よく会うよね。　3　行きたかったんだけどね。

5番 No.32

短い発話
F：今日の午後の「経済学」が休講になったの、知ってた？

返事（選択肢）
M：1　昨日の午後ね。　2　え、ほんと。　3　ほんと、知りたかった。

6番 No.33

短い発話
M：ぼく、大丈夫だよ、子供じゃあるまいし。

返事（選択肢）
F：1　でもやっぱり心配よ。　2　そういえば、子供っぽいわね。　3　子供はいないから大丈夫ね。

7番 No.34

短い発話
M：あの兄弟、目といい、鼻といい、そっくりだね。

返事（選択肢）
F：1　ほんと、よく似ているね。　2　ほんと、似てないね。　3　ほんと、口は違うね。

8番 No.35

短い発話
F：早く着いたので、本屋で時間をつぶしてました。

返事（選択肢）
M：1　忙しかったんですね。　2　もう、大丈夫ですか。　3　あ、お待たせしちゃったんですね。

9番 No.36

短い発話
M：あれ、帰ったんじゃなかったの。

返事（選択肢）
F：1　まだ仕事が残ってたの、思い出したのよ。　2　ええ、帰ったんです。
　　3　いえ、そんなことはありません。

〈解答・解説〉　231

10番 No.37

短い発話

F：こちらではおたばこはご遠慮ください。

返事（選択肢）

M：1　そうですよ。遠慮しないでください。　　2　ええ、遠慮します。　　3　あ、ここ、禁煙なんですか。

11番 No.38

短い発話

F：忙しいなら、断ればいいのに。

返事（選択肢）

M：1　暇なとき、断るよ。　　2　断るといいね。　　3　しかたないよ。つきあいだから。

12番 No.39

短い発話

M：この仕事、こちらに任せていただけませんか。

返事（選択肢）

F：1　ええ、では私がいたします。　　2　そうですか。ではお願いいたします。
　　3　ではどうぞ、お持ちください。

13番 No.40

短い発話

F：こんな服、買わなきゃよかった。

返事（選択肢）

M：1　そう？　悪くないよ。　　2　それはよかったね。　　3　変わらないといいね。

14番 No.41

短い発話

M：これ、いつも買ってる牛乳じゃないんじゃない？

返事（選択肢）

F：1　いつもの牛乳かもしれないね。　　2　じゃ、冷蔵庫に入れといて。　　3　あ、間違えた。

問題5

※問題5では、「状況説明」「テキスト」「一つめの質問」「二つめの質問」の音声が順番に流れます。

1番 No.42

状況説明

マーケティングの講習会で講師が話しています。

テキスト

M1：今日は、まず、カジュアル衣料の「Ｙ＆Ｃ」と「ヤングＴＯＫＹＯ」を比べてみましょう。共通点としては、どちらも値段が安く、しかも安い服にありがちなデザイン性のないものではなく、色もそろっています。「Ｙ＆Ｃ」のほうは、機能性に優れていて、例えばスポーツウェアや部屋着など用途によく合っている製品が多いです。そして、どんな年齢層の人でも着やすいように作られています。「ヤングＴＯＫＹＯ」のほうは、若者向けのデザインが主流で、世界的なデザイナーに依頼しているということです。シンプルな中にもおしゃれな感覚が見られます。

　Ｆ：私は、よくジムへ行くから、この店でよく買うのよ。汗を吸収するし、動きやすいから、気に入ってるの。
М２：僕は、それよりデザイン性重視だなあ。やっぱりおしゃれじゃなきゃ。実用本位っていうのは、つまんないよ。
　Ｆ：実用性っていうより、機能性って言ってほしいわね。もちろん、デザインもすてきなのよ。
М２：こっちの店は、外に着ていくにもいいし、着やすいからうちにいるときもよく着てるよ。学生にはちょうどいいと思うよ。
　Ｆ：そうなんだ。でも私、外に着ていくのはもっと高いのを買うかな…。

質問１
女の人は、どんな理由でどちらの店がいいと言っていますか。

質問２
男の人は、どんな理由でどちらの店がいいと言っていますか。

２番

状況説明
テレビの情報番組で上映中の映画を紹介しています。

テキスト

М１：え、このシネマコンプレックスは、１から７までのホールがあり、それぞれバラエティーに富んだ映画を上映しております。
　まず、ホール１では心温まる古きよき時代の映画「天使のほほえみ」を、２ではサスペンス「暗闇の足音」を、３では人気アニメの「クーピーとお友達」、４では迫力あふれる３Ｄの作品「ドロシー」を、５もアニメ作品、「ピーターと海賊たち」です。６と７は日本映画です。６では戦国時代の武将を主人公とした「戦国の嵐」を、そして、７では現代日本の若者の淡い恋を描いた「心の太陽」が上映されています。
　３Ｄ作品の「ドロシー」とアニメ「クーピーとお友達」は大人気で、前売りがすでに売り切れています。

　Ｆ：いろいろあるなあ。でも私はやっぱり３Ｄのが見てみたい。
М２：込んでてどうしようもないよ。それより戦国時代のがいいよ。
　Ｆ：え〜、しょうがないか。じゃ、サスペンスにしましょう。
М２：きっと怖いよ。それよりいっそのことアニメは？　この込んでないほう。
　Ｆ：アニメなんて、いやよ。私はやっぱり刺激のあるほうがいいから、これ。
М２：しょうがないなあ。じゃ、最初は君のにつきあうから、次は「戦国の嵐」だ。
　Ｆ：え、２本も見るの。疲れちゃわない？
М２：大丈夫だよ。さ、行こう。

質問１
二人が最初に行くのは何番のホールですか。

質問２
次に行くのは何番のホールですか。

模擬試験

聴解〈解答・解説〉

問題1

1番 — 4　　2番 — 2　　3番 — 1　　4番 — 3　　5番 — 4　　6番 — 2

> **ポイント解説**
>
> 　問題1は「絵」、あるいは「字」が出ているので、聞きながら選択肢を目で追っていくこと。

問題2

1番 — 4　　2番 — 3　　3番 — 2　　4番 — 3　　5番 — 3　　6番 — 4
7番 — 1

> **ポイント解説**
>
> 問題2も「字」で選択肢が提示されているので、目と耳を一緒に働かせる。
> 1番　「思い切って注意ができないのよ」と言っている。
> 2番　「難しいのはちょうどよく怖がることなのです」と言っている。
> 3番　「やっぱりスキルアップしたいじゃない」というのがポイント。
> 4番　「何といってもコラーゲンを……」と言っている。「何といっても」は「一番〜」を表す。
> 5番　「子供に抵抗力がつかないじゃない」と言っている。
> 6番　「ここの一番のメリットは……」からがポイント。
> 7番　最初の部分、「写真は目の前のものしか撮れないけれど、文章なら過去の記憶を呼び戻すことができると考えた……」がポイント。

問題3

1番 — 2　　2番 — 2　　3番 — 4　　4番 — 1　　5番 — 1　　6番 — 1

> **ポイント解説**
>
> 　問題3は全体で何を言っているかを問う問題です。細かいことよりも、テーマを考えながら聞きましょう。

問題4

1番 — 2	2番 — 2	3番 — 1	4番 — 1	5番 — 2	6番 — 1
7番 — 1	8番 — 3	9番 — 1	10番 — 3	11番 — 3	12番 — 2
13番 — 1	14番 — 3				

ポイント解説

自然に会話がつながるものを選びます。最初の文の正しい意味がわかれば、答えはわかるはずです。

2番 「お世話様でした」はお世話になってありがとうという気持ち。
3番 「そこを何とか……」は断られたが、もう一度頼むときに使う。
4番 5年前のクラス会のあとは会っていない。
8番 「本屋で時間をつぶしていた」ということは相手が来るまで時間があった、つまり待っていたということ。
9番 「帰ったんじゃなかったの」は「帰ったと思っていたのに」という気持ち。
10番 「おたばこはご遠慮ください」は禁煙であることを言っている。
11番 「断ればいいのに」は断っていないことを表す。
13番 「買わなきゃよかった」は買ってしまって後悔している。
14番 「〜んじゃない？」は話者が「〜だ」と思っている。

問題5

| 1番 | 質問1 — 1 | 質問2 — 4 | 2番 | 質問1 — 1 | 質問2 — 4 |

ポイント解説

1番 女の人は「汗を吸収するし、動きやすい」＝「機能性」が優れている店がいいと言っているので「Ｙ＆Ｃ」、男の人は「デザイン性重視」と言っているので「ヤングＴＯＫＹＯ」が答え。

2番 どのホールでどの映画をやっているか、メモしていればわかる。
女性はサスペンスがいいと言っている。男性は「戦国の嵐」がいいと言っているので、それをやっているホールが答えとなる。

模擬試験 〈解答一覧〉

言語知識・読解

問題1
#	答
1	3
2	1
3	4
4	2
5	3
6	1

問題2
#	答
7	2
8	4
9	2
10	4
11	3
12	4
13	1

問題3
#	答
14	4
15	1
16	3
17	2
18	4
19	1

問題4
#	答
20	2
21	4
22	1
23	2
24	4
25	1

問題5
#	答
26	3
27	2
28	3
29	4
30	2
31	3
32	2
33	2
34	3
35	1

問題6
#	答
36	1
37	4
38	2
39	2
40	4

問題7
#	答
41	2
42	4
43	4
44	1
45	3

問題8
#	答
46	4
47	4
48	4
49	3

問題9
#	答
50	2
51	1
52	4
53	3
54	4
55	3
56	3
57	2
58	2

問題10
#	答
59	2
60	1
61	1
62	4

問題11
#	答
63	2
64	3
65	1

問題12
#	答
66	1
67	4
68	4
69	2

問題13
#	答
70	3
71	3

聴解

問題1
#	答
1	4
2	2
3	1
4	3
5	4
6	2

問題2
#	答
1	4
2	3
3	2
4	3
5	3
6	4
7	1

問題3
#	答
1	2
2	2
3	4
4	1
5	1
6	1

問題4
#	答
1	2
2	2
3	1
4	1
5	2
6	1
7	1
8	3
9	1
10	3
11	3
12	2
13	1
14	3

問題5
#		答
1	(1)	1
	(2)	4
2	(1)	1
	(2)	4

N1 言語知識(文字・語彙・文法)・読解　解答用紙

〈ちゅうい Notes〉

1. くろいえんぴつ (HB、No.2) で かいてください。
   Use a black medium soft (HB or No.2) pencil.
2. かきなおすときは、けしゴムで きれいにけしてください。
   Erase any unintended marks completely.
3. きたなくしたり、おったりしないでください。
   Do not soil or bend this sheet.
4. マークれい　Marking examples

よい Correct	わるい Incorrect
●	⊘ ○ ◑ ◐ ○ ⦵

問題1

1	①	②	③	④
2	①	②	③	④
3	①	②	③	④
4	①	②	③	④
5	①	②	③	④
6	①	②	③	④

問題2

7	①	②	③	④
8	①	②	③	④
9	①	②	③	④

問題3

10	①	②	③	④
11	①	②	③	④
12	①	②	③	④
13	①	②	③	④

問題4

14	①	②	③	④
15	①	②	③	④
16	①	②	③	④
17	①	②	③	④
18	①	②	③	④
19	①	②	③	④

20	①	②	③	④
21	①	②	③	④
22	①	②	③	④
23	①	②	③	④
24	①	②	③	④
25	①	②	③	④

問題5

26	①	②	③	④
27	①	②	③	④
28	①	②	③	④
29	①	②	③	④
30	①	②	③	④
31	①	②	③	④
32	①	②	③	④
33	①	②	③	④
34	①	②	③	④
35	①	②	③	④

問題6

36	①	②	③	④
37	①	②	③	④
38	①	②	③	④
39	①	②	③	④
40	①	②	③	④

問題7

41	①	②	③	④
42	①	②	③	④
43	①	②	③	④
44	①	②	③	④
45	①	②	③	④

問題8

46	①	②	③	④
47	①	②	③	④
48	①	②	③	④
49	①	②	③	④

問題9

50	①	②	③	④
51	①	②	③	④
52	①	②	③	④
53	①	②	③	④
54	①	②	③	④
55	①	②	③	④
56	①	②	③	④
57	①	②	③	④
58	①	②	③	④

問題10

59	①	②	③	④
60	①	②	③	④
61	①	②	③	④
62	①	②	③	④

問題11

63	①	②	③	④
64	①	②	③	④
65	①	②	③	④

問題12

66	①	②	③	④
67	①	②	③	④
68	①	②	③	④
69	①	②	③	④

問題13

70	①	②	③	④
71	①	②	③	④

N1 聴解 解答用紙

〈ちゅうい Notes〉

1. くろいえんぴつ (HB、No.2) で かいてください。
   Use a black medium soft (HB or No.2) pencil.
2. かきなおすときは、けしゴムで きれいにけしてください。
   Erase any uninteded marks completely.
3. きたなくしたり、おったりしないでください。
   Do not soil or bend this sheet.
4. マークれい Marking examples

よい Correct	わるい Incorrect
●	⊘ ◯ ◉ ◐ ⊖ ○

問題1

	①	②	③	④
1	①	②	③	④
2	①	②	③	④
3	①	②	③	④
4	①	②	③	④
5	①	②	③	④
6	①	②	③	④

問題2

	①	②	③	④
1	①	②	③	④
2	①	②	③	④
3	①	②	③	④
4	①	②	③	④
5	①	②	③	④
6	①	②	③	④
7	①	②	③	④

問題3

	①	②	③	④
1	①	②	③	④
2	①	②	③	④
3	①	②	③	④
4	①	②	③	④
5	①	②	③	④
6	①	②	③	④

問題4

	①	②	③
1	①	②	③
2	①	②	③
3	①	②	③
4	①	②	③
5	①	②	③
6	①	②	③
7	①	②	③
8	①	②	③
9	①	②	③
10	①	②	③
11	①	②	③
12	①	②	③
13	①	②	③
14	①	②	③

問題5

		①	②	③	④
1	(1)	①	②	③	④
	(2)	①	②	③	④
2	(1)	①	②	③	④
	(2)	①	②	③	④

〈切り取り線〉

【スタッフ】
編集協力　　株式会社エディポック　　　　　翻訳協力　　アルスネット・ドットコム（英語）
本文デザイン　鈴木昌弘　　　　　　　　　　　　　　　　房 -Otto- 悦理　　彭　鈺棠
本文イラスト　関上絵美　　　　　　　　　　　　　　　　崔　允鉉（中国語）
編集担当　　矢野正基（ナツメ出版企画株式会社）　　　　李　枝義　　金　愛娟（韓国語）

【著　者】

インターカルト日本語学校

1977 年日本語学校、1978 年日本語教員養成研究所創立。現在、アジアをはじめアメリカ、ヨーロッパ等年間 50 を超える国々より留学生を受け入れている。出版分野では、日本語教育の教科書や参考書、日本語能力試験・日本留学試験対策問題集を作成、また、文化庁、日欧産業センター、国際協力機構、海外日系人協会等より日本語教育や日本語教師養成の委託研修を実施している。

【執　筆】

前・インターカルト日本語学校日本語教員養成研究所所長

筒井由美子（つつい　ゆみこ）

1992 年よりインターカルト日本語学校にて日本語教師を務める。2000 年～ 2009 年インターカルト日本語学校校長、2009 年より 2012 年までインターカルト日本語学校日本語教員養成研究所所長。

主な著書に、『日本語能力試験Ｎ１Ｎ２　試験に出る文法・表現』『同　漢字・語彙』『同　聴解』「同　読解』（共著・桐原書店）、『日本人ならおさえておきたい　漢字スーパー記憶術』（青春出版社）など。また、雑誌記事・韓国『日本語ジャーナル』・台湾『日本語ステップ』にて新日本語能力試験対策模擬問題作成を行う。

【執筆協力】

インターカルト日本語学校・日本語教師

大村礼子（おおむら　れいこ）　**川村直子**（かわむら　なおこ）　**二宮貴子**（にのみや　たかこ）

本書に関するお問い合わせは、書名・発行日・該当ページを明記の上、下記のいずれかの方法にてお送りください。電話でのお問い合わせはお受けしておりません。

・ナツメ社 web サイトの問い合わせフォーム
　https://www.natsume.co.jp/contact
・FAX（03-3291-1305）
・郵送（下記、ナツメ出版企画株式会社宛て）

なお、回答までに日にちをいただく場合があります。正誤のお問い合わせ以外の書籍内容に関する解説・個別の相談は行っておりません。あらかじめご了承ください。

CD付き　一発合格！ 日本語能力試験N1　完全攻略テキスト＆実践問題集

2011 年 3 月 28 日　初版発行
2024 年 7 月 1 日　第 15 刷発行

著　者　インターカルト日本語学校
発行者　田村正隆

© Intercultural Institute of Japan, 2011

発行所　株式会社ナツメ社
東京都千代田区神田神保町 1-52 ナツメ社ビル 1F（〒101-0051）
電話　03（3291）1257（代表）　FAX　03（3291）5761
振替　00130-1-58661
制　作　ナツメ出版企画株式会社
東京都千代田区神田神保町 1-52 ナツメ社ビル 3F（〒101-0051）
電話　03（3295）3921（代表）
印刷所　ラン印刷社

ISBN978-4-8163-5031-3

Printed in Japan

〈定価はカバーに表示してあります〉
〈乱丁・落丁本はお取り替えします〉

本書の一部または全部を著作権法で定められている範囲を超え、ナツメ出版企画株式会社に無断で複写、複製、転載、データファイル化することを禁じます。

ナツメ社Webサイト
https://www.natsume.co.jp
書籍の最新情報（正誤情報を含む）はナツメ社Webサイトをご覧ください。

別冊 試験直前チェック　重要語彙集

本誌に現れている語彙にいくつかの語を足した重要語彙リストです。下のように分類してありますから、それぞれの特徴に従って覚えてください。

This is a list of important words to be added to those words that appear in the book. Please try to remember them according to the characteristics of each word as they are classified as follows.

本词汇表除了采用讲义中出现的词汇以外，还增添了一些重要的词汇，并做了如下分类。请按照各类特点记忆。

본 책에 나타나있는 어휘에 몇개의 단어를 추가한 중요어휘 리스트입니다. 아래 처럼 분류해 있기때문에, 각각의 특징에 따라 암기하세요.

1　漢語の言葉　〜名詞・動詞・形容詞〜 ……………… 2
　　Kango Words 〜Nouns, Verbs, and Adjectives〜　汉语式的词语 〜名词・动词・形容词〜
　　한자어 단어 〜명사,동사,형용사〜

2　音読みと訓読みが混ざった言葉・訓読みの言葉 ……………… 13
　　Words of mixed pronunciations with the on-and kun-readings • Words with the kun-reading
　　音读和训读混合式词语・训读式词语　음독과 훈독이 섞여 있는 단어,훈독만의 단어

3　和語の言葉　〜動詞／派生名詞〜 ……………… 15
　　Wago Words 〜Verbs and Derived Nouns〜　和语式词语 〜动词／派生名词〜
　　일본어 단어 〜동사／파생명사〜

4　和語　〜名詞〜 ……………… 24
　　Wago 〜Nouns〜　和语 〜名词〜　일본어 〜명사〜

5　和語　〜形容詞〜 ……………… 26
　　Wago 〜Adjectives〜　和语 〜形容词〜　일본어 〜형용사〜

6　副詞・接続詞・連体詞 ……………… 30
　　Adverbs, Conjunctions, and Prenominal Adjectives　副词・接续词・连体词
　　부사,접속사,연체사

7　カタカナ語 ……………… 34
　　Katakana Words　片假名词语　카타카나 단어

1 漢語の言葉 ～名詞・動詞・形容詞～

Kango Words ～Nouns, Verbs, and Adjectives～　　汉语式的词语　～名词・动词・形容词～
한자어 단어～명사, 동사, 형용사～

● （する）が付いている言葉は、動詞として使います。また名詞としても使います。
〈例：毎日挨拶します。／挨拶は大切です。〉

A word with (suru) is used as a verb and it is also used as a noun. 〈Example: (I) greet every day. / Greeting is important.〉

带有（する）的词语既可作为动词又可作为名词使用。 〈例如：每天打招呼问候。／打招呼问候很重要。〉

（する）가 붙어있는 단어는, 동사로서 사용합니다. 또 명사로서도 사용합니다. 〈예：매일 인사합니다. / 인사는 중요합니다.〉

● （な）が付いている言葉は、ナ形容詞です。
〈例：安易な考えは捨てましょう。〉

A word with (na) is a "na" adjective. 〈Example: Get rid of easy thoughts.〉

带有（な）的词语是ナ形容词。 〈例如：放弃轻易的想法吧。〉

（な）가 붙어있는 단어는, ナ형용사입니다. 〈예：안이한 생각은 버립시다.〉

● （の・な）が付いている言葉は、名詞とナ形容詞として使います。
〈例：安全の基本は毎日の習慣です。／飛行機は安全な乗り物です。〉

A word with (no or na) is used as a noun or an adjective. 〈Example: The basis of safety is on the daily habit. / An airplane is a safe vehicle.〉

带有（の／な）的词语作为名词和ナ形容词使用。 〈例如：安全的基础在于每天的习惯。／飞机是安全的交通工具。〉

（の・な）가 붙어 있는 단어는, 명사와 ナ형용사로서 사용합니다. 〈예：안전의 기본은 매일의 습관입니다. / 비행기는 안전한 교통수단입니다.〉

注意点 Important Points　注意点　주의점

① 「する」を付けて動詞として使うか、「な」を付けてナ形容詞として使うかを区別しましょう。

Distinguish between verb or adjective by whether it is used as a verb by adding "suru" or used as an adjective by adding "na."

区分带有"する"、作为动词使用的词语，和带有"な"、作为ナ形容词使用的词语。

「する」를 붙여서 동사로서 사용하는지, 「な」를 붙여서 ナ형용사로서 사용하는지를 구별합시다.

② 意味の似ている語は、その違いを知っておきましょう。〈例：特別・特殊・独特〉

Learn the differences of words with similar meanings. 〈Example: special, special, unique〉

理解近义词的不同点。〈例如：特别・特殊・独特〉

의미가 비슷한 단어는, 그 차이를 알아둡시다. 〈예：특별, 특수, 독특〉

③ 一緒に使われやすい動詞と共に覚えましょう。〈例：活気 「活気がある」〉

Remember verbs that are often used with the word. 〈Example: liveliness "filled with liveliness"〉

遇有通常与动词连用的惯用词组时，请同时记住连用部分。＜例如：活力"有活力"〉

같이 사용하기 쉬운 동사와 함께 외웁시다. 〈예：활기 「활기가 있다」〉

試験直前チェック　重要語彙集

④読み方が難しい言葉がありますから、覚えましょう。
Remember words with difficult readings.　記住读法困难的词语。　읽는방법이 어려운 단어가 있기때문에, 외웁시다.

挨拶（する） あいさつ
greet　greeting　寒暄　打招呼　인사(하다)

握手（する） あくしゅ
shake hands　handshake　握手　握手　악수(하다)

圧力 あつりょく
pressure　压力　압력

◆**圧力をかける** あつりょく
apply pressure　施加压力　압력을 가하다

安易（な） あんい
easy　easy-going　the quality of being easy or easy-going
安逸　容易的　안이(동사, 명사, な형용사)

安心（する・の・な） あんしん
of relief　relieving　feel relieved　relief, peace of mind
放心　放心的　放心的　放心　안심(명사, な형용사, 동사)

安全（の・な） あんぜん
of safety　safe　safety　安全　安全的　安全的
안전(명사, な형용사)

安定（する） あんてい
stabilize　stability　安稳　安定　안정(하다)

偉大（な） いだい
great　the quality of being great　伟大　伟大的　위대(한)

一面 いちめん
one side　一面，一片　일면

一連 いちれん
a series　一连串　일련

一律 いちりつ
evenness, uniformity　一律　일률

意図（する） いと
intend　intention　意图　企图　의도(하다)

違反（する） いはん
violate　violation　违反　违反　위반(하다)

引率（する） いんそつ
lead (verb)　leading　率领　率领　인솔(하다)

内気（な） うちき
shy　shyness　腼腆　腼腆的　내성적(인)

会釈（する） えしゃく
bow slightly　slight bow　点头　打招呼　목례(하다)

殴打（する） おうだ
blow (verb)　blow (noun)　殴打　殴打　구타(하다)

横柄（な） おうへい
arrogant　arrogance　傲慢无理　傲慢无理的　거만(한)

屋外 おくがい
outdoors　室外　옥외

臆病（な） おくびょう
timid　timidity　胆怯　胆小的　겁이 많(은)

穏便（な） おんびん
gentle, peaceful　the quality of being gentle or peaceful
温和　温和的　온당(한)

絵画 かいが
painting　绘画　회화

外見 がいけん
outward appearance　外观　외모

回顧 かいこ
looking back　回顾　회상

該当（する） がいとう
fall under　corresponding　适合　符合　해당(하다)

家屋 かおく
house　房屋　가옥

獲得（する） かくとく
obtain　acquirement　收获　获得　획득(하다)

画期的（な） かっきてき
epoch-making　the quality of being epoch-making
划时代　划时代的　획기적(인)

1　漢語の言葉　〜名詞・動詞・形容詞〜

漢語の言葉　〜名詞・動詞・形容詞〜　3

活気
liveliness 活力 활기

◆活気がある
filled with liveliness 有活力 활기가 있다

合致（する）
agree, be in perfect harmony agreement, being in perfect permony 一致 吻合 일치(하다)

合併（する）
merge, consolidate merger, consolidation 合并 合并 합병(하다)

渇望（する）
long (verb), thirst (verb) eager desire, thirst (noun) 渴望 渴望 갈망(하다)

我慢（する）
exercise one's patience patience 忍耐 忍耐 인내(하다)

貨物
cargo 货物 화물

過労
overfatigue 劳累过度 과로

勘
intuition 直觉 직감, 육감

間隔
interval 间隔 간격

◆間隔を空ける
leave some space or time 空出间隔 간격을 벌이다

肝心（の・な）
very … that is/are important essential essence 关键 重要的 重要的 중요(명사, な형용사)

緩和（する）
relax, ease (verb) relaxation, easing 缓和 缓和 완화(하다)

帰省（する）
go back to one's home town an instance of returning home 回家探亲 回家探亲 귀성(하다)

貴重（な）
valuable, precious the quality of being valuable or precious 贵重 珍贵的 귀중(한)

逆回転（する）
rotate inversely inverse rotation 逆转 逆转 역회전(하다)

逆効果
opposite effect 相反效果 역효과

行事
event, function 仪式, 活动 행사

行政
administration, government 行政 행정

形相
look or expression on one's face 神色, 样子 얼굴 모습

行列
line, procession 行列, 队伍 행렬

◆行列を作る
make a line, stand in line 排队 행렬을 짓다

許容（する）
permit, allow, tolerate permission, tolerance 宽容 容许 허용(하다)

均衡
balance (noun) 均衡 균형

◆均衡を保つ
be in balance 保持平衡 균형을 유지하다

緊張（する）
be nervous tension 紧张 紧张 긴장(하다)

苦情
complaint 不满意见 불평

◆苦情を言う
complain 投诉意见 불평을 하다

具体性
concreteness 具体性 구체성

◆具体性がある
have concreteness, be concrete 有具体性 구체성이 있다

口調
tone of voice 语调 어조

試験直前チェック　重要語彙集

漢語の言葉 〜名詞・動詞・形容詞〜

軽率（な）
careless, thoughtless　carelessness, thoughtlessness
轻率　草率的　경솔(한)

刑罰（けいばつ）
penalty, punishment　刑罰　형벌

景色（けしき）
scenery　景色　경치

化粧（する）（けしょう）
put on makeup　make-up　化妆　化妆　화장(하다)

傑作（けっさく）
showpiece　杰作　걸작

懸念（する）（けねん）
be concerned　concern　忧虑　担忧　염려(하다)

気配（けはい）
sign of presence　迹象　기색

現役（げんえき）
being in service, being active, someone who takes an entrance examination of a university while being a senior in high school, someone who enrolled a university soon after high school graduation
现役，服役　현역

限界（げんかい）
limit　极限　한계

堅実（な）（けんじつ）
steady, sound　the quality of being steady or sound
稳固　稳固的　건실(한)

顕著（な）（けんちょ）
clear, remarkable　the quality of being clear or remarkable
显著　显著的　현저(한)

限度（げんど）
boundary　限度　한도

◆**限度がある**
there is a limit　有限度　한도가 있다

見当（けんとう）
guess　估计　짐작

◆**見当をつける**
make a guess　推测　判断　짐작을 하다

賢明（な）（けんめい）
wise, advisable　the quality of being wise or advisable
高明　明智的　현명(한)

強引（な）（ごういん）
aggressive　the quality of being aggressive
强行　强行性的　강제적(인)

高感度（こうかんど）
supersensitivity　高感度　고감도

好景気（こうけいき）
prosperity, boom　好景气　호황

貢献（する）（こうけん）
contribute　contribution　贡献　做出贡献　공헌(하다)

好条件（こうじょうけん）
favorable terms, favorable conditions　良好条件　좋은 조건

好人物（こうじんぶつ）
nice person, honest person　老好人　호인

好対照（こうたいしょう）
good contrast　很好的对比　대조

効率（こうりつ）
effectiveness　效率　효율

◆**効率がいい（こうりつ）**
be effective　效率高　효율이 좋다

極秘（ごくひ）
strict secrecy　绝密　극비

克服（する）（こくふく）
victory　overcome　战胜　克服　극복(하다)

雇用（する）（こよう）
employ　employment　雇用　雇用　고용(하다)

根性（こんじょう）
one's nature, one's disposition, willpower, guts
性情，气质　근성

◆**根性がある（こんじょう）**
have guts　有气质　근성이 있다

細工（する）（さいく）
work, use tricks　workmanship　工艺　做工艺，耍花招　세공(하다)

最先端
さいせんたん
the end, the tip, the quality of being state of the art
最先进　　최첨단

察する
さっする
guess, presume　　推測　　헤아리다

左右（する）
さゆう
control　right and left　　左右　支配　　좌우(하다)

作用（する）
さよう
act (verb), work (verb)　action, effect　　作用　起作用
작용(하다)

始終
しじゅう
from beginning to end, constantly, always　　始終
전부, 자초지종

執筆
しっぴつ
an instance of writing (a book, an article, a paper, and etc.)
执笔　　집필

若干
じゃっかん
a little bit　　若干　　약간

若年層
じゃくねんそう
young generation　　青年层　　젊은층

収穫（する）
しゅうかく
harvest (verb)　harvest (noun)　　收获　收获　　수확(하다)

終始
しゅうし
from beginning to end, throughout　　始終，一贯　　시종일관

柔軟性
じゅうなんせい
suppleness, flexibility　　灵活性　　유연성

省エネ
しょうエネ
saving energy　　节能　　에너지 절약

上下
じょうげ
up and down　　上下　　상하

衝撃
しょうげき
shock, impact　　冲击　　충격

正直（な）
しょうじき
honest　honesty　　正直　正直的　　정직(한)

小児科
しょうにか
department of pediatrics, pediatrics　　儿科　　소아과

正面
しょうめん
the front, the facade　　正面　　정면

食物
しょくもつ
food　　食物　　음식물

真偽
しんぎ
truth or falsehood　　真伪　　진위

◆真偽を確かめる
しんぎ　　たし
verify, check (verb)　　查明真伪　　진위를 규명하다

深刻（な）
しんこく
serious　seriousness　　严重　深刻的　　심각(한)

慎重（な）
しんちょう
cautious　cautiousness　　慎重　慎重的　　신중(한)

制限（する）
せいげん
restrict　restriction　　限制　限制　　제한(하다)

静寂
せいじゃく
silence　　寂静　　정적

性能
せいのう
performance　　性能　　성능

◆性能がいい
せいのう
be of high-performance　　性能好　　성능이 좋다

歳暮
せいぼ
year-end present　　年终　　연말

絶好調
ぜっこうちょう
the best condition　　最佳状况　　최상의 컨디션

折衷（する）
せっちゅう
arrange a compromise, blend　blending, compromise
折衷　折衷　　절충(하다)

説得（する）
せっとく
persuade　persuasion　　说服　说服　　설득(하다)

先端
せんたん
the point, the tip　　尖端　　선단, 끝

試験直前チェック　重要語彙集

1　漢語の言葉　〜名詞・動詞・形容詞〜

憎悪（ぞうお）
hatred　憎恶　증오

荘厳（そうごん）（な）
solemn, sublime　solemnity　庄严　庄严的　장엄(한)

操作（そうさ）（する）
operate　operation　操作　操作　조작(하다)

措置（そち）
measure, step　措施　조치

◆措置（そち）をとる
take measures, take action　采取措施　조치를 취하다

率先（そっせん）（する）
take the lead, an instance of taking the initiative　率先　带头　솔선(하다)

素朴（そぼく）（な）
simple　simplicity　质朴　朴素的　소박(한)

粗末（そまつ）（な）　そまつ
crude, shabby　the quality of being crude or shabby　粗糙　简易的　허술(한)

損（そん）（する）
suffer a loss　loss, disadvantage　亏损　吃亏　손해(보다)

退屈（たいくつ）（な／する）
boring, bored　be boring, be bored　boredom　无聊　无聊的　厌倦　지루(한/하다)

対抗（たいこう）（する）
compete　competition　抗衡　对抗　대항(하다)

対象（たいしょう）
object　对象　대상

大半（たいはん）
greater part　大多数　대부분

対立（たいりつ）（する）
oppose　opposition　对立　对立　대립(하다)

妥当（だとう）（な）
appropriate　the state of being appropriate　妥当　适当的　타당(한)

治安（ちあん）
peace and order　治安　치안

◆治安（ちあん）がいい
be safe (talking about a place such as a city, a country, or etc.)　治安好　치안이 좋다

知識（ちしき）
knowledge　知识　지식

中止（ちゅうし）（する）
cancel　cancellation　中止　中止　중지(하다)

中傷（ちゅうしょう）（する）
slander (verb)　slander (noun)　毁谤　中伤　중상(하다) / 헐뜯다

中断（ちゅうだん）（する）
interrupt　interruption　中断　中断　중단(하다)

調査（ちょうさ）（する）
investigate　investigation　调查　调查　조사(하다)

調子（ちょうし）
condition　状况　상태,컨디션

◆調子（ちょうし）がいい
be in good condition　状况良好　身体好　상태(컨디션)이 좋다

調整（ちょうせい）（する）
adjust, arrange　adjustment, arrangement　调整　调整　조정(하다)

調節（ちょうせつ）（する）
adjust　adjustment　调节　调节　조절(하다)

調和（ちょうわ）（する）
be in harmony　harmony　调和　调和　조화(를 이루다)

通信（つうしん）（する）
communicate　communication, correspondence　通讯　通讯　통신(하다)

通知（つうち）（する）
notice (verb)　notice (noun)　通知　通知　통지(하다)

都合（つごう）
convenience　方便　情况　형편,상황

◆都合（つごう）がいい
be convenient, it is convenient　(时间)合适, 方便　형편(상황)이 좋다

漢語の言葉　〜名詞・動詞・形容詞〜　7

抵抗（する）
resist   resistance   抵触 抗拒   저항(하다)

体裁
appearance   外表   체재

丁寧（な）
polite   politeness   谦恭 礼貌的   정중(한)

的確（な）
precise   precision   正确 准确的   정확(한)

適切（な）
adequate   the quality of being adequate   确切 妥当的   적절(한)

適度（な）
proper   proper degree   适度 适度的   적당(한)

適当（な）
adequate   the quality of being adequate   适当 适当的   적당(한)

天井
ceiling   天花板   천정

伝達（する）
communicate   communication   传递 传达   전달(하다)

伝来（する）
come down, be introduced   transmission, introduction   传来 传入   전래(하다)

天然
nature   天然   천연

統一（する）
unify   unification   统一 统一   통일(하다)

統合（する）
integrate   integration   合并 合并   통합(하다)

倒産（する）
go bankrupt   bankruptcy   倒闭 倒闭   도산(하다)

統治（する）
rule (verb), govern   rule (noun), government   统治 统治   통치(하다)

得（な）
advantageous   get a good deal   advantage   利益 合算的 得利   득,이득(な형용사 / 동사)

特殊（な）
special, particular, unique   the quality of being special particular, or unique   特殊 特殊的   특수(한)

特色
characteristic   特色   특색

独身
single   独身   독신

独創的（な）
original, creative   original, creative   独创性 有独创性的   독창적(인)

特定（する）
identify   identification   特定 特定   특정(짓다)

独特（な／の）
of one's own, unique   unique, distinctive   uniqueness   独特 独特的 独特的   독특(な형용사 / 명사)

特別（な／の）
special   special   the quality of being special   特別 特別的 特別的   특별(な형용사 / 명사)

特有（の）
unique   uniqueness   特有 特有的   특유(의)

熱意
zeal, enthusiasm   热情   열의

熱心（な）
enthusiastic   enthusiasm, eagerness   热心 热心的   열심(한)

熱中（する）
be absorbed   enthusiasm, absorption   热中 热中   열중(하다)

能力
ability   能力   능력

◆能力がある
be able   有能力   능력이 있다

試験直前チェック　重要語彙集

1 漢語の言葉 ～名詞・動詞・形容詞～

把握（する）
grasp (verb)　grasp (noun)　熟悉 掌握　파악(하다)

配給（する）
distribute　distribution　配给 供应　배급(하다)

配置（する）
arrange　arrangement　配置 配置　배치(하다)

配布（する）
distribute　distribution　分发 分发　배포(하다)

配分（する）
allocate, distribute　allocation, distribution　分配 分配　배분(하다)

莫大（な）
enormous　enormousness　莫大 莫大的　막대(한)

暴露（する）
disclose　disclosure　暴露 暴露　폭로(하다)

発揮（する）
demonstrate　demonstration　发挥 发挥　발휘(하다)

発言（する）
speak　speech　发言 发言　발언(하다)

発想（する）
come up with ideas　idea　想法 构思　발상(하다)

発達（する）
develop, grow　development, growth　发达 发达　발달(하다)

発展（する）
develop　development　发展 发展　발전(하다)

反映（する）
reflect　reflection　反映 反映　반영(하다)

繁栄（する）
prosper　prosperity　繁荣 繁荣　번영(하다)

反響（する）
echo (verb)　echo (noun)　反响 引起反响　반향(하다)

反抗（する）
resist　resistance　反抗 反抗　반항(하다)

反射（する）
reflect　reflection　反射 反射　반사(하다)

繁盛（する）
prosper　prosperity　繁盛 繁盛　번성(하다)

万全（な）
perfect, flawless　perfection, flawlessness　完善 完善的　만전(의)

反応（する）
react　reaction　反应 反应　반응(하다)

被害
damage　受害　피해

◆**被害を被る／被害を与える**
be damaged / give damage　受灾 / 带来灾害　피해를 입다 / 피해를 주다

非難（する）
criticize, blame (verb)　criticism, blame (noun)　非难 谴责　비난(하다)

批判（する）
criticize, comment (verb)　criticism, comment (noun)　批判 批判　비판(하다)

批評（する）
criticize, review (verb)　criticism, review (noun)　批评 批评　비평하다

評価（する）
evaluate, estimate　evaluation, estimation　评价 评价　평가(하다)

標準
standard　标准　표준

評判
reputation　评价　평판

◆**評判がいい**
have a good reputation, be popular　评价好　평판이 좋다

平等
equality　平等　평등

疲労
fatigue　疲劳　피로

品
quality　风格　품질

◆**品がいい**
be of good quality　有风度的　품질이 좋다

便乗（する）
take advantage of opportunity　an instance of taking advantage of opportunity
就便搭乘　就便搭乘　편승(하다)

頻繁（に）
frequently　frequency　频繁　频繁地　빈번(히)

不安（な）
uneasy　uneasiness　不安　不安的　불안(한)

不安定（な）
unstable　instability　不安定　不安定的　불안정(한)

不可能（な）
impossible　impossibility　不可能　不可能的　불가능(한)

複雑（な）
complicated　the state of being complicated　复杂　复杂的
복잡(한)

不経済（な）
uneconomical　the state of being uneconomical
浪费　不上算的　비경제(적인)

不健全（な）
unhealthy　the state of being unhealthy　不健全　不健全的
불건전(한)

無事（な）
in one piece, undamaged　the state of being in one piece or undamaged　平安　平安无事的　무사(한)

不自由（な／する）
inconvenient, disabled　be short (of)　inconvenience
不自由　不自由的　不随便　부자유(な형용사,동사)

不況
recession　不景气　불황

不審（な）
suspicious　suspicion　可疑　可疑的　수상(한)

不足（する）
be short (of)　shortage　不足　缺乏　부족(하다)

不調
bad condition　不顺利　부조(상태가 나쁨)

不通
interruption, stoppage　不通，中断　불통

普通
being normal　普通　보통

無難（な）
acceptable　the quality of being acceptable
无灾无难　无可非议的　무난(한)

赴任（する）
leave for one's new post　an instance of leaving for one's new post
赴任　赴任　부임(하다)

不平
complaint　不平　불평

◆**不平を言う**
complain　抱怨不平　불평을 하다

不真面目（な）
insincere　insincerity　不认真　不正经的　불성실(한)

不満（な）
dissatisfied　dissatisfaction　不满　不满意的　불만(인)

不名誉（な）
dishonorable, disgraceful　dishonor, disgrace
名誉不佳　不光彩的　불명예(스러운)

不利（な）
disadvantageous　disadvantage　不利　不利的　불리(한)

分解（する）
disassemble , resolve, decompose　disassemble (noun), resolution, decomposition
分解　分解　분해(하다)

分析（する）
analyze　analysis　分析　分析　분석(하다)

分担（する）
divide, allot, share　sharing, allotment　分担　分担
분담(하다)

分配（する）
distribute　distribution　分配　分配　분배(하다)

試験直前チェック　重要語彙集

1　漢語の言葉　～名詞・動詞・形容詞～

分野（ぶんや）
field　領域　분야

分類（ぶんるい）（する）
categorize, classify　classification　分类　分类　분류(하다)

平均（へいきん）（する）
average (verb)　average (noun)　平均　平均
평균, 균일(하다)

平常（へいじょう）
normality　平常　평상

平凡（へいぼん）（な）
ordinary, commonplace　mediocrity　平凡　平凡的
평범(한)

防止（ぼうし）（する）
prevent　prevention　防止　防止　방지(하다)

豊富（ほうふ）（な）
abundant　abundance　丰富　丰富的　풍부(한)

保管（ほかん）（する）
keep, store　storage　保管　保管　보관(하다)

補給（ほきゅう）（する）
supply (verb)　supply (noun)　补给　补给　보급(하다)

補強（ほきょう）（する）
reinforce, strengthen　reinforcement　增强　加固
보강(하다)

保護（ほご）（する）
protect　protection　保护　保护　보호(하다)

補助（ほじょ）（する）
assist　assistance　补助　补助　보조(하다)

保証（ほしょう）（する）
assure, guarantee (verb)　assurance, guarantee (noun)
保证　保证　보증(하다)

補足（ほそく）（する）
supplement (verb)　supplement (noun)　补充　补充
보충(하다)

保存（ほぞん）（する）
keep, store　storage　保存　保存　보존(하다)

発作（ほっさ）
seizure, attack, spasm　发作　발작

◆**発作を起こす**
have a seizure　发病　발작을 일으키다

満足（まんぞく）（する）
satisfied, satisfying　be satisfied　satisfaction
满足　满足的　满足　만족(하다)

未熟（みじゅく）（な）
unripe, immature　immaturity　未成熟　未成熟的
미숙(한)

未成年（みせいねん）
nonage, minor　未成年　미성년

未定（みてい）
undecided　未定　미정

無意識（むいしき）
unconsciousness　无意识　무의식

無気力（むきりょく）
apathetic, spiritless　apathy　没气力　无精神的　무기력

無差別（むさべつ）
indiscrimination　无差别　무차별

矛盾（むじゅん）（する）
contradict　contradiction　矛盾　모순(되다)

無責任（むせきにん）（な）
irresponsible　irresponsibility　不负责任　不负责任的
무책임(한)

無駄（むだ）（な）
useless　uselessness　无用　徒劳的　쓸데없(는)

無断（むだん）
an instance of being without permission or notice　擅自　무단

無知（むち）（な）
ignorant　ignorance　无知　无知的　무지(한)

夢中（むちゅう）（な）
absorption　入迷　열중(한)

◆**夢中になる**
be absorbed　热中　열중하다

無理（な）
むり
unreasonable   the quality of being unreasonable
勉强   勉强的   무리(한)

迷惑（な）
めいわく
annoying   annoyance, trouble   麻烦   困扰的
폐, 성가신, 귀찮은

面倒（な）
めんどう
annoying, troublesome   annoyance, trouble   麻烦   麻烦的
귀찮(은)

厄介（な）
やっかい
troublesome, burdensome   trouble, burden   麻烦   难对付的
번거로(운)

唯一
ゆいいつ
uniqueness   唯一   유일

有効（な）
ゆうこう
valid, effective   the quality of being valid or effective
有效   有效的   유효(한)

有能（な）
ゆうのう
able   ability   有才能   有才能的   유능(한)

有望（な）
ゆうぼう
promising   promise   有希望   有希望的   유망(한)

有力（な）
ゆうりょく
powerful, reliable, dominant   power, dominance
有力   有势力的   유력(한)

悠々
ゆうゆう
the quality of being calm or relaxed, an instance of being well in time, the state of being eternal or infinite
悠悠，不慌不忙   느긋함

有利（な）
ゆうり
profitable, advantageous   advantage   有利   有利的
유리(한)

油断（する）
ゆだん
be careless   carelessness   疏忽大意   疏忽大意   방심(하다)

要素
ようそ
element   要素   요소

要点
ようてん
point   要点   요점

要領
ようりょう
point, knack   要领   요령

◆要領がいい
ようりょう
know the points, be good at going with the flow   精明
요령이 좋다

予感
よかん
hunch   预感   예감

予想（する）
よそう
expect, anticipate   expectation, anticipation   预想   预想
예상(하다)

余地
よち
room   余地   여지

◆余地がある
よち
there is room   有余地   여지가 있다

予定
よてい
plan (verb)   plan (noun)   预定   예정(하다)

予備
よび
spare, reserve   预备   预备   예비

予防（する）
よぼう
prevent   prevention   预防   预防   예방(하다)

力作
りきさく
literary or artistic masterpiece, something completed with a lot of work   精心作品   역작

力量
りきりょう
ability, capability   力量   역량

類推（する）
るいすい
analogize   analogy   类推   类推   유추(하다)

2 音読みと訓読みが混ざった言葉・訓読みの言葉

Words of mixed pronunciations with the on-and kun-readings・Words with the kun-reading　音读和训读混合式词语・训读式词语
음독과 훈독이 섞여 있는 단어, 훈독 단어

● 漢字が二つ以上で、ひらがなを使わない言葉です。音読みで読まないことに注意してください。

These words consist of two kanji characters or more and they are usually not written in hiragana. Please note that they are not pronounced in the kun-reading.

有两个以上的汉字，不用平假名的词语。请对不按照音读方式发音的特点加以注意。

한자가 두개 이상, 히라가나를 사용하지 않는 단어 입니다. 음독으로 읽지 않는 것에 주의하세요.

注意点　Important Points　注意点　주의점

① 読み方が難しい言葉が多いので、気をつけて覚えましょう。

Those words are difficult to pronounce, so please remember them carefully.

读音较难的词语比较多，要加以注意。

읽는 방법이 어려운 단어가 많기 때문에, 주의해서 외웁시다.

② 一緒に使われやすい言葉と共に覚えましょう。＜例：合図をする＞

Remember words that are likely to be used with those words, if any.〈Example: make a sign〉

遇有常用的词组时，要把连用部分同时记住。〈例如：发信号〉

같이 사용되기 쉬운 단어가 있는 것은, 함께 외웁시다.〈예: 신호를 하다〉

合図(あいず)
sign　信号　신호

◆合図をする
make a sign　发信号　신호를 하다

相性(あいしょう)
compatibility　缘份　궁합

◆相性がいい
be compatible　性情相合　궁합이 좋다

穴場(あなば)
a good place that is not known by many people　好地方
널리 알려지지 않은 좋은 곳

網目(あみめ)
stitch　网眼　그물코

家路(いえじ)
a way to one's home　归途, 回家　귀로

◆家路につく
head for home　踏上归途　귀로에 오르다

居心地(いごこち)
how one feels while staying there　感觉　느끼는 기분

◆居心地がいい
be comfortable　感觉舒适　마음이 편안하다

獲物(えもの)
game, catch　猎物　사냥감

◆獲物を狙う
watch its prey, aim at the prey　瞄住猎物　사냥감을 노리다

川下(かわしも)
the lower parts of a river　下游　강의 하류

為替(かわせ)
currency exchange　汇兑　환율

くちかず
口数
number of words one speaks, number of persons　说话的次数　말수

◆**くちかずがおおい**
◆**口数が多い**
talk constantly, be talkative　话多　말수가 많다

くふう
工夫（する）
devise　device　方法　设法　궁리(하다)

さしず
指図（する）
direct, instruct　direction　指示　지시　지시(하다)

さむけ
寒気
chill　寒冷　한기

◆**さむけがする**
◆**寒気がする**
feel a chill　发冷　한기가 들다

したみ
下見（する）
go and take a look beforehand, preview (verb)　preview (noun)　预先检查　预先检查　예비검사(하다)

じぬし
地主
landowner　地主　지주

すがお
素顔
natural face　素有的面容　맨얼굴

そこぢから
底力
hidden power　底力　저력

ちかみち
近道
shortcut　近路　지름길

てぎわ
手際
skill, efficiency　手法　솜씨

◆**てぎわがいい**
◆**手際がいい**
be skillful, be good　技巧高明　솜씨가 좋다

てごろ
手頃（な）
handy　the quality of being handy　合适　合适的　적합(한)

てまえ
手前
closer side, front　跟前　바로 앞

ときおり
時折
occasionally　有时　가끔

とりひき
取引
deal, transaction　交易　거래

なおさら
尚更
all the more, still　更加　더욱더

にせもの
偽物
imitation　假货　가짜

ひとで
人手
crowd, turnout　人手　일손

◆**ひとでがたりない**
◆**人手が足りない**
have not enough workers　人手不足　일손이 부족하다

ひとで
人出
turnout, crowd　人群　인파

◆**ひとでがおおい**
◆**人出が多い**
be crowded　成群结队　인파가 많다

ひとめ
人目
notice, attention　世人的眼目　남의 눈

◆**ひとめにつく**
◆**人目につく**
be eye-catching　显眼　남의 눈에 띄다

ひとめ
一目
a look, a glance, a sight　看一眼，一眼望去　한번 봄

◆**ひとめみる**
◆**一目見る**
take a look　一瞥　한번 보다

まごころ
真心
sincerity　诚心　진심

まちかど
街角
street corner　街角　길모퉁이

まるあんき
丸暗記
learn by rote　rote memorization　死记硬背　全部背下通째로 암기

みかた
味方
support (verb)　friend, supporter　伙伴　아군

みがる
身軽（な）
light, agile　the quality of being light or agile　轻装　轻便的　가뿐(한)

見事（な）
excellent, admirable　the quality of being excellent or admirable
精彩　精彩的　훌륭(한)

無口（な）
quiet　the quality of being quiet　沉默寡言　沉默寡言的
과묵(한)

目印
mark, guide　标记　표시

目安
indication, standard　基准　기준

物音
noise　声响　(무슨) 소리

◆物音がする
hear noise　有声响　무슨 소리가 나다

行方
whereabouts,　去向　행방

◆行方不明
disappearance, missing　下落不明　행방불명

悪口
slander　坏话　험담

3 和語の言葉 ～動詞／派生名詞～

Wago Words～Verbs and Derived Nouns～　和语式词语　～动词／派生名词～　일본어 단어 ～동사 / 파생명사～

●訓読みの動詞です。
They are verbs pronounced in the kun-reading.　训读的动词。　훈독 동사입니다.

●複合動詞もあります。
Some are combined verbs.　也有复合动词。　복합동사도 있습니다.

●名詞の形になる場合もあります（派生名詞）。「／」の後の言葉は名詞です。
　＜例：あきらめる／あきらめ＝動詞／名詞＞

Some are taking noun forms. Words that come after " / " are nouns.
<Example: give up / resignation = verb / noun>

也有名词形（派生名词）。出现在 " / " 后边的是名词。
＜例如：あきらめる / あきらめ＝动词 / 名词＞

명사의 형태도 있습니다 (파생명사). 「/」 뒤의 단어는 명사입니다 .
＜예：포기하다 / 포기 = 동사 / 명사＞

注意点　Important Points　注意点　주의점

①意味が広い言葉がたくさんあります。
　＜例：あがる「上にあがる」「面接であがる」＞

There are many words with various meanings. < Example: agaru "go up", "be nervous at an interview" >

多义词很多。＜例如：あがる："上楼。""面试时很紧张。"＞

의미가 광범위한 단어가 많이 있습니다. <예: 올라가다 " 위에 올라가다 " " 면접에서 통과하다 ">

②漢字の読み方が難しい言葉がありますから、覚えましょう。
Remember words with difficult kanji reading.　记住汉字读音难的词语。　한자의 읽는 방법이 어려운 단어가 있기 때문에 외웁시다.

あきらめる／あきらめ
give up / resignation　放弃／断念　포기하다／포기

飽きる
get bored　腻烦　질리다

あきれる
be amazed disagreeably　惊讶　어이가 없다

憧れる／憧れ
long, yearn / admiration　向往／向往　동경하다／동경

あふれる
overflow　充满　넘치다

侮る
look down　侮辱　깔보다

操る
operate, manage, handle　操纵，耍弄　조종하다

歩む／歩み
walk / walking　前进／进展　걷다／걸음

合わせる
put things together, add, adjust, adapt, fit　合对，调和　맞추다

◆時計を合わせる
set the watch, or the clock　对表　시계를 맞추다

あわてる
be flurried　慌张　당황하다

言いそびれる
fail to say　未能说出, 不便说出　말할 기회를 놓치다

言いつける／いいつけ
order (verb), tell tales / order (noun)　吩咐　吩咐　고자질하다／고자질

いじめる／いじめ
bully (verb) / bullying　欺负　欺负　괴롭히다／괴롭힘

いじる
finger (verb), play with, touch, tease　摆弄，随便改动　만지작거리다

いたわる／いたわり
take care of, appciate, be considerate / sympathy, consideration
照料／关怀　돌보다／돌봄

偽る／いつわり
lie (verb), tell a lie / lie (noun)　冒充／哄骗　속이다／속임

威張る
act big, boast, be proud　摆架子　으스대다

営む／営み
run (a business), lead (a life), build / work (noun), preparation
从事／经营　영위하다／영위

挑む
challenge (verb)　挑战　도전하다

失う
lose　失去　잃다

伺う
ask, visit　打听　여쭙다, 방문하다

受かる
pass, be accepted　考上　합격하다

承る
hear, accept　接受　받다, 전해듣다(겸양어)

疑う／疑い
doubt (verb) / doubt (noun)　怀疑　怀疑　의심하다／의심

打ち明ける
confide, confess　坦率说出　털어놓다

打ち合わせる／打ち合わせ
knock together, discuss beforehand / meeting　商洽　商洽
협의하다／협의

打ち切る／打ち切り
cut off, break off / stop (noun), end (noun)　结束　截止
중단하다／중단

打ち砕く
smash, crush　打碎　박살내다

打ち消す／打ち消し
deny / denial　否定　否定　부정하다／부정

打ち込む
hit in, drive in, punch in (data), throw oneself (into ～)
打入, 热中　뛰어들다, 열중하다

和語の言葉 〜動詞／派生名詞〜

打ち出す／打ち出し
hit out, hammer out, emboss, print out, announce / hammering out, embossing, the end (of a performance)
提出　散场　내세우다 / 내세움

うち解ける
open up (to someone), be frank (with someone)
无隔阂，融洽　녹다, 터놓다

促す
urge, stimulate　催促　재촉하다

うなずく
nod　点头　수긍하다

うぬぼれる／うぬぼれ
be conceited, have a high opinion of oneself / conceit, vanity
骄傲自大　自满　잘난체하다 / 잘난체

奪う
deprive　夺取　빼앗다

裏切る／裏切り
betray / betrayal　背叛　背叛　배신하다 / 배신

恨む／恨み
have a grudge, blame (verb)　grudge (noun), hatred
恨　怨恨　미워하다 / 미움

うらやむ
envy　羡慕　부러워하다

売り込む／売り込み
sell, promote (a product)　promoting the sales (of a product)
推销　销售　팔다 / (-를)팜

描く
draw, paint　画　그리다

追い上げる／追い上げ
chase up / chasing up, catch-up　追上　追赶
몰아치다 / 몰아침

追い返す
send away, drive back　赶回去 拒绝　되돌려 보내다

追いかける
chase　追赶　뒤쫓아가다

追い越す／追い越し
pass, get ahead / passing　越过　越过　추월하다

追い込む／追い込み
drive in, force in / last spurt　赶进　逼入
몰아넣다 / 몰아넣음

追いつく
catch up　赶上　따라잡다

追い抜く／追い抜き
pass, get ahead / passing　超过　超过　추월하다 / 추월

覆う
cover　覆盖　덮다

補う
supplement (verb)　补充　보충하다

怠る／怠り
neglect / negligence　怠慢　懒惰　게을리하다 / 태만

おごる
treat, buy　请客　한턱 내다

おだてる／おだて
wheedle, flatter / flattery　奉承，挑唆　煽动
치켜세우다 / 부추김

落ち込む／落ち込み
feel down, sink / decline, depression　意志消沉　意志消沉
침울해지다 / 침울

劣る
be inferior　逊色　뒤떨어지다

思い上がる／思い上がり
be conceited / pridefulness　骄傲起来　自大
우쭐해하다 / 우쭐

思い込む／思い込み
assume, believe / assumption　深信　深信
굳게 믿다 / 굳게 믿음

思い立つ
decide to do, think of doing　下决心　마음 먹다

思いつく／思いつき
think up / idea, sudden idea　想出　想出　생각이 떠오르다

及ぶ	絡む／絡み
reach, range (verb) 涉及 (어떤 상태에) 미치다	coil around, get entangled, pick a quarrel linkage, involvement, relationship 纠缠 纠缠 얽히다 / 얽힘

及ぶ
reach, range (verb)　涉及　(어떤 상태에) 미치다

顧みる
look back, reflect　回顾　돌이켜보다

抱える
hold, carry　抱有　안다

駆けつける
hasten, rush (verb)　赶到, 跑来　부랴부랴 가다(오다)

重なる
be piled up, overlap　重叠　겹쳐지다

重ねる
pile up　叠摞　겹치다

稼ぐ／稼ぎ
earn / income　挣钱 挣钱　벌다 / 벌이

かじる
gnaw　咬　이로 갉다

担ぐ
carry　担负　짊어지다

かなう
be realized (when talking about dream, wish, or etc.), be accepted (when talking about apology, etc.)
实现（愿望）　이루어지다

かなえる
grant (one's request), realize (one's dream)　使…满足愿望
이루어주다

かばう
protect, speak for　袒护　감싸다

かぶさる
hang over, cover (intransitive)　蒙上, 盖上　덮이다, 씌이다

かぶせる
cover (transitive), put (the guilt on someone)　蒙上, 盖上
덮다, 씌우다

からかう
make fun, tease　逗弄, 开玩笑　놀리다

絡む／絡み
coil around, get entangled, pick a quarrel　linkage, involvement, relationship
纠缠 纠缠　얽히다 / 얽힘

渇く／渇き
feel thirsty　thirst　干渴 干渴　마르다 / 마름

効く
work, be effective　有效　효과가 있다

刻む
cut, carve, tick　刻, 细切　새기다

食い違う／食い違い
differ / difference　不一致, 有分歧　어긋나다 / 어긋남

崩す
destroy　拆毁　무너뜨리다

崩れる
fall apart, collapse　崩溃　무너지다

くっつく
stick　紧贴在一起　달라붙다

悔やむ
regret　懊悔　뉘우치다, 애도하다

繰り返す／繰り返し
repeat / repetition　重复 反复　되풀이 하다 / 되풀이

削る
shave, cut out　削　깎다

けなす
speak ill, put down　贬低　헐뜯다

超える
exceed　超过　초과하다

◆気温が30度を超える
The temperature exceeds 30 degree.　气温超过30度
기온이 30도를 초과하다

越える
cross, go over　越过　넘다

◆山を越える
go over the mountain　翻山越岭　산을 넘다

試験直前チェック　重要語彙集

こする
rub　擦，揉搓　문지르다

こだわる／こだわり
be particular / interest, fixation　拘泥　拘泥
구애되다 / 구애

異(こと)なる
differ　不同　다르다

こぼれる
spill　撒落　넘치다

こらえる
endure　忍受　참다

ごまかす／ごまかし
cheat, lie (verb), evade, embezzle / cheating, lie (noun), evasion, embezzlement
蒙混　蒙蔽　속이다 / 속임

さかのぼる
go back　追溯　거슬러 올라가다

探(さぐ)る／探(さぐ)り
feel, investigate / probe　探摸　探摸　찾다 / 탐색

避(さ)ける
avoid　避开　피하다

支(ささ)える／支(ささ)え
support (verb) / support (noun)　支撑　支持
지탱하다 / 지탱

ささやく／ささやき
whisper (verb) / whisper (noun)　低声私语　低声私语
속삭이다 / 속삭임

さしかかる
approach (verb)　垂悬，临近　접어들다

差(さ)し支(つか)える／差(さ)し支(つか)え
interfere / obstacle, inconvenience　妨碍　障碍
바꿔넣다 / 바꿔넣음

妨(さまた)げる／妨(さまた)げ
disturb / obstruction, hindrance　妨碍　阻碍
방해하다 / 방해

仕上(しあ)げる／仕上(しあ)がり／仕上(しあ)げ
finish, complete / finished state / finishing
作完　完工　加工　완성하다 / 완성됨 / 완성

叱(しか)りつける
scold harshly　斥责　호통치다

慕(した)う
long for, adore, miss, follow　怀念　연모하다

勧(すす)める／薦(すす)め
advise / advice　劝告　推荐　권유하다 / 권유

滑(すべ)る／滑(すべ)り
slide, slip / sliding, slipping　滑行　光滑
미끄러지다 / 미끄러짐

すれ違(ちが)う／すれ違(ちが)い
pass, disagree / passing, missing each other
交错而过　交错而过　스쳐 지나가다 / 엇갈림

ずれる・ずらす
tilt, deviate・shift, postpone　错位　挪动
빗나가다　조금 옮기다

損(そこ)なう
damage, harm, spoil　损伤　망가뜨리다

注(そそ)ぐ
pour　灌入、流入　따르다

背(そむ)く
disobey, break (one's promise), go against　违背　등지다

そらす
bend, turn away (transitive)　移开　젖히다, 빗나가게 하다

それる
go astray, turn away (intransitive)　偏离　빗나가다

立(た)ちつくす
stand still　站到最后　계속 서 있다

だます
cheat, betray, coax　欺骗　속이다

ちぎる
tear, promise　撕碎　찢다

◆パンをちぎる
tear the bread　掰面包　빵을 잘게 뜯다

和語の言葉　〜動詞／派生名詞〜

使い果たす
use up　　用尽　　다 써버리다

つかむ
grasp　　抓住　　움켜쥐다

努める
try hard　　努力　　힘쓰다

◆解決に努める
try hard to solve　　努力解决问题　　해결에 힘쓰다

務める
act　　担任　　역할을 하다

◆司会を務める
act as an emcee　　担任主持人　　사회를 맡다

勤める
work, be employed　　任职　　근무하다

◆会社に勤める
work at a company　　在公司任职　　회사에 근무하다

つながる
be connected, lead, get through　　连接　　연결되다

つなぐ
tie, connect　　系, 拴　　연결하다

つなげる
tie, hold, connect　　系, 拴　　연결하다

潰す
crush, ruin, pass (taking of time), kill, scrap　　捣碎　　찌그러뜨리다, 시간을 보내다

つぶやく／つぶやき
mutter (verb) / mutter (noun)　　唠叨　　怨言　　중얼거리다 / 중얼거림

潰れる
be crushed, go bankrupt　　倒塌　　찌부러지다

つまずく
stumble　　绊倒　　발에 걸려 넘어질뻔 하다

詰める
fill, stuff (verb)　　填塞　　채우다, 좁히다

貫く
pierce, go though, carry through　　贯穿　　일관하다

閉ざす
shut, close (transitive)　　关闭　　닫다

◆心を閉ざす
build an emotional barrier　　紧闭心扉　　마음을 닫다

閉じる
close (intransitive)　　关闭　　닫다

◆目を閉じる
close one's eyes　　闭上眼睛　　눈을 감다

取り扱う／取り扱い
handle, deal / handling　　办理　　办理　　취급하다 / 취급

取り替える／取り替え
exchange, change, replace / exchange, replacement
更換　　更換　　교환하다 / 교환

取り組む／取り組み
grapple, tackle / match, effort　　致力于　　专心致志
몰두하다 / 몰두

取り消す／取り消し
cancel, withdraw / cancellation　　取消　　取消
취소하다 / 취소

取り込む
take in, be busy　　拉拢　　혼잡해지다, 걷어들이다

取り締まる／取り締まり
control (verb), manage, regulate, crack down / control (noun), management, regulation
取締　　管理　　관리하다 / 관리

取り出す
take out, pick up　　拿出　　꺼내다

取り違える
mistake (A for B), misunderstand　　拿错
잘못해서 바꿔가지다

取り付ける／取り付け
install, arrange / installation, arrangement　　安装　　安装
장치하다 / 장치

取り戻す
take back, recover, retrieve　　取回　　되찾다

取り寄せる／取り寄せ
order, obtain / an instance of obtaining something by ordering it
定购　定购　주문해서 가져오게 하다 / 배달

慰める／慰め
comfort (verb), console / comfort (noun), consolation
安慰　安慰　위로하다 / 위로

撫でる
stroke　　抚摩　　쓰다듬다

濁る
become muddy　　浑浊　　탁해지다

ねぎらう
appreciate, reward (verb)　　酬劳　　치하하고 위로하다

伸ばす
lengthen, develop, stretch (transitive)　　伸展　　늘리다

◆洗濯したらセーターが伸びた。
The sweater stretched after washing.　　洗涤后的毛衣变长了。
세탁했더니 스웨터가 늘어났다.

延ばす
extend　　延长　　연기하다

伸びる
get longer, stretch (intransitive), grow　　舒展、变长
늘어나다

延びる
be extended, be postponed　　延长　　연기되다

◆今日の試合が明日に延びた。
The date of the game is postponed until tomorrow.
今天的比赛延到了明天。　　오늘 시합이 내일로 연기되었다.

乗り越える
get over, overcome　　越过　　극복하다

乗り越す／乗り越し
ride past / riding past　　坐车坐过站　　坐车坐过站
하차역을 지나치다 / 하차역을 지나침

測る（計る／量る）
measure (measure, weigh, judge / measure, weigh)
測量 / 計量 / 称量　　측정하다 / 재다 / 재다

◆長さを測る
measure the length　　測量长度　　길이를 측정하다

図る
plan, try　　谋求　　도모하다

◆解決を図る
try to solve　　谋求解决　　해결을 도모하다

励ます／励まし
encourage / encouragement　　鼓励　鼓励　격려하다 / 격려

挟む
catch, nip, sandwich　　夹　　끼우다

果たす
fulfill, accomplish　　実現　　완수하다

省く
leave out, exclude　　省略　　생략하다

はまる
fit in (intrasitive)　　套上　　꼭 맞다

はめる
fit in (transitive)　　戴上，安上　　끼우다

はやる／はやり
go in fashion, break out　vogue, fashion　　流行　流行
유행하다 / 유행

◆風邪がはやる。
cold is prevalent.　　感冒蔓延开来。　　감기가 유행하다.

控える／控え
wait, refrain, cut down, take down / reserve (noun), memo, copy
节制　节制　줄이다, 기록하다 / 대기, 삼가, 기록

◆そばに控える／タバコを控える／メモ帳に控える
wait nearby / refrain from smoking / take down on a memo pad
在身边守候 / 节制吸烟 / 记在笔记本上备用
곁에서 기다리다 / 담배를 줄이다 / 메모장에 기록하다

引き起こす
cause, raise　　引起　　일으켜 세우다

引き返す (ひきかえす) return　返回　되돌아가다	**隔たる** (へだたる) be distant　相隔　사이가 떨어지다
引きずる (ひきずる) drag, prolong　拖、拉　질질 끌다	**隔てる** (へだてる) separate (verb), part (verb)　隔开　거리를 두다
引きとめる (ひきとめる) keep prevent somebody from leaving　挽留　말리다	**ほめる** praise　表扬　칭찬하다
引き取る／引き取り (ひきとる／ひきとり) receive, collect, take back, take care (of), leave accepting / leaving 离去，取回　离去，取回　인수하다 / 인수	**掘る** (ほる) dig　挖掘　파다
響く／響き (ひびく／ひびき) sound (verb), echo (verb), affect (verb) / sound (noun), echo (noun), vibration 响　响声　울리다 / 울림	**紛らす** (まぎらす) distract, divert, conceal, evade　蒙混，掩饰　달래다
	紛れる (まぎれる) be confused, be lost　混同　혼동되다
冷やかす／冷やかし (ひやかす／ひやかし) tease, just look around (at a shop)　teasing, an instance of just looking around (at a shop) 冷却　冷却　놀리다 / 희롱	**混ざる（交ざる）** (まざる) be mixed　搀杂　섞이다
	待ち合わせる／待ち合わせ (まちあわせる／まちあわせ) arrange to meet / arrangement to meet　碰头　等候 (약속하고)기다리다 / 기다림
塞がる (ふさがる) be closed, be blocked, be occupied　堵塞　막히다	
塞ぐ (ふさぐ) close, block, cover　堵塞　막다	**見合わせる／見合わせ** (みあわせる／みあわせ) look at each other, cancel, stop, put off, give up / looking at each other, cancellation, cancelling, stop 推迟　暂停　보류하다 / 보류
ふざける play, frolic, joke　开玩笑　장난치다	
防ぐ (ふせぐ) prevent, stop　防止　막다	◆**電車の運行を見合わせる** (でんしゃのうんこうをみあわせる) cancell the train service temporarily　推迟电车的运行 전철의 운행을 보류하다
振り返る (ふりかえる) look back, remember　回顾　뒤돌아 보다	**見送る／見送り** (みおくる／みおくり) see somebody off, let go / seeing somebody off　送行　送行 배웅하다 / 배웅
振り込む／振り込み (ふりこむ／ふりこみ) transfer (verb) / payment via bank transfer　汇款　汇款 (예금계좌로) 송금하다 / 송금	**磨く／磨き** (みがく／みがき) polish / polishing　磨，擦，刷 / 磨，擦，刷　닦다 / 연마
触れる (ふれる) touch, discuss　碰触　닿다	**見越す／見越し** (みこす／みこし) anticipate, expect, foresee / anticipation, expectation 预测　预料　예측하다 / 예측
◆**その話題に触れる／法に触れる** (そのわだいにふれる／ほうにふれる) discuss the topic / violate the law　触及到话题　触犯法律 화제에 대해 언급하다 / 법에 저촉되다	**見込む／見込み** (みこむ／みこみ) expect, anticipate, count on, trust, estimate / hope (noun), promise (noun), possibility, expectation, anticipaton 有指望　可能性　예상하다 / 예상

見過ごす
miss, overlook　　忽視　　보고도 그냥 두다

見せびらかす
show off　　炫耀　　과시하다

見通す／見通し
get an unobstructed view, foresee, predict / wide view, prospect, outlook, insight
展望　展望　전망하다 / 전망

見直す／見直し
review (verb), reconsider, think highly of someone/something after discovering good points that one has not been aware of　review (noun), reconsideration, revision
重新估价　重新估价　다시 보다 / 재점검

見逃す
miss, overlook　　错过看的机会　　못 보고 넘기다

向く／向き、向け
face, turn (to) / direction, situation, being suitable
面向　朝向　향하다 / 방향, 대상

剥く
peel　　剥, 削　　벗기다

◆リンゴの皮を剥く
peel an apple　　削苹果皮　　사과 껍질을 벗기다

結ぶ／結び
tie, connect / closing, knot　　系结　　묶다

巡る／巡り
go around / going around　　循环　　돌다

儲かる
be profitable　　赚钱　　벌이가 되다

儲ける／儲け
profit (verb) / profit (noun)　　赚钱　利润　　벌다 / 벌이

設ける
provide, lay down, prepare　　设置　　마련하다

もたれる
lean　　靠　　기대다

持て余す
find someone/something unmanageable or too much
无法对付　　어떻게 해야 할지 난처해하다

戻る／戻す
return (intransitive) / return (transitive)
返回　归还　　되돌아가(오)다　되돌리다

破る
break, violate　　弄破　　찢다

破れる
be torn　　破裂　　찢어지다

敗れる
be beaten, lose　　败北　　패배하다

◆勝負に敗れる
lose a game　　打输比赛　　승부에 패배하다

やり遂げる
achieve, carry through　　达成　　완수하다

横切る
cross, cut across　　横过　　가로지르다

沸く
boil, be excited　　沸腾　　(물이) 끓다

湧き上がる
boil up, arise　　沸腾　　끓어오르다

割れる
break, split, be divided　　破裂　　깨지다

割る
divide, break　　打碎　　나누다

◆支持率が30％を割る
the approval rating falls below 30％　　支持率低于30％
지지율이 30％에 못 미치다

4 和語 〜名詞〜

Wago ~Nouns~　　和语　~名词~　　일본어 ~명사~

● 訓読みの名詞です（一部音読みの例外もあります）。

These are nouns pronounced in the kun-reading. (including a few exceptions pronounced in the on-reading)

训读名词　（也有一部分音读例外）。

훈독 명사 입니다 (일부 음독의 예외도 있습니다).

注意点　　Important Points　　注意点　　주의점

①一緒に使われる動詞がありますから、共に覚えましょう。

Remember verbs that are used along with the word, if any.

遇有与动词连用的词组时，要把连用部分同时记住。

같이 사용되는 동사가 있는 것은 함께 외웁시다 .

②漢字の読み方が難しい言葉がありますから、覚えましょう。

Remember the words made up with the kanji characters with difficult reading.

记住汉字读音困难的词语。

한자의 읽는 방법이 어려운 단어가 있기때문에 , 외웁시다 .

過ち
mistake, error　　过失　　실수

◆**過ちを犯す**
make a mistake　　犯错误　　실수를 저지르다

言い訳（する）
make an excuse　　excuse　　辯解　分辨　　변명(하다)

入れ違い
an instance of missing each other (as a result of one is leaving when the other is coming)
装错　交错
한 쪽이 나간 직후에 다른 쪽이 들어감

◆**入れ違いになる**
pass / miss someone as one enters　　交错　　엇갈려 들어가다

うたた寝（する）
take a nap, doze off　nap, doze　　打盹儿　打盹儿
선잠(을 자다)

幼なじみ
childhood friend　　童年时代的朋友　　소꿉친구

片言
smattering, incomplete or incorrect words, phrases, or sentences
只言片语　　서투른 말

塊
lump, group　　块儿　　덩어리

金遣い
how one spends money　　花钱　　돈의 씀씀이

◆**金遣いが荒い**
be extravagant　　花钱大手大脚　　돈의 씀씀이가 헤프다

気兼ね（する）
feel hesitant　hesitance　　顾虑　拘谨
어렵게 여김 (어려워하다)

兆し
sign (noun), indication　　征兆　　조짐

◆**兆しがある**
show signs (of 〜)　　有迹象　　조짐이 있다

試験直前チェック　重要語彙集

きっかけ
opportunity, start, cue　契机　계기

きり
limit (noun), stop, only　止境　끝

◆欲望にはきりがない
no limit for what one desires　欲望没有止境
욕망에는 끝이 없다

ぐち
complaint, grumble (noun)　牢骚　푸념

◆ぐちを言う
complain, grumble (verb)　发牢骚　푸념하다

けち
stinginess, bad luck　吝啬　구두쇠

心当たり
idea, feeling like knowing something　线索　짐작

◆心当たりがある
have some ideas　有线索　짐작가는데가 있다

心がけ
attitude, attention　留心　마음가짐

◆心がけがいい
careful, predent　心地善良　마음가짐이 좋다

心構え
attitude, preparation　思想准备　각오

心配り
attention, consideration, thoughtfulness　关怀　배려

こつ
tip　窍门　요령

◆こつを覚える
learn, remember the tips　学会窍门　요령을 기억하다

好み
preference, taste　喜好　취향

絶え間ない
incessant, constant　不断的　끊임없다

手当て（する）
treat, provide medical care　treatment, medical care, allowance
补助费　发补助费　대비, 처치, 치료(하다)

手入れ
repair (verb), maintain　repair (noun), maintenance
修整　保养　손질

手続き
go through procedures　procedures, formalities
手续　办理手续　수속(하다)

働き盛り
prime of life, peak time of one's vigor　年富力强
한창 일할 때

ふり
pretending　装样子　~하는 체

◆寝たふりをする
pretend to be sleeping　装作睡觉的样子　자는 체를 하다

誇り
pride　自豪　자랑

◆誇りを持つ
have a pride　感觉自豪　긍지를 갖다

的外れ
off the point, missing the mark　离题　요점에서 빗나감

めど
outlook, prospect, aim　头绪　전망

◆めどが立つ／めどをつける
prospects became clear / get the prospects
有线索 / 有眉目
목표가 서다 / 목표를 세우다

物忘れ
forgetfulness　忘事　잘 잊어버림

◆物忘れが激しい
forget things a lot　健忘　건망증이 심하다

4　和語　～名詞～

最寄(もよ)り nearby 距离最近 가장 가까움	**ゆとり** room, time, space, affluence 宽裕 여유

◆**最寄(もよ)りの駅(えき)**
nearby station 距离最近的车站 가장 가까운 역

5 和語(わご) 〜形容詞(けいようし)〜

Wago 〜Adjectives〜　　和语 〜形容词〜　　일본어 〜형용사〜

● 訓読(くんよ)みの形容詞(けいようし)です（一部音読(いちぶおんよ)みの例外(れいがい)もあります）。

These are adjectives pronounced in the kun-reading. (including a few exceptions pronounced in the on-reading)

训读形容词 （也有一部分音读例外）

훈독의 형용사 입니다 (일부 음독의 예외도 있습니다)

● イ形容詞(けいようし)は「〜い」「〜しい」「〜ない」の形(かたち)、ナ形容詞(けいようし)は（な）が付(つ)いています。

The "i" adjectives take the "-i," "-shii," or "-nai" form, and the "na" adjectives take the "na" form.

イ形容词带有词尾 "〜い""〜しい""〜ない"，ナ形容词带有（な）。

イ형용사는「〜い」「〜しい」「〜ない」의 형태, ナ형용사는（な）가 붙어 있습니다.

注意点　Important Points　注意点　주의점

①意味(いみ)をよく覚(おぼ)えておきましょう。
Remember the meanings well.　记住词语的意思。　의미를 잘 기억해 둡시다.

②漢字(かんじ)の読(よ)み方(かた)が難(むずか)しい言葉(ことば)がありますから、覚(おぼ)えましょう。
Remember words made up with the kanji characters with difficult readings.　记住汉字读音困难的词语。
한자의 읽는 방법이 어려운 단어가 있기 때문에, 외웁시다.

あいまい（な） vague, ambiguous vagueness 暧昧 暧昧的 애매(한)	**あさましい** shameless, disgraceful 卑鄙的 볼꼴사납다
あからさま（な） plain (adjective), straightforward the quality of being plain or straightforward 显然 明显的 노골적(인)	**あつかましい** shameless, impudent 厚颜无耻的 뻔뻔하다
	あっけない not enough, too quick 不尽兴的 어이없다
明(あき)らか（な） clear clearness 明确 明确的 명백(한)	**危(あや)うい** dangerous, fragile 危险的 위태롭다
あくどい vicious, loud 过火的, 恶毒的 정도가 과하다	

あらい
rough, coarse, wild　　粗暴的　　거칠다

◆波が荒い／目が粗い
wild ocean / rough texture　　波涛汹涌的 / 编织疏松的
파도가 거칠다 / (그물 등의)코가 성기다

あわただしい
busy, hurried　　匆忙的　　분주하다

勇ましい
brave, courageous　　英勇的　　용감하다

著しい
remarkable　　显著的　　현저하다

うっとうしい
gloomy, disagreeable　　郁闷的　　거추장스럽다

偉い
great, important　　伟大的　　훌륭하다

大柄（な）
large　　an instance of being large, large pattern
身材高大　身材高大的　큼직(한)

大げさ（な）
exaggerated　exaggeration　　夸张　夸张的　　과장(된)

おおざっぱ（な）
rough, sketchy　roughness　　粗略 粗略的　　대충(인)

大まか（な）
rough, generous　the quality of being rough or generous
粗略　大略的　대범(한)

厳か（な）
solemn　solemnity　　庄严　庄严的　　엄숙(한)

幼い
young, childish　　年幼的　　어리다

おしゃれ（な）
fashionable, smart　dressing smartly or fashionably
爱打扮　时尚的　　멋쟁이(인)

穏やか（な）
calm, peaceful　the quality of being calm or peaceful
安稳　温和的　　온화(한)

おびただしい
tremendous, a large quantity/amount of　　众多的　厉害的
엄청나다

思いがけない
unexpected　　意外的　　뜻밖이다

愚か（な）
foolish, silly　the quality of being foolish or silly
愚蠢　糊涂的　　어리석(은)

おろそか（な）
negligent　negligence　　草率 草率的　　소홀(한)

賢い
wise, clever　　明智的　　영리하다

堅い
hard, solid, sound　　坚硬的　　단단하다

◆堅い木／堅い商売
hard wood / sound business　　坚硬的木头 / 坚实的生意
단단한 나무 / 견실한 장사

かなわない
no match (for 〜), unbearable, unable　　敌不过的
적수가 못되다

きつい
stern, tough, hard　　苛刻的　　힘들다

気の毒（な）
unfortunate, pitiful　pity　　可怜 可怜的　　불쌍(한)

過保護（な）
overprotected　overprotection　　溺爱　娇生惯养的
과보호(하는)

気まぐれ（な）
whimsical, caplicious　whim, caplice
心情浮躁　心情浮躁的　　변덕(스러운)

気まま（な）
carefree, self-willed　an instance of being carefree or self-willed
任性　任性的　　제멋대로(인)

きまり悪い
feeling awkwared, ashamed　　难为情　　쑥스럽다

清らか（な）
clean, pure　an instance or the quality of being clean or pure
清澈洁净　清澈洁净的　깨끗(한)

くだらない
worthless, silly　无聊的　시시하다

くどい
lengthy, insistent, heavy, loud　冗长乏味的
지겹도록 장황하다

悔しい
regrettable　懊悔的　분하다

けち（な）
stingy, narrow-minded miser　吝啬　吝啬的　인색(한)

険しい
steep, severe　险峻的　험하다

心細い
lonely, helpless, discouraging　没把握　마음이 안 놓이다

快い
pleasant, comfortable, refreshing　爽快　상쾌하다

細やか（な）
warm, tender　the quality of being warm or tender
细致　细致的　세밀(한)

幸い（な）
happy　happiness　幸运　幸运的　다행(인)

盛ん（な）
prosperous, successful　prosperity　昌盛　昌盛的　왕성(한)

しつこい
persistent, tenacious　执拗的　끈질기다

ずうずうしい
shameless, impudent　厚脸皮的　뻔뻔스럽다

すがすがしい
refreshing　清爽　개운하다

健やか（な）
healthy　the quality of being healthy　健康　健全的
건강(한)

すばしこい
quick, nimble, sharp　敏捷利落　敏捷利落的　민첩하다

素早い
quick, swift　敏捷的　재빠르다

速やか（な）
prompt　the quality of being prompt　迅速　迅速的
신속(한)

ずるい
dishonest, cunning　狡猾的　교활하다

鋭い
sharp　锐利的　날카롭다

騒々しい
noisy　喧闹的　떠들썩하다

そそっかしい
careless　冒失的　경솔하다

そっけない
curt, unfriendly, indifferent　冷淡 无情的　쌀쌀맞다

絶え間ない
incessant, constant　不断的　끊임없다

頼もしい
reliable, dependable　可靠的　믿음직스럽다

たやすい
easy, simple　轻易的　손쉽다

頼りない
unreliable, incompetent　靠不住的　미덥지않다

だらしない
untidy, loose　衣冠不整的　단정하지 않다

辛い（辛い）
hard, painful, difficult (hot, spicy)　艰辛的（辣的）
괴롭다（맵다）

乏しい
scarce, lacking　贫乏的　부족하다

とんでもない
unbelievable, shocking, surprising, preposterous
不象话的，不必客气的　뜻밖이다

試験直前チェック　重要語彙集

なおざり（な）
neglected　negligence　马虎　马虎的　소홀(한)

情けない
pitiful, miserable　悲惨可怜的　한심하다

なだらか（な）
gentle, smooth　the state of being gentle or smooth
流顺　流畅的　완만(한)

滑らか（な）
smooth　the state of being smooth　平滑　滑润的
매끈매끈(한)

なれなれしい
overly friendly　不拘礼节的　매우친하다

苦い
bitter　苦的　쓰다

温い
tepid, soft　微温的　미지근하다

のろい
slow　迟钝的　느리다

のんき（な）
easy-going, carefree, optimistic, careless, thoughtless
the quality of being easygoing, carefree, optimistic, careless, or thoughtless
悠闲　漫不经心的　낙천적(인)

激しい
violent, furious, intense　激烈的　심하다

華やか（な）
flowery, brilliant　the quality of being flowery or brilliant
华丽　华贵的　화려(한)

朗らか（な）
cheerful, bright　the quality of being cheerful or bright
开朗　爽快的　명랑(한)

紛らわしい
confusing, ambiguous　容易混淆的　혼동하기 쉽다

待ち遠しい
waiting anxiously　望眼欲穿的
기다리는것이 몹시 지루하다

まれ（な）
rare, scarce　scarcity　稀少　少见的　드(문)

目覚ましい
remarkable　显著的　눈부시다

めちゃくちゃ（な）
unreasonable, incoherent, chaotic
the state of being unreasonable, incoherent, or chaotic
杂乱无章　乱七八糟的　엉망진창(인)

もったいない
wasteful, not deserving　可惜的　아깝다

物足りない
unsatisfactory, wanting more　不充足的　어쩐지 허전하다

緩い
loose, lax, slow, gentle　松缓的　느슨하다

緩やか（な）
loose, lax, slow, gentle　the quality of being loose, lax, slow, or gentle
舒畅　舒畅的　완만(한)

煩わしい
troublesome, annoying　烦恼的　번거롭다

和語　〜形容詞〜

29

6 副詞・接続詞・連体詞

Adverbs, Conjunctions, and Prenominal Adjectives　　副詞・接续词・连体词　　부사,접속사,연체사

● 和語と漢語どちらもあります。
These include both wago and kango.　　既有和语式又有汉语式。　　순수 일본어 단어와 한자어 어느쪽도 있습니다.

注意点　　Important Points　　注意点　　주의점

① 文の終わりが「〜ない」になるものがあります。〈例：一向に終わらない。〉
Some of the sentences using those words ends with "-nai." 〈Example: show no sign of ending〉
有些短句末尾要用"〜ない"。〈例如：总也完不了。〉
문장의 끝이「〜ない」가 되는 것도 있습니다. 〈예：전혀 끝나지 않는다.〉

あいにく unfortunately, unluckily　不巧　공교롭게도	**一段と** more, one step higher up　更加　한층, 더욱
敢えて daringly　敢　굳이	**一気に** at once, at a breath　一口气　단숨에
あくまで to the end, persistently　彻底　어디까지나	**一向に** at all, in the least　全然　조금도, 전혀
あちこち here and there　到处　여기저기	**一切** all, everything　一切　일절, 일체
あらかじめ beforehand, in advance　事先　미리	**一斉に** simultaneously, all together　一齐　일제히
改めて again, another time, afresh　重新　다른기회에	**一旦** once　一旦　일단
あらゆる all, every　所有的　온갖	**いまさら** now, after a long time　事至如今　이제 와서
あるいは or, perhaps　或者　혹은	**いまだに** still, even now　仍然　지금도 역시
いきなり abruptly, without preparation, without warning　突然　갑자기	**今に** in future, before long, some day　至今　지금도
いちいち one by one, in detail　逐一地　일일이	**今にも** any moment　不久　당장에라도
一応 roughly, tentatively, once　大致　일단	**いわば** so to speak　从某种意义上说　말하자면
一時 once, for the time being　一时　일시	**いわゆる** so-called, as it is called　所谓　이른바

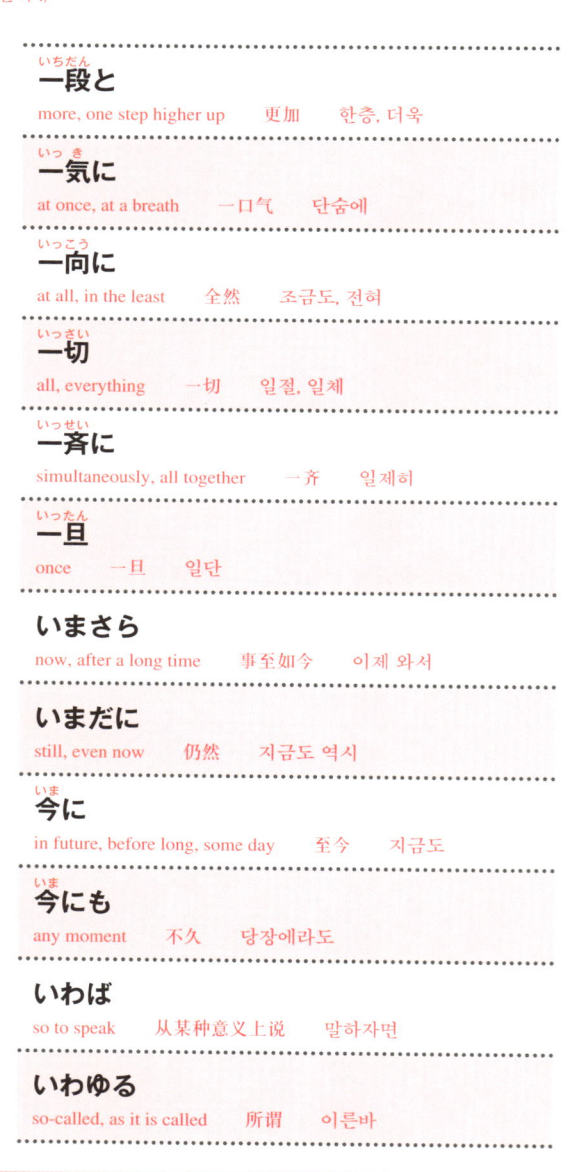

試験直前チェック　重要語彙集

うっかり
carelessly, absent-mindedly　疏忽　깜빡

うろうろ
loiteringly, around　转来转去　어슬렁어슬렁

大いに
very much, considerably　大量地　대단히

おおよそ
more or less　大体上　대강

おそらく
probably　恐怕　아마

思わず
involuntarily, automatically　不由得　무심코

概して
generally, on the whole　一般说来　대체로

がっくり
disappointed　失望地　낙심하다

かつて
once, before　曾经　이전에

かねてから
for some time　早就　진작부터

かつ（且つ）
and, besides　而且　한편, 또

かろうじて
barely, narrowly, with difficulty　好容易才　가까스로

ぎっしり
tightly, fully　满满的　가득

きっかり
exactly, just　清晰的，～整　뚜렷이

きっぱり
clearly, decidedly　断然　단호히

くっきり
clearly, distinctly　清楚　또렷이

ぐっすり
soundly　睡得很香　(자는모양)푹

くれぐれも
earnestly, repeatedly　衷心地　부디, 아무쪼록

こっそり
secretly　悄悄地　살짝

再三
again and again, repeatedly　再三　여러번

幸い
fortunately　幸好　다행

さぞ
how, surely, no doubt　想必　오죽, 필시

さすが
as one would expect, impressed　不愧　과연

ざっと
roughly, about, briefly　简略地　대강

さっぱり
clean, frank, plain, at all　爽快　전혀

◆**さっぱりわからない**
I don't understand at all.　根本弄不懂　전혀 모르겠다

さっぱり
clean, frank, plain　爽快　기분이 산뜻하다

◆**シャワーを浴びてさっぱりする**
feel refreshed after taking a shower　淋浴后感到很爽快　샤워를 하고 산뜻하다

さも
so, evidently, as if　的确　자못

しかも
moreover, and yet　而且　게다가

じきに
immediately, right way　立即　곧

しみじみ
deeply, thoroughly, heartily　深切地　절실히

すっと
straight, quickly, refreshed, refreshing　迅速地, 爽快地　지체없이 바로

すなわち
or, namely　即是　즉

それにしては
considering that ～　那么说　그런 것 치고는

それにしても
nevertheless, at any rate　即便如此也　그렇다 하더라도

それどころか
on the contrary　岂止如此　그렇기는커녕

それゆえ
therefore　因此　그런 까닭으로

そろそろ
slowly, gradually, soon　就要　슬슬

だいいち
first of all　首先　우선

◆旅行(りょこう)しようにも、だいいちお金(かね)がない。
I want to go travelling, but in the first place I don't have money.
虽然想去旅行，可是首先遇到的问题是没有钱。
여행하려고 해도, 무엇보다 돈이 없다.

だしぬけに
suddenly, without notice　冷不防　느닷없이

ただ
only, simply　仅仅　오직, 그저

ただし
but, however　但是　단, 다만(조건이나 예외를 덧붙일 때)

直(ただ)ちに
immediately, on the spot　立即　즉시

たちまち
in a moment, at once　瞬间　순식간에

たっぷり
fully, plentifully　多多地　듬뿍

たまたま
by chance　偶尔　우연히

単(たん)に
only, simply　只　단지

つい
carelessly, by mistake　无意中　무심코

ついに
finally, at last　终于　마침내

常(つね)に
always　时常　항상

てっきり
surely, beyond doubt　果然，一定　틀림없이

どうせ
anyhow, after all, at best　反正　어차피

とうてい
possibly, absolutely　怎么也　도저히

どうやら
somehow, with difficulty　总算　아무래도

とかく
likely, apt, in the mean time　总是，总之　어쨌든

とたんに
just as　刚刚～就　하자마자

突然(とつぜん)
suddenly　突然　갑자기

とっくに
long ago, already　早就　훨씬 전에

とっさに
at once, right away　一下子　순간적으로

とにかく
at any rate　总之　어쨌든

とりあえず
first of all, for the time being　暂且　우선

なお（尚(なお)）
still more, still, yet　还　더욱

何(なに)しろ
anyhow, at any rate　无论怎样　아무튼

何(なに)となく
somehow, in some way　总觉得　왠지

試験直前チェック　重要語彙集

初めて
for the first time　最初　처음

ひいては
in addition to　而且　나아가서는

ひたすら
single-mindedly, earnestly, nothing but　一股劲儿的　한결같이

ひとりでに
by itself, automatically　自動地　저절로

ほぼ
about, for the most part　大体上　거의

前もって
beforehand　事先　미리

まさか
no way (in surprise)　难道　설마

まさに
exactly, surely　确实　확실히

まして
still more, much less　何况　한층 더

全く
entirely, indeed　完全　전혀

まるで
entirely, just like, as if　宛如　마치

自ら
oneself, in person　亲自　스스로

むしろ
rather　与其…不如　차라리

めっきり
remarkably　显著　부쩍

もっとも（尤も）
of course, however, though　的确, 不过　지극히 당연한

専ら
simply, solely, devotedly　专心　오로지

もはや
already, now　已经　벌써, 이미

もろに
altogether, completely　全面地, 彻底地　정면으로

故に
so, therefore　因此　고로

要するに
in short　总而言之　요컨대

ようやく
at last, gradually　好容易才～　드디어

ろくに
well, properly　令人满意地　충분히

わざと
on purpose　故意地　고의로

わざわざ
deliberately, on purpose　特意地　일부러

副詞・接続詞・連体詞

7 カタカナ語

Katakana Words　　片假名词语　　카타카나 단어

● 主に英語からできた言葉です。

Most of these words come from English.　　主要来自于英语。　　주로 영어에서 온 단어 입니다.

注意点　　Important Points　　注意点　　주의점

① 日本語能力試験では、意味または使い方を問う問題が出ます。

There are some questions asking the meaning or the usage in the Japanese proficiency test.

在日语能力考试中，会出现有关词义及其用法的问题。

일본어 능력시험에서는, 의미 또는 사용법을 묻는 문제가 출제됩니다.

② 基本的に名詞ですが、動詞でも使われる場合は（する）、ナ形容詞の場合は（な）を付けてあります。

Most of them are used as nouns but some are used as verbs by adding "-suru" and the other are used as the "na" adjective by adding "-na."

基本上是名词，作为动词使用时加（する），作为ナ形容词使用时加（な）。

기본적으로 명사지만, 동사로도 사용되는 경우는 (する), ナ형용사의 경우는 (な) 가 붙어 있습니다.

アイディア
idea　　主意　　아이디어

アイデンティティ
identity　　个性　　정체성

アイドル
idol　　偶像　　아이돌

アウトドア
outdoor　　野外　　아웃 도어

アウトプット
output　　输出　　아웃풋

アウトライン
outline　　大纲　　윤곽

アカデミック（な）
academic　　学术　　学术(性高)的　　학술적(인)

アクシデント
accident　　事故　　사고

アクセス（する）
access　　进入（互联网）　　접근

アクセント
accent　　口音　　악센트

アシスタント
assistant　　助理　　보조

アタック（する）
attack (verb)　　attack (noun)　　攻击　　进攻　　도전(하다)

アップ（する）
upload (verb)　　upload (noun)　　提高　　提高　　업(되다)

アート
art　　艺术　　아트

アドバイザー
advisor　　顾问　　조언자

アピール（する）
appeal (verb)　　appeal (noun)　　呼吁　　发出呼吁　　어필(하다)

試験直前チェック　重要語彙集

アマチュア
amateur　业余爱好者　아마츄어

アレルギー
allergy　过敏　알레르기

アレンジ（する）
arrange　安排 布置　궁리(하다)

イベント
event　活动　이벤트

イメージ
image　形象　이미지

インスタント
instant　速成的　인스턴트

インターネット　ネット
Internet　net　国际互联网　인터넷

インプット
input　输入　인풋

インフラ（インフラストラクチャー）
infrastructure　基础设施　인프라

インフレ
inflation　通货膨胀　인플레이션

ウィルス
virus　病毒　바이러스

ウエア　ウェア
wear　衣着　옷

ウェブサイト　サイト
website　site　网站 网站　웹사이트 사이트

エスカレーター
escalator　手扶电梯　에스컬레이터

エチケット
etiquette　礼仪　에티켓

エネルギー
energy　能源　에너지

エピソード
episode　小故事　에피소드

エレガント（な）
elegant　elegance　优美雅致　优美雅致的　고상(한)

エレベーター
elevator　电梯　엘리베이터

オープン（する）
open (verb)　an instance being open (noun)　公开 开业　오픈(하다)

オゾン
ozone　臭氧　오존

オリジナル（な）
original (an) original piece(s) of art, music, or work　原作 独创的　오리지널(인)

オリンピック
the Olympic Games, the Olympics　奥运会　올림픽

ガイド
guide　指南，向导　가이드

ガイドライン
guideline　大纲，指标　가이드 라인

カウンセリング
counseling　生活咨导　상담

カジュアル（な）
casual　the quality of being casual　休闲 轻便的　캐주얼(인)

ガソリン
gasoline, petroleum　汽油　가솔린

カタログ
catalog　样品目录　카탈로그

カット（する）
cut (verb)　cut (noun), cutting, illustration　删除　删除　컷(하다)

カタカナ語　35

カテゴリー
category　范畴　카테고리

カバー（する）
cover (verb)　cover (noun), covering　覆盖物　抵补　커버(하다)

キープ（する）
keep (verb)　an instance of keeping something　保持　保留　확보(하다)

キャッシュ
cash　现金　현금

キャパシティ
capacity　容量　용량

ギャップ
gap　裂缝　괴리

◆ギャップがある
There is a gap.　有分歧　괴리가 있다

キャラクター
character　性格　캐릭터

キャリア
career　职业　캐리어

クリーニング
cleaning　洗濯　클리닝

クリーン（な）
clean　cleanliness　清洁　清洁的　깨끗(한)

クレジットカード
credit card　信用卡　신용카드

クローズアップ（する）
close up (verb)　close-up (noun)　特写　特写　클로즈업(하다)

グローバリゼーション
globalization　全球化　국제화

グローバル（な）
global　the quality of being global　全世界規模　全球性的　글로벌(한)

ケース
case　盒子，事例　상황

コース
course　课程，路线　코스

コスト
cost　成本　비용

コマーシャル
commercial　商业广告　광고 방송

コミュニティ
community　社区　커뮤니티

コメント（する）
comment (verb)　comment(noun)　评语　코멘트(하다)

コンクール
contest (仏語 concours)　竞赛会　콩쿨

コンテンツ
content　内容　콘텐츠

コントロール（する）
control (verb)　control (noun)　控制　控制　제어(하다)

サイエンス
science　科学　과학

サイト
site　位置　사이트

サービス（する）
service (verb)　service (noun), servicing, discount　服务　提供服务　서비스(하다)

サンプル
sample　样品　샘플

カタカナ語

シート（sheet）
sheet　苫布；纸张　시트

シック（chic）（な）
chic　the quality of being chic　潇洒　潇洒的　세련(된)

シェア（する）
share (verb)　share (noun), market share　份额　分享　쉐어(하다)

システム
system　系统，体系　시스템

ジャンル
genre　种类　장르

ショック
shock　打击　冲击　충격

◆ショックを受ける／ショックを与える
shocked / shocking　受到打击 / 给与打击　충격을 받다 / 충격을 주다

シリーズ
series　系列　시리즈

シルエット
silhouette　轮廓，影子　실루엣

シンプル（な）
simple　simplicity　简单　简单的　심플(한)

スタート（する）
start (verb)　start (noun)　开端　开始　시작(하다)

スタッフ
staff　工作人员　스탭

スタミナ
stamina　精力　스태미너

ストレス
stress　精神压力　스트레스

スポット
spot　地点，光点　焦点

◆スポットを当てる
feature, turn the spotlight (on)　用聚光灯照明　초점을 맞추다

スマート（な）
slender, smart　smartness　俊俏　苗条的　스마트(한)

◆スマートな体つき／スマートな態度
slender body / smart attitude　苗条的身材 / 潇洒的态度　스마트한 몸 / 스마트한 태도

スリル
thrill　惊险　스릴

◆スリルがある
breathtaking, adventurous, thrilling　有刺激性的　스릴이 있다

ゼミ
seminar　学习讨论会　세미나

センス
sense　审美感　센스

◆センスがある
have good taste　有审美感　센스가 있다

センター
center　中心　센터

ターゲット
target　目标　목표

タイトル
title　标题　타이틀

タイプ
type　类型　타입

タイミング
timing　时机　타이밍

◆タイミングがいい
The timing is good.　时机恰当　타이밍이 좋다

ダウンロード（する）
download (verb)　download (noun)　下载 下载　다운로드(하다)

ターゲット
target　目标　목표

ダメージ
damage　损伤　피해

チームワーク
teamwork　团队合作　팀웍

チャンス
chance　机会　기회

データ
date　数据　데이터

テーマ
theme　主题　주제

デモ
demonstration　示威　데모

トップ
top　首位，首席　톱

◆企業のトップ／トップで合格する
top of a company / pass the test with the highest score
企业的领导阶层 / 及格成绩名列前茅
기업의 선두／일등으로 합격하다

トータル
total　总计　전부

トラブル
trouble　纠纷　트러블

ニーズ
needs　需要　수요

ニュアンス
nuance　语气　뉘앙스

パイプ
pipe　吸管　파이프

バイタリティ
vitality　活力　생명력

パターン
pattern　模式　패턴

バブル
bubble　泡沫　거품

バランス
balance　平衡　균형

◆バランスをとる
keep balance　取得平衡　균형을 잡다

ピックアップ（する）
pick up (verb)　pick-up (noun)　拾起 选拔　픽업(하다)

ヒーロー
hero　英雄　영웅, 남주인공

ヒロイン
heroin　女主人公　여주인공

ファイナンス
finance　财经　재원, 재정

ファストフード
fastfood　快餐　패스트 푸드

ブーム
boom　热潮　붐

プライバシー
privacy　隐私　프라이버시

ブレーキ
brake　车闸　브레이크

◆ブレーキをかける
apply the brake　刹车　브레이크를 걸다

試験直前チェック　重要語彙集

プレッシャー
pressure　圧力　압력

プレゼンテーション
presentation　企画　프리젠테이션

プログラム
program　程序　프로그램

プロデュース（する）
produce (noun)　an instance of producing something
编制 制片　프로듀스(하다)

ベーシック（な）
basic (adjective)　basics, the quality of being basic
基本　基础的　베이직(한)

ベース
base　基地　베이스

ペース
pase　进度　진행 속도

ベテラン
veteran　老练的人　베테랑

ベンチャー
venture　创业　벤쳐

ポジティブ（な）
positive (adjective)　the quality of being positive
积极　积极的　긍정적(인)

マスター（する）
master (verb)　master (noun), barkeeper, proprietor
硕士，〜长　掌握　마스터 (하다)

ミーティング（する）
hold a meeting　meeting　会议 开会　회의(하다)

ムード
mood　心情　분위기

メディア
media　媒体　미디어

メッセージ
message　留言，致辞　메세지

メール
mail, email　邮件，电子邮件　메일

メンバー
member　成員　멤버

モノクロ
black and white　单色　흑백

ユーモア
humor　幽默　유머

◆ユーモアがある
have a sense of humor　幽默　유머가 있다

ラッシュ
rush　交通拥挤（高峰时间）　러쉬

ランキング
ranking　排名　랭킹

リサイクル
recycle　再利用　재활용

リスク
risk　风险　(손해를 볼)위험

リーダー
leader　领导人　리더

ルート
route　路线　루트

ルール
rule　规则　규칙

◆ルールを守る
make rules　遵守规则　규칙을 지키다

ローカル（な）
local (adjective)　the quality of being local
地方(的) 地方性的　지방적(인)

カタカナ語　39

別冊 試験直前チェック　重要語彙集